职业教育·铁道运输类专业教材

辽宁省职业教育"十四五"规划教材

TIELU LÜKE YUNSHU FUWU

铁路旅客运输服务

第2版

王 越 主 编

李美楠 副主编

于文福 主 审

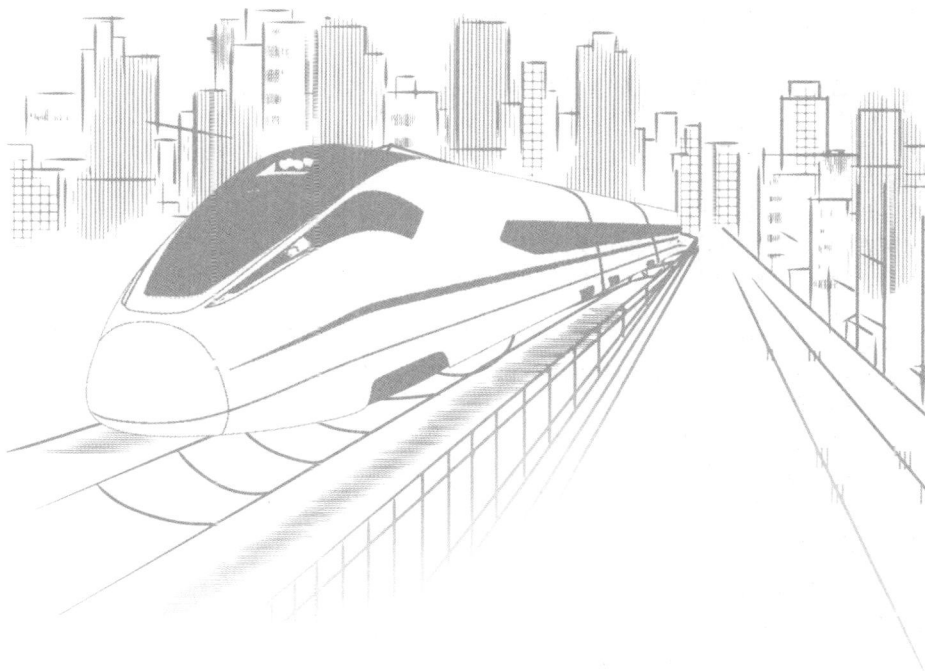

人民交通出版社股份有限公司

北 京

内 容 提 要

本书为职业教育铁道运输类专业教材、辽宁省职业教育"十四五"规划教材,其主要内容包括:铁路旅客运输服务概述,铁路旅客运输服务质量规范,铁路旅客运输服务质量管理,铁路旅客运输服务心理,铁路客运服务礼仪规范与工作技能技巧,铁路旅客运输应急服务,铁路红十字应急抢救,铁路旅客运输服务营销策略。

本书为高职、中职院校铁道交通运营管理专业教材,可作为铁路行业从业人员培训教材,也可作为铁路相关行业人员的参考用书。

* 为方便教学,本书配有教学课件,读者可通过加入"职教铁路教学研讨群(教师专用 QQ 群:211163250)"免费获取。

图书在版编目(CIP)数据

铁路旅客运输服务/王越主编. —2 版. —北京:
人民交通出版社股份有限公司,2022.1
ISBN 978-7-114-17681-4

Ⅰ.①铁⋯ Ⅱ.①王⋯ Ⅲ.①铁路运输—旅客运输—
高等职业教育—教材 Ⅳ.①U293

中国版本图书馆 CIP 数据核字(2021)第 247759 号

职业教育·铁道运输类专业教材
辽宁省职业教育"十四五"规划教材
Tielu Lüke Yunshu Fuwu

书　　名:	**铁路旅客运输服务**(第 2 版)
著 作 者:	王　越
责任编辑:	袁　方
责任校对:	刘　芹
责任印制:	张　凯
出版发行:	人民交通出版社股份有限公司
地　　址:	(100011)北京市朝阳区安定门外外馆斜街 3 号
网　　址:	http://www.ccpcl.com.cn
销售电话:	(010)59757973
总 经 销:	人民交通出版社股份有限公司发行部
经　　销:	各地新华书店
印　　刷:	北京市密东印刷有限公司
开　　本:	787×1092　1/16
印　　张:	14.25
字　　数:	310 千
版　　次:	2015 年 8 月　第 1 版 2022 年 1 月　第 2 版
印　　次:	2024 年 6 月　第 4 次印刷　总第 14 次印刷
书　　号:	ISBN 978-7-114-17681-4
定　　价:	42.00 元

(有印刷、装订质量问题的图书由本公司负责调换)

PREFACE

[第2版前言]

经济的发展使我国铁路建设进入了一个全面、快速发展的时期,中国铁路建设取得了令人瞩目的成就,我国高速铁路技术进入世界先进行列。截至 2020 年末,全国铁路营业里程达 14.63 万公里,其中高铁 3.8 万公里。与此同时,旅客运输市场竞争日益加剧,铁路旅客运输企业只有顺应市场形势,推出创新产品,提高服务质量,增加旅客满意度,这样才能获取更大的经济效益。

本教材贯彻《国家职业教育改革实施方案》中的职教精神,依据教育部最近颁布的《高等职业学校铁道交通运营管理专业教学标准》和全国铁道职业教育教学指导委员会最新制定的《高等职业学校铁道交通运营管理专业建设指导标准》进行修订。教材内容对接铁路旅客运输企业的生产实际,参考本专业主要工种的岗位技能培训规范等资料,更具有针对性,符合铁道交通运营管理专业客运岗位人才培养的需求。

本次修订具有以下几方面的特点:

(1)**突出"学"与"练"的结合**。本教材进行了模块化教学改革,探索职业教育课程教学改革方法。新教材模式以课程化的实践体系为引导,以实践过程为教学主线,把理论模块化,根据学生完成单元任务的需要,适时进行理论教学,在学习的过程中根据需要进行"模拟训练",提高学生的实践技能。每个模块都安排有"技能实训",通过实训操作来培养学生的职业素养,提高学生的职业能力。除"技能实训"外,每个模块之后都附有能覆盖该模块教学内容的"思考与练习",以巩固本模块所学理论知识。

(2)**教材体系完整**。本教材根据《高等职业学校铁道交通运营管理专业建设指导标准》增加了相关内容;根据铁路现场工作需要,对客运服务知识进行细化、补充和完善,可操作性强;结合当前铁路客运服务工作发展的需要,确定了系统而科学的铁路客运人员客运服务培训体系,主要内容包括铁路旅客运输服务概述、铁路旅客运输服务质量规范、铁路旅客运输服务质量管理、铁路旅客运输服务心理、铁路客运服务礼仪规范与工作技能技巧、铁路旅客运输应急服务、铁路红十字应急抢救和铁路旅客运输服务营销策略。

(3)**教材内容先进**。本教材在修订的过程中融入了铁路旅客运输新技术、新知识,结合《铁路旅客运输服务质量规范》的修改情况,吸纳了近年来铁路旅客运输服务中运用的服务理念与策略,对相关内容进行了更新、修改和调整。本教材不仅注重服务工作,更注重客运服务人员应具备的服务意识、服务素养、服务态度、服务形象、服务语言、服务礼仪、服务技能技巧等职业素养的提升。通过学习,力争使学生达到"服务意识浓、职业形象好、沟通表达强、服务技能佳",培养学生成为精明能干、明礼守信、团结协作、富于创新、服务一线的高技能人才。

（4）**充分融入课程思政**。本教材遵循技术技能人才成长规律,知识传授与技术技能培养并重,强化学生职业素养养成和专业技术积累,将专业精神、职业精神和工匠精神融入教材内容。因此,本教材强调铁路客运人员应树立正确的人生观、价值观、职业观,培养爱岗敬业、遵章守纪、乐于奉献的职业道德,养成以人为本、旅客至上的"人民铁路为人民"的工匠精神。

（5）**配套资源丰富**。本教材在超星平台提供与教材配套的电子课件、微课视频、动画等整体信息化教学资源,并以二维码的形式嵌入相关知识链接视频,实现教材的立体化,有助于学生理解相关知识,以便更深入地学习。使用本教材的教师均可利用上述资源在线教学,实现翻转课堂与混合式教学。

（6）**校企双元合作**。本教材在中国铁路沈阳局集团有限公司的大力支持下,由辽宁铁道职业技术学院、中国铁路沈阳局集团有限公司有关人员合作编写。学校编写教材中学生应掌握的理论知识,企业编写教材中学生应掌握的实践操作内容。通过校企双元合作,明确了教材编写理念,即以培养学生职业素养和职业能力为主线,将理论与实践教学融为一体,以职业能力为导向来设计教材内容。

本教材由辽宁铁道职业技术学院王越担任主编,辽宁铁道职业技术学院李美楠担任副主编,中国铁路沈阳局集团有限公司于文福担任主审。具体编写分工如下:李美楠编写模块1、2,辽宁铁道职业技术学院金珊编写模块3,辽宁铁道职业技术学院万龙编写模块4,王越编写模块5,湟中职业教育中心冶海英编写模块6的单元6.1和单元6.2,中国铁路沈阳局集团有限公司锦州客运段房华编写模块6的单元6.3,中国铁路沈阳局集团有限公司客运部杨涛编写模块7,中国铁路沈阳局集团有限公司客运部王涛编写模块8。

本教材在编写过程中得到中国铁路沈阳局集团有限公司客运部及沈阳局站段领导的大力帮助,在此深表感谢!

由于编者水平有限,书中难免存在疏漏和不足之处,敬请广大读者批评指正。

编　者
2021 年 7 月

CONTENTS

模块 1
铁路旅客运输服务概述

学习目标

1. 了解铁路旅客运输、铁路旅客运输服务及服务理念的概念。
2. 掌握铁路旅客运输产品的三个层次。
3. 掌握铁路旅客运输产品的特点及质量特性。
4. 掌握铁路旅客运输服务的分类。
5. 掌握铁路旅客运输服务的理念。

技能目标

1. 能够正确判断铁路旅客运输产品的质量情况,正确选择铁路旅客运输产品。
2. 能运用正确的铁路旅客运输服务理念为旅客提供服务。

单元 1.1　铁路旅客运输产品

在现代运输体系中,铁路运输占据着重要的地位,而铁路旅客运输是铁路运输的重中之重。因此,学习铁路旅客运输服务的相关知识,提高铁路旅客运输服务质量既是行业要求,也是社会所需。

一　铁路旅客运输

1　铁路旅客运输的概念

铁路旅客运输是铁路运输的重要组成部分,是指铁路部门利用旅客列车将旅客及其凭客票托运的行李从一个地方运送到另一个地方。

2　铁路旅客运输的特点

铁路旅客运输的目的是为人们进行经济、文化等社交活动和生活提供必要的出行条件。相对于其他行业和部门来说,其特点如下:

(1)铁路旅客运输的主要服务对象是旅客,其次是行李、包裹和邮件。铁路旅客运输的直接服务对象是具有不同旅行需求和支付能力的旅客。所以,铁路旅客运输企业应不断提高铁路技术装备和服务设施的现代化水平,扩大服务内容,提高服务质量,以提供劳务的形式为旅客服务,最大限度地满足旅客在旅途中的物质文化生活需求。

(2)铁路旅客运输生产句社会提供的是无形产品,其核心产品是旅客的空间位移。铁路旅客运输企业提供的运输和服务与旅客对旅行和服务的消费同时进行,其创造的社会效益远大于自身的经济效益。

（3）铁路旅客运输在时间上具有较大的波动性,尤其是在春运、暑运及节假日期间客运量会达到一定的高峰。因此,在客运车辆、技术装备、车组人员安排等方面必须留有一定的后备能力,以便在不同的高峰期采用不同的旅客运输组织方式。

（4）铁路旅客运输不同于货物运输,旅客在旅行中有不同的物质文化生活需求,如饮食、盥洗、休息、适宜的通风、照明、温度等,铁路旅客运输企业要为旅客创造良好的旅行环境,积极改善服务质量,使旅客心情舒畅。

（5）铁路客运站的位置宜设在客流易于集散处,便于旅客换乘不同的交通工具。铁路客运站一般应靠近城镇,并与市内交通及其他各种交通工具有良好的配合。

（6）旅客有较强的自主性。旅客可根据自己的需要选择乘车日期、列车等级、席别、铺别等。

（7）铁路旅客运输产品具有易逝性,旅客位移的生产和消费过程同时进行,产品不能储存,不能调拨。

二 铁路旅客运输产品的定义

铁路旅客运输泛指铁路旅客通过乘坐列车实现空间位移,铁路旅客运输产品包括核心产品、形式产品和附加产品三个层次。

1 核心产品

铁路旅客运输的核心产品是指旅客在空间上的位移,这是从铁路旅客运输产品使用价值的角度来定义的。旅客购买了运输产品,在正常情况下就能满足自己从出发地到目的地的需求,这个层次的产品是铁路旅客运输产品的核心内容,离开了这个层次,铁路旅客运输产品就失去了存在的意义。

办理客运业务的车站和客运段是客运的基层生产单位,基层站、段为了旅客的各种需要,各自确定自己的产品概念,这样可以使生产的目的性更加明确。客运站面向广大旅客的服务工作,可按表1-1确定各种不同的产品。

基层单位产品　　　　　　　　　　　　　表1-1

输入原料	加 工	输出产品	计算单位
旅客 { 发送 到达	售票(中转签字) 进站候车 上车(出发) } 下车 出站	发送(出)旅客 到达(出站)旅客	人
行李包裹 { 发送 到达	承运(中转) 装车(挂出) } 卸车 交付	发送(出)行包 到达(出站)行包	件、批、吨

2 形式产品

在形式产品层次上,铁路旅客运输产品就是可供旅客选择乘坐的不同档次的列车或同一档次列车的不同席别、铺位。它是核心产品在形式上的表现,铁路旅客运输产品只有通过形式产品才能得以实现。

3 附加产品

在附加产品层次上,铁路旅客运输企业提供给旅客的是购票、候车、行包托运、列车上的旅行服务及其他延伸服务。附加产品是铁路旅客运输企业提供给旅客的各种服务和旅行生活所需的保障条件,如在铁路12306App上提供的服务,如图1-1所示。铁路旅客运输企业只有提供比其他客运企业更多的保障、更周到的服务,才能增强其在市场上的竞争力,吸引更多的旅客。

模拟训练1-1 铁路旅客运输产品的三个层次

举例说明铁路旅客运输三个层次的产品。

训练提示:

①核心产品:旅客位移。

②形式产品:车次、座别、席别、服务质量、服务环境。

③附加产品:行包托运、预售票服务、信息咨询、站车延伸服务。

图1-1 铁路12306App提供的服务

模拟训练1-2 调研交通出行方式

李某家在吉林市,在长春市上班,每天通勤上下班,请为李某调研并选择交通出行方式。

训练提示:

①火车出行方式:共有78对列车,其中城际列车38对,高铁23对,动车10对,普速7对。城际列车、动车、高铁票价31.5元,运行40分钟左右;普速票价19.5元,运行1小时40分钟左右。长春方向最早5:38发车,最晚20:49发车;吉林方向最早6:25发车,最晚21:30发车。

②汽车出行方式:共有6对汽车,运行1小时34分钟,票价32元左右。

经过调研,城际列车、动车、高铁出行方式时间短、车次多,出行时间选择余地大。

三 铁路旅客运输产品的特点

铁路旅客运输产品具有无形性、差异性和易逝性等特点。

1 无形性

铁路旅客运输生产的产品是无形产品,其核心产品就是旅客在空间上的位移。

2 差异性

铁路旅客运输是以服务旅客为中心的社会性服务行业。但由于人们的个性差异,铁路旅客运输服务的效果有所不同。比如,受自身心理状态、身体状况等因素影响,不同的客运人员在同一岗位上会有不同的表现,从而产生不同的服务效果。即使是同一客运人员也可能会因时间或服务对象的不同而表现出不同的服务水平。另外,由于旅客直接参与服务过程,旅客自身的因素或旅客之间的相互影响也会影响旅客在旅途中的感受和心情,进而影响服务的质量。

3 易逝性

旅客位移的生产和消费过程同时进行,服务过程一结束,服务就消失,旅客即使不满意也无法更换或退还服务。所以,铁路旅客运输产品不像有形的产品可以通过更换来满足消费需求,挽回影响。

四 铁路旅客运输产品的质量特性

铁路旅客运输产品虽不具有实物形态,但仍具有它的质量特性,旅客也是根据这些质量特性能否满足需要或满足的程度来判断铁路旅客运输产品质量的好坏。铁路旅客运输产品的质量特性包括以下六个方面。

1 安全性

安全是旅客选择铁路作为出行交通工具的重要标准之一。《中华人民共和国合同法》第二百九十条规定:承运人应当在约定期间或合理期间内将旅客、货物安全运输到约定地点。旅行过程中的安全包括人身安全和财产安全。承运人应保证旅客的携带品及托运的行李、包裹在旅途过程中完好无损。

2 快速性

快速性已成为当今旅客评价铁路旅客运输服务质量的主要影响因素之一。速度越快,旅客在旅途中所耗费的时间越少,铁路旅客运输的服务质量越高。

3 准确性

铁路旅客列车应按列车时刻表规定的时间准时发车,正点将旅客运送至目的地,不应随便晚点。因此,铁路旅客运输企业必须采取一切措施确保正点运行、准时到达,以满足旅客对准确性的要求。

4 经济性

票价是铁路旅客运输产品的货币表现形式。就旅客而言,票价直接影响出行成本。所以,铁路旅客运输企业在制定票价时应考虑广大人民群众的生活水平,尽可能降低成本,为旅客提供更经济的旅行方式。

5 便利性

铁路旅客运输企业应该在旅客购票、上车、下车等方面提供便利,手续要力求简便,一切从方便旅客出发。例如,在春运期间适当增加售票地点和窗口,提倡互联网订票,车站内增设自动取票机等。这些有效的措施,可以减少很多不必要的手续和中间环节,为旅客创造便利条件。

6 舒适性

随着人们物质文化生活水平的提高,旅客对旅途舒适度的要求不断提高。因此,铁路旅客运输企业要不断改善列车的技术性能、车厢内部设备以及车站的服务设施等,最大限度地满足旅客对舒适性的要求。

拓展阅读

2021年3月24日，"熊猫"主题旅游列车在四川上线体验。车身采用整体涂装，全列整体内外装饰均按照"熊猫"主题元素统一设计，如图1-2所示。全列共12辆编组，由1辆"熊猫悦府"（特级软卧）、2辆"熊猫雅舍"（高级软卧）、5辆"熊猫归阁"（高级硬卧）、1辆"熊猫餐厅"（餐车）、1辆"熊猫乐园"（多功能娱乐车）、10辆主题车厢、1辆宿营车和1辆发电车组成，定员252席。登录铁路12306App即可查询"熊猫专列"行程和价格并预定。

"熊猫专列"精品列车按照星级宾馆"黄金管家"服务模式，配有两名"熊猫管家"，他们将负责旅游团队组织，并配合列车乘务人员加强旅客服务等工作。列车上不仅有"熊猫悦府"特级软卧、"熊猫雅舍"高级软卧、"熊猫归阁"高级硬卧，更有机麻棋牌室和KTV可供旅客娱乐休闲。同时，旅客还能在列车上品尝到地道的串串香、川菜等特色美食。

在硬件设备上，"熊猫专列"增设了安全智能电子锁具、智能服务系统、观景长桌、点歌、影音娱乐、USB充电装置、恒温淋浴系统等人性化服务设施。

图1-2 "熊猫"主题旅游列车

在列车服务上，配备"熊猫管家"，实现了工作人员固定车厢和全列车流动相结合的全方位服务。为满足旅游团队出行个性化需求，"熊猫专列"还提供下午茶会、主题歌会、鸡尾酒会等定制服务。

单元微课

铁路旅客运输产品

本单元微课请扫描二维码1。

二维码1

单元1.2 铁路旅客运输服务

一 服务的含义

目前，世界上对服务常用的解释：服务是一种可供销售活动中，以等价交换的形式，为满足企业、公共团体以及其他社会公共需求而提供的劳务活动。其包含两个要点：

（1）服务的目的是交易和满足顾客需要。离开交易，就不会发生服务业的服务。例如，子女赡养自己的父母不能叫作"服务"，而保姆照顾他人的老人就叫作"服务"，因为这里有"交易"。同时，服务交易的目的是满足顾客需要。

（2）服务的本质是无形和不发生实物所有权的转移。一切服务本质上都是无形的，像教师、律师、旅客运输等是无形的，而像零售、通信、金融、旅游等虽都具有有形（实体）成分，但其服务本质上也是无形的。例如，零售业的商品、店堂环境和营业人员是有形的，但这些实体部分不是零售服务的本质,零售服务的本质是一种商品买卖服务,它是抽象的、无形的。与此同时,一切服务的交易都不发生实物所有权的转移。百货商店的零售服务在形式上发生了实物(商品)所有权的转移,但实质上百货商店进行的是买进卖出的零售服务,在零售服务中实质上转移的只是他人的实物所有权。

二 铁路旅客运输服务的含义

铁路旅客运输服务是指为满足旅客的需要,铁路旅客运输企业在客运站和列车上开展的经营活动的总称。

铁路旅客运输服务的实质是铁路旅客运输企业最大限度地满足旅客的需求并为其创造价值。可见,客运服务是站在消费者角度强调旅客在消费客运服务时的一种实际体验的满足程度,侧重于服务的"过程性"和旅客的"满足感"。具体表现为买票便捷,旅途用时少,安全、正点率高,乘坐环境舒适,周到服务、态度好,票价合理等。因此,铁路旅客运输服务的内容包括:防止一切旅客责任伤亡事故;列车正点到发;车厢内有现代化设备,并配备高素质的列车服务人员提供优质服务;旅行手续简捷;收费规范,对团体客票给予优惠;为方便旅客购票,实行网络订票、电话订票;增设自动售票机、取票机;优化列车开行方案,提倡列车高密度、多等级,开行精品列车;全面提高动车组列车的运行速度。

三 铁路旅客运输服务的分类

1 按照旅客参与服务活动的程度划分

按照铁路旅客运输企业提供服务的过程中与旅客的接触程度,可将铁路旅客运输服务划分为高接触性服务、中接触性服务和低接触性服务三大类(表1-2)。

旅客在服务中的接触度   表1-2

旅客接触程度	铁路旅客运输环节	服务流程
低接触性服务	信息系统与平台	信息查询
中接触性服务	售票	购票
高接触性服务	车站服务	候车
		上车
	列车服务	旅途
	车站服务	下车
		出站

(1)高接触性服务。

高接触性服务是指旅客亲自到服务场所,在服务活动中参与其中全部或大部分过程,并且积极配合客运人员的组织工作。

(2)中接触性服务。

中接触性服务是指旅客部分或在局部时间内参与服务活动过程,不必一直在场。

(3)低接触性服务。

低接触性服务是指旅客与服务人员接触较少,他们的接触大部分要借助于电子媒体等设备。

2 按照服务时间和销售时间划分

按照服务时间和销售时间划分,可将铁路旅客运输服务分为售前服务、售中服务和售后服务三种。

(1)售前服务。

售前服务是指旅客在购票之前接受的服务。

(2)售中服务。

售中服务是指旅客在购票过程中接受的服务。

(3)售后服务。

售后服务是指旅客在购票后接受的全部服务。在铁路旅客运输服务中,大部分服务都属于售后服务。

模拟训练 1-3 铁路旅客运输服务的分类

举例说明售前服务、售中服务及售后服务包含的服务内容。

训练提示:

①售前服务主要包括问询服务或旅客上车后的补票服务等。

②售中服务主要包括问询服务、购票服务等。

③售后服务主要包括检票服务、列车服务等。

3 按照提供服务的主体划分

按照提供服务的主体划分,可将铁路旅客运输服务分为自助服务和人工服务两种。

(1)自助服务。

自助服务是指通过设备设施向旅客提供的服务。

(2)人工服务。

人工服务是指客运人员与旅客进行询问、交流而向旅客提供的服务。

模拟训练 1-4 铁路旅客运输服务的分类

举例说明自助服务、人工服务包含的服务内容。

训练提示:

①自助服务主要包括自动售票机提供的售票服务、自动检票机提供的检票服务等。

②人工服务主要包括安检服务、售票服务等。

4 按照旅客与铁路旅客运输企业的关系划分

按照旅客与铁路旅客运输企业的关系划分,可将铁路旅客运输服务分为会员关系服务和非会员关系服务两种。

(1)会员关系服务。

会员关系服务是指向旅客提供比较固定的服务,如铁路对通勤的旅客提供乘车证和一些优惠政策。

（2）非会员关系服务。

非会员关系服务是指向偶然性的旅客提供的服务。

5 按照服务方式划分

按照服务方式划分,可将铁路旅客运输服务分为电话服务、网络服务、柜面服务和投诉服务四种。

（1）电话服务。

电话服务是指通过语音为旅客提供信息服务的电话业务。

（2）网络服务。

网络服务是指通过网络向旅客提供可以在不同的地方通过不同的终端设备访问数据信息的服务。

（3）柜面服务。

柜面服务是指在铁路旅客运输营业网点内客运人员为旅客提供的各类服务。

（4）投诉服务。

投诉服务是指对旅客因铁路旅客运输企业在经营过程中侵犯其合法权益或对提供的服务表示不满向铁路旅客运输企业表达的诉求给予协调处理的服务。

6 按照出行过程划分

按照出行过程划分,可将铁路旅客运输服务分为出行前服务、进站服务、乘车服务、换乘与出站服务和旅程结束服务五种。

（1）出行前服务。

出行前服务是指在旅客为旅程制订计划时,能够为其提供 24 小时不间断服务,并提供多种查询方式,使查询服务的潜能得到充分发挥。

（2）进站服务。

进站服务是指在进站期间为旅客提供的最直接、最关键的服务,也是最能体现铁路旅客运输企业的服务质量与服务水平的服务,主要以引导服务和站内服务为主。其中,引导服务是指通过动态导向设备及静态导向设备,实时、准确地发布各次列车动态信息和公共信息,引导旅客顺利完成候车、乘车、检票及接站,为旅客提供高效、优质的服务。

（3）乘车服务。

乘车服务是指旅客在旅途中所享受的服务。

（4）换乘与出站服务。

换乘与出站服务是指引导、信息查询、接站的服务。

（5）旅程结束服务。

旅程结束服务是指以投诉受理、意见建议收集及反馈、统计分析为主的服务。

模拟训练1-5 出行前服务

小张近期要出门旅行,想查询铁路出行相关信息,请调研铁路旅客运输企业能为小张提供的查询服务内容有哪些?

训练提示:

提供的查询服务内容主要包括:

①旅程区间乘坐车次信息。

②开车时间、停靠站台和到站时间。

③客票信息,包括席位、票价和里程等。

④市内售票点及其他售票渠道信息。

⑤站内环境与服务设施。

⑥市内交通、天气情况和旅游等信息。

⑦服务预订,如租车、酒店预订、市内交通购票和旅游服务预订等。

模拟训练1-6　进站服务

请调研小张进站时铁路旅客运输企业能为小张提供的进站服务内容有哪些?

训练提示:

提供的进站服务内容主要包括:

①站内布局引导。

②站内服务设施引导。

③站内购票引导。

④站内候车、检票、上车引导。

⑤站内信息咨询。

⑥站内服务信息发布。

⑦站内公共信息服务,包括网络服务、通信服务等。

⑧站内应急、求助。

⑨站内投诉。

⑩寄存、接送站服务。

模拟训练1-7　乘车服务

请调研小张在乘车旅途中所能享受的服务内容有哪些?

训练提示:

乘车旅途中所能享受的服务内容包括:

①列车车厢与席位分布信息的发布。

②列车广播服务。

③列车娱乐服务,包括音乐频道、电影频道和视频频道等。

④列车运行信息发布,包括运行速度、区间、下一站站名、到站时间、停留时间等。

⑤列车查询服务,包括到站预计时间、沿途换乘列车信息等。

⑥在途预订服务,包括酒店预订、车票预订等。

模拟训练1-8　换乘与出站服务

请调研小张在换乘与出站时所能享受的服务内容有哪些?

训练提示:

换乘与出站时所能享受的服务内容包括:

①换乘与出站引导。

②换乘车次信息查询。

③出站口服务设施引导。

④本地服务信息查询，包括本地交通、天气、旅游和住宿等。

⑤列车到站信息发布，包括到站车次、时间和正晚点信息等。

⑥接站服务信息发布，包括接站广播和接站信息显示等。

⑦到站预订服务，包括接车和租车等。

四 铁路旅客运输服务的特点

铁路旅客运输服务既有共性服务也有个性服务。其主要特征包括如下。

1 具有独特的产品形态

铁路旅客运输企业提供的不是实物形态的产品，而是铁路旅客运输劳务，它只有在特定的时间内和方向上才是需要的，而且不同时间内和不同方向上的供应和需求不能相互弥补。被运输的旅客位移不能储存、不能调拨，只能以满足当时当地发生的旅客需求为限度。铁路旅客运输企业向社会提供的是运能和旅途服务，运能只有被旅客所接受才能转化为客运产品，多了、早了、迟了都是无效的。因此，及时和准点是旅行服务质量的重要标准之一，也是铁路旅客运输企业赢得市场的前提。为了确保运输及时，铁路旅客运输企业要有一定数量的后备运力（运能），以适应市场需求的不均衡。

2 具有独特的生产过程

铁路运输生产方式是以列车运行方式进行的，在运输过程中必须确保旅客的人身安全，一旦造成旅客伤亡，就会造成难以挽回的损失。

3 具有独特的消费过程

铁路旅客运输的消费过程是与生产过程结合在一起的统一过程。这个统一过程决定了铁路旅客列车的席位只有被旅客使用才是有效的生产，否则，只能被浪费。这个统一过程决定了铁路旅客运输企业的销售方式一般是先销售（售客票）再生产，少数是销售与生产同时进行。但是，不管销售状况如何，在正常情况下，预定的列车都必须准点运行。

4 客运服务质量控制主要在于过程控制

企业的产品质量控制既可对最后产品进行检验控制，也可对生产过程进行控制，而客运服务产品质量控制主要是过程控制。

目前旅客运输行业竞争日趋激烈，铁路旅客运输要想在激烈的市场竞争中获取优势，必须认识到提高铁路旅客运输服务质量的重要意义。价格竞争是有限的，但服务竞争是无限的，高质量的服务是保持和提高铁路客运市场竞争力的关键所在。事实上，铁路旅客运输企业在完成其产品——旅客空间位移的过程中，服务占据主要地位，哪家企业的服务意识好、服务水准高，其社会需求就大，反之，其社会需求就会受到影响。过去，铁路部门主要抓安全正点而忽视了服务，导致服务意识差、服务水准低，因此流失了部分客流。现在随着市场经济的发展，铁路旅客运输企业正在树立以质量取胜、靠服务创效益的意识，流失的客流已逐渐被吸引回来了。

单元微课 ┄┄┄┄┄┄┄┄┄┄┄┄┄┄┄┄┄┄┄┄┄┄┄┄┄┄┄┄

铁路旅客运输服务

本单元微课请扫描二维码2。

二维码2

单元1.3　铁路旅客运输服务理念

一　服务理念的演变

市场经济是一种竞争性经济,铁路旅客运输企业之间竞争的焦点之一是服务。用什么样的服务理念指导服务活动,对于企业能否赢得竞争优势、把握经营的主动权十分关键。

所谓服务理念,是指人们从事服务活动的主导思想意识,反映人们对服务活动的理性认识。

1　单纯奉献型服务理念

(1)卖方市场形成了单纯奉献型服务理念。

在卖方市场,企业经营活动的着眼点是企业生产什么,只要有了产品,就不愁卖不出去。这时,服务质量的好坏对企业经营活动没有太大影响,企业不太重视服务工作。

(2)单纯奉献型服务理念的特征。

企业把服务问题归属于商业道德和精神文明的范畴,看作企业对社会的一种无偿奉献,缺乏改善服务的内在经济动力。

(3)经营特征。

企业只言"义",不言"利",把抓服务当成政治任务,用运动式的检查、评比等办法硬性推动。这种片面的认识和做法显然不符合市场经济条件下企业经营的规律,不能从根本上解决服务质量问题。

铁路旅客运输企业长期处于卖方市场,服务工作的很多做法是在单纯奉献型服务理念的指导下进行的,这对已经走向竞争市场的铁路旅客运输企业是很不利的。

2　经济型服务理念

在买方市场,企业经营的着眼点是努力拓展销售渠道、扩大市场占有率、增加商品销售量。

这时,服务水平对企业销售活动和经济效益影响很大,而且成为企业竞争力的一个重要标志。于是,很多企业开始把服务纳入经营范畴,从提高企业经济效益的角度抓服务,千方百计地挖掘服务的经济价值。

近几年来,随着科学技术迅速发展,消费需求变化速度加快,产销矛盾和市场竞争加剧,顾客地位不断提高,以顾客为中心的市场营销观念开始形成。一方面,企业源于经济动机,开始把生产、销售、广告、服务等都集中到"满足顾客需要"这一目标上来,整体推进企业的生产和营销活动;另一方面,很多企业开始认识到"服务是奉献与获取经济利益的统一"这一新的服务理念。其主要特征体现在如下几个方面:

（1）视旅客为亲人。

把旅客当亲人，在与旅客交往过程中，不能单纯地把铁路旅客运输企业与旅客的关系视为"一手钱、一手货"的金钱交易关系，而应该看到铁路旅客运输企业与旅客之间还存在着相互支持、相互信赖、相互促进的非金钱关系。只有用高质量的情感服务接待每一位旅客，才能使旅客以更大的热情购买更多的产品来回报企业，铁路旅客运输企业与旅客的关系才能步入良性循环轨道。

在服务实践中，铁路旅客运输企业应视旅客为亲友，以微笑的面孔、百倍的热情欢迎每一位旅客的光临。在为旅客服务的过程中，应该想旅客之所想，体察旅客心理，当好旅客参谋，解决旅客在旅途中的各种难题，努力创造高品位的消费环境，提供高品位的服务，使旅客融消费于文化享受之中。

（2）旅客永远值得尊重。

"旅客永远值得尊重"这种服务思想，其内涵显然不是从具体的一时一事角度界定的。"人非圣贤，孰能无过。"旅客在接受服务的过程中，不可避免地会说错话、做错事，即旅客不可能永远是对的。

"旅客永远值得尊重"中所说的"旅客"不是指单个具体的人，而是把旅客作为一个整体来看待。也就是说，铁路旅客运输企业是为旅客整体服务的，不应该挑剔个别旅客的不当言行，更不能因为个别旅客的不当言行影响铁路旅客运输企业对整体旅客的根本看法。

"旅客永远值得尊重"，是从服务者和被服务者的关系出发的。在铁路旅客运输企业为旅客服务的过程中，铁路旅客运输企业是服务者，旅客是被服务者，服务者为被服务者提供服务，自然应该以被服务者的需要和意志为转移。

因此，铁路旅客运输企业在处理与旅客的矛盾时，要从旅客和多争取客源的角度考虑，不当面指责旅客，不给旅客难堪并巧妙地维护其自尊，同时维护铁路旅客运输企业的形象，巩固旅客和企业的良好关系。当然，"旅客永远值得尊重"并非绝对，如果旅客违法、严重"越规"或蛮不讲理，则另当别论。例如，某次列车硬座车厢严重超员，一位抱着孩子的青年女旅客硬挤进乘务室，坐在座位上，使旁边的男列车员非常为难。铁路明文规定："乘务室不准有闲杂人员，严禁男女混坐。"旅客要照顾，规章又必须遵守，在进退两难时，列车员及时查阅"旅客去向登记表"，查找到前方站下车的旅客，为该旅客安排了座位，问题得到了圆满解决。

（3）把旅客视为铁路旅客运输企业的主宰。

把旅客视为铁路旅客运输企业的主宰，既由其经济属性（即铁路旅客运输企业谋求更高盈利的原始经营动机）决定，也由其社会性质决定，是奉献与获取经济利益相统一的服务理念的具体体现。

视旅客为铁路旅客运输企业的主宰，应尊重旅客权利，把尊重旅客在接受服务时的安全权、知情权、选择权、公平权、被赔偿权、受尊重权、监督权等作为自己的天职，认真履行应尽的义务。铁路旅客运输企业应根据旅客的需要决定经营方向，根据旅客的需要选择经营战略，建立"旅客满意"的服务标准，并依标准增加服务投入，增设服务项目，改善服务措施，建立全面服务质量管理保障体系，使各部门都围绕"旅客满意"这个目标开展工作，最终保证服务质量得以全面提高。

（4）强化现代服务理念，提升服务品位。

理念支配人的行为，服务理念决定着铁路旅客运输企业的服务面貌。市场经济的发展带来了铁路旅客运输企业服务竞争的升级,迫切要求其迅速更新理念,在现代服务理念的指导下,把服务问题提高到战略高度来认识,在服务上不断追求高目标,提升服务品位,创造服务特色。

(5)正确处理服务与经营的关系。

改变"经营有效益,是硬指标,服务没有效益,是软指标"的片面认识,解决重经营、轻服务的片面做法,形成经营与服务互相促进、一体化发展的良性循环运行机制。

二 "旅客至上"的服务理念

树立以旅客为中心的观念是从传统的以产品为中心的层面向新型的以消费者为中心的层面转变,其主导思想是把企业的兴衰存亡置于消费者主宰之下,让消费者引导市场,成为市场的主人。

营销活动的本质在于"经营"消费者。从形式上看,企业的营销活动要与政府、社会打交道,与资源产品打交道,并主要与产品打交道。但从更深的层次看,决定产品价值及生命的是消费者,没有消费者的产品不是真正的产品,所以如果脱离消费者,企业则成无源之水、无本之木,产品则不能实现"惊险的跳跃"。

旅客中心观念不是孤立的思想行为,它是多种观念相互作用的结果。这些观念主要包括旅客创造市场观念、旅客创造利润观念、旅客创造质量观念、旅客创造机遇观念、旅客利益观念、优化服务观念、创造旅客观念等。

1 旅客创造市场观念

旅客是市场(市场 = 人口 + 购买力 + 购买欲望)的第一要素,不仅决定着市场规模、市场类型,而且决定着市场命运、市场趋向。例如,人们对交通工具的消费,刺激了汽车、火车等市场由低级向高级的发展;人们对服饰的消费,则刺激了纺织品市场及服装市场的日益成熟。根据旅客的需求,及时培育市场是铁路旅客运输企业走向成功的重要一步。

2 旅客创造利润观念

旅客是企业的"衣食父母",是企业利润的真正源泉,企业的利润来源于市场,而铁路旅客运输市场的直接体现者则是旅客。企业把旅客视为"上帝",是因为失去了旅客就失去了企业的根本利益。

因此,一些明智的企业家纷纷在"竞争旅客"上下功夫。铁路旅客运输企业离不开旅客,旅客是我们服务的对象,旅客的到来不是对我们的打扰,而是对我们的施恩。只有热情周到地服务,满足旅客的合理需求,旅客才会继续光顾。

旅客有自己的好恶,铁路旅客运输企业应真诚地体谅旅客、理解旅客。当旅客对服务不满意时,铁路旅客运输企业应站在旅客的角度多检讨自己,挖掘不足,更好地为旅客服务。

3 旅客创造质量观念

(1)旅客是产品质量的评判者、监督者。

(2)旅客是产品质量的创造者。铁路旅客运输企业内部职工对产品质量的保证作用是必不可少的,但仅仅靠自身,其质量的保证既不能持久,又不能提高。旅客对产品质量的最终否定权、对产品质量的要求规定了理想模式,旅客标准等于质量标准,从而使旅客处于产品质量的主导地位。

4　旅客创造机遇观念

铁路旅客运输市场是有机遇的，创造机遇的不是别人，而是千千万万、形形色色的旅客。旅客所掀起的一次次消费热潮，在市场上形成了一次次机遇。能科学把握消费者行为的铁路旅客运输企业，掌握机遇的概率就必然高一些。

5　旅客利益观念

为旅客利益着想是铁路旅客运输企业营销的出发点，使旅客满意是其营销的价值。服务行业有一句流传很久的话，就是"顾客永远是最重要的"。铁路旅客运输离不开运输工具、服务人员，更离不开旅客。旅客是我们服务活动的对象，他们应该受到尊重。因此，服务的中心理所当然是旅客，绝不是所谓的"领导"。

6　优化服务观念

优化服务观念是以消费者为中心，顺应消费潮流，通过一切渠道与方式积极满足市场千差万别的要求。这一观念的意义在于：

（1）现代营销是消费者导向营销，想消费者之所想是铁路旅客运输企业营销的出发点。

（2）社会消费呈现出周期性、结构性、流行性的特点，铁路旅客运输企业要尽可能瞄准消费动向展开营销。满足消费者的关键是在适当的时间、地点，以适当的手段、方式，向旅客提供适当的服务。

7　创造旅客观念

创造旅客观念是从铁路旅客运输企业生存和发展出发，全面分析消费者行为，通过一系列行之有效的促销活动，为企业吸引众多的忠实旅客。这一观念的意义在于：

（1）决定铁路旅客运输企业命运与前途的外部环境是消费者，创造旅客是铁路旅客运输企业一切工作的中心。

（2）旅客是可以创造的，问题的关键是找到创造旅客的科学方法和途径。

（3）消费者行为反映了消费者购买动向，铁路旅客运输企业营销要从分析消费者入手。因此，从现代营销观念方面说，凡是成功的企业家，一般都是创造消费者的高手。

称旅客是"上帝"，是对旅客的尊重，主要是突出旅客在铁路旅客运输企业中重要和特殊的地位。无论什么种族、什么性质和性情的旅客，满足其服务要求都是我们服务的第一任务。

因此，在实际工作中，按章办事的同时要做到有礼、有仪、有节，学会尊重旅客，一切为了旅客。

▶ 三　"人性化"的服务理念

旅客在旅途中的需求是铁路旅客运输企业提供服务的前提。客运需求具有丰富的内容和层次。按美国著名心理学家马斯洛的需求层次理论，每个人都有需要和欲望，随时等待和向往满足，只有未满足的需要才会形成引发行为的动机；人的需要从低级到高级具有不同层次，只有当低一级的需要得到相对满足时，高一级的需要才会起主导作用，成为支配人行为的动机。需要按强度由大到小依次为生理需要、安全需要、社会需要、尊重需要和自我实现需要等。根据这一理论，铁路旅客运输企业必须加强对旅客消费需求的研究，并围绕旅客的需求做好铁路客运服务工作。

1 客运消费需求的满足

消费者的年龄、收入水平、出行目的等不同,对客运产品的需求也不同。掌握消费者对客运服务的不同需求层次,是做好服务工作的前提。

(1)基本需求的满足。

基本需求主要指旅客在旅途过程中基本的生理需求,如座位、吃饭、喝水、上厕所等方面的需求。铁路旅客运输企业必须满足所有旅客的基本需求。客运服务的主要工作是解决旅客的基本需求问题,否则,更谈不上高层次的需求了。

(2)不同层次需求的满足。

在满足旅客的基本需求以后,客运服务的重点是满足不同层次旅客的高层次需求。例如,旅游专列可重点介绍沿途的风景名胜、旅游的安全注意事项,提供食宿的一条龙服务;球迷专列可组织球迷文化娱乐活动,丰富旅途生活;节假日列车可为旅客送节日礼品,开联欢晚会,为旅客过生日,为新婚旅客开庆祝晚会等。这些活动可以丰富旅客的旅途生活,使旅途成为一种享受,满足旅客高层次的需求。

(3)满足旅客的特殊需求,提升服务品位。

对特殊群体的旅客,要本着"人民铁路为人民"的宗旨,用爱心拓宽服务途径,满足这部分特殊旅客群体的特殊需求,为他们的旅途创造便利条件。

2 围绕旅客需求推行人性化服务

近年来,随着经济的发展和社会文明的进步,旅客对出行的要求也越来越高,他们不仅要求走得了,更要求走得好,从而使"人性化"成为服务功能的新内涵。广大旅客希望在出行过程中得到尊重,满足个性化的需求,享受到超值的服务。这就需要铁路旅客运输企业从亲情服务上展现人文关怀。

四 服务理念的"创新"

1 推行无干扰服务

标准化服务是铁路旅客运输企业的特色,"无干扰"服务是旅客的需要。为了保证旅客运输的服务质量,铁路旅客运输企业长期执行的是标准化作业,列车服务人员严格按作业标准为旅客提供服务。随着铁路客运人性化服务的推出,"无干扰"服务的时机已经成熟。因此,铁路旅客运输企业在新增的直达特快列车上积极推行"无干扰"服务。实行列车整备和乘务分开,除了补换票外,乘务员只在刚上车不久到房间为旅客沏茶、倒水、供餐……其他时间不到房间内服务,以免影响旅客休息。但每个卧铺包房内都有一个紧急呼叫按钮,旅客如果需要,只要轻按按钮就可以得到乘务员的上门服务。在列车运行中乘务员只对环境卫生进行保持性清理,推行悄声服务,禁止穿梭叫卖等影响旅客休息的行为。

很多列车推行"四轻三动"无干扰服务法。"四轻"即说话轻、走路轻、关门轻、动作轻,"三动"即旅客坐我勤动、旅客静我少动、旅客睡我轻动。有的列车乘务员穿软底鞋为旅客提供"无声"服务,旅客在安静的车厢充分享受舒适的旅行生活,收到了很好的效果。

2 推行情感化服务

随着社会的发展,旅客的服务需求不断提升,铁路旅客运输企业回报给旅客的服务也应不断提升,因此仅仅做好程序化、规范化服务工作已经远远不够,还要以智能化、情感化服务给旅客多营造一份舒适,这才是当今铁路客运服务的魅力所在。

3 进行服务创新

"创新是民族进步的灵魂,是国家兴旺发达的不竭动力。"铁路旅客运输企业实施和谐发展的重要目标之一就是实现服务创新。

4 搞好"公益化"服务

铁路旅客运输企业具有公益性的特点,承担了很多政府的职能,在搞好运输生产经营的同时,要做好公益性的工作,为创建节约型社会、和谐社会做出努力。

"人民铁路为人民"是中国铁路的光荣传统,是人民铁路的一贯宗旨。只有全体员工真心、热情、周到地为旅客服务,研究服务工作的策略,满足旅客的一切合理需求,铁路旅客运输企业才能更好地走向市场,拥有更加美好的明天。

模拟训练1-9　用心为旅客服务

车厢里有一对母女旅客,母亲送女儿到省城上大学,母女俩是第一次出远门,也是第一次乘坐高铁。面对这样的旅客,列车员应主动向她们提供哪些优质的服务?

训练提示:

从一上车,列车员就应主动地、不断地为这对母女提供服务,一直到下车:

①给她们提供适当的帮助,如领位、放置行李。
②教会她们正确使用列车上的设施。
③提醒她们注意安全。
④提醒她们下车。

拓展阅读

K5117次列车是全国唯一的高考专列,2019年被全国铁道团委命名为"共青团号"。从2003年开始,它连续19年往返运送考生及家长,已累计运送3.4万余人次,有7000多名学子考入厦门大学等学府。

内蒙古自治区呼伦贝尔市大杨树镇地处大兴安岭南麓,是鄂伦春、达斡尔、鄂温克等少数民族聚集地。2003年,哈尔滨铁路局为解决少数民族地区考生出行难、交通成本高的问题,高考前在考生集中的大杨树站开通了去往阿里河考点的高考专列。此后,每年高考季,高考专列都如约开行,从未间断。

2021年,铁路部门提前一个月便开始制订高考专列开行方案,选配空调车体,调派青年乘务员担当乘务工作。加格达奇车务段大杨树站提前3个月对接学校,了解考生、家长出行人数,提前送票上门,按照"一个班级一个车厢"原则发售车票,全力为考生提供舒适的乘车环境。

为了给考生营造温馨的出行环境,乘务员除了做好列车车厢的消毒、防疫工作外,还在列车上为每名考生准备了防疫爱心盒、纪念车票、笔袋等小礼物,精心制作了包含历年回顾、师生寄语等内容的高考专列主题纪念册,免费赠予考生,让考生拥有一段温暖的回忆。

单元微课

铁路旅客运输服务理念

本单元微课请扫描二维码3。

二维码3

模块小结

(1)介绍了铁路旅客运输的概念及特点,分析了铁路旅客运输产品的三个层次,明确了铁路旅客运输产品的特点和质量特性。

(2)介绍了服务包含的两个要点,明确了铁路旅客运输服务的分类,分析了铁路旅客运输服务的特点。

(3)介绍了服务理念的演变过程,以及"旅客至上"的服务理念、"人性化"的服务理念,探讨了服务理念的"创新"。

(4)重点掌握铁路旅客运输产品的特点和质量特性,树立正确的服务理念。

技能实训

实训1-1 调研并选择交通出行方式

家在吉林省通化市的李某目前在北京上班,利用周末回家探亲。请为李某调研并选择交通出行方式。

出行调研:

(1)火车出行方案如下:

方案一:不换乘方案。北京—通化,K429 次列车,12:24 北京站始发,次日 06:55 终到通化站,历时 18 小时 31 分钟,硬卧(下铺)票价 261.50 元。

方案二:在沈阳北换乘方案。北京朝阳—沈阳北,G921 次列车,18:10 北京朝阳站始发,当日 21:34 终到沈阳北站,历时 3 小时 24 分钟,二等座票价 305.00 元;沈阳北—通化,K429 次列车,22:35 沈阳北站始发,次日 06:55 到达通化站,历时 8 小时 20 分钟,硬卧(下铺)票价 117.50 元;方案共历时 12 小时 45 分钟,总票价 422.50 元。

(2)汽车出行方案如下:

北京—通化,14:00 北京永定门客运站始发,次日到达通化汽车站,历时 27 小时左右,卧铺票价 260.00 元。

(3)飞机出行方案如下:

方案一:06:40 于首都国际机场起飞,08:15 到达,经济舱票价为 750.00 元(8.1 折优惠,含燃油费等),准点率 87%。

方案二:13:30 于南苑机场起飞,15:05 到达,经济舱票价为 640.00 元(6.4 折优惠,含燃油费等),准点率 78%。

方案三:20:50 于首都国际机场起飞,22:25 到达,经济舱票价为 720.00 元(7.8 折优惠,含燃油费等),准点率 70%。

经过调研可知,下午出发要请半天假,因此火车出行方案一、飞机出行方案二、汽车出行方案不予考虑；飞机出行方案一起飞太早，方案三到达时间太晚，机票价格又偏高，均不予考虑，最终选择火车出行方案二为李某的最佳出行方式。

实训1-2　确定全过程服务的主要服务内容

全过程服务理念是指铁路旅客运输企业不能只是为旅客提供自上车到下车的旅途服务，还应从旅客旅行的全程考虑，为其提供全过程的服务。姚某近期要到成都旅游，携带大件行李和宠物狗。从旅客旅行的全程考虑，调研铁路旅客运输企业能为姚某提供的全过程服务有哪些。

全过程服务调研：

铁路旅客运输企业能为姚某提供的全过程服务内容见表1-3。

铁路旅客运输企业全过程服务　　　　　表1-3

名　　称	服　务　内　容
计划出行	站、车详细信息，如车站位置、列车时刻表、票价等
购买车票	便捷的购票服务，如多种购票途径、退票、改签等
托运行包	行包托运服务，如"站到门"托运服务、宠物托运服务等
候车	安全、舒适的候车环境，安全、便捷的行李寄存，购物、就餐等服务
上车	明确的指示标志，引导旅客上车
乘车过程	安全、舒适的乘车环境，列车运行时刻信息服务，餐饮、娱乐活动等
下车	正确的到站信息、停站信息、换乘车次信息，目的地的天气、旅游等信息服务
出站	正确的指示标志，引导旅客出站；便捷的拿取行包服务等
换乘市内交通	市内交通信息服务
旅游	旅游信息服务

思考与练习

1. 填空题

(1) 铁路旅客运输产品有_____产品、_____产品和_____产品三个层次。

(2) 铁路旅客运输产品的特点是_____性、_____性和_____性。

(3) 铁路旅客运输产品的质量特性是_____性、_____性、_____性、_____性、_____性和_____性。

(4) 按照旅客参与服务活动的程度划分，可将铁路旅客运输服务分为_____服务、_____服务和_____服务。

(5) 按照服务时间和销售时间划分，可将铁路旅客运输服务分为_____服务、_____服务和_____服务。

2. 判断题

(1) 按照提供服务的主体划分，可将铁路旅客运输服务分为自助服务和人工服务两种。　　　　　　　　　　　　　　　　　　　（　　）

(2) 进站服务是在进站期间为旅客提供的最直接、最关键的服务。（　　）

(3) 在卖方市场，服务水平对企业销售活动和经济效益影响很大。（　　）

(4)旅客在旅行中的需求是铁路旅客运输企业提供服务的前提。　　　（　　）

(5)很多列车推行了"四轻三动"无干扰服务法。　　　（　　）

3.选择题

(1)按照提供服务的主体划分,可将铁路旅客运输服务分为(　　　)。

　　A.自助服务　　　B.人工服务　　　C.会员关系服务　　　D.非会员关系服务

(2)按照服务方式划分,可将铁路旅客运输服务分为(　　　)。

　　A.电话服务　　　B.网络服务　　　C.柜面服务　　　D.投诉服务

(3)按照出行过程划分,铁路旅客运输服务可以分为(　　　)。

　　A.出行前服务　　B.进站服务　　　C.乘车服务　　　D.换乘与出站服务

　　E.旅程结束服务

4.名词解释

(1)铁路旅客运输服务

(2)服务理念

5.简答题

(1)铁路旅客运输服务的特点是什么?

(2)简述"旅客至上"的服务理念。

模块学习效果评价

通过教师考核、组间互评、个人自测的方式,对学生课堂表现、职业素养及技能训练表现等进行考核计分。

模块 2

铁路旅客运输服务质量规范

学习目标

1. 了解铁路旅客运输服务质量的内容。
2. 了解铁路旅客运输服务质量问题的分类。
3. 掌握影响铁路旅客运输服务质量的因素。
4. 掌握铁路旅客运输服务质量规范对车站部分的要求。
5. 掌握铁路旅客运输服务质量规范对列车部分的要求。

技能目标

1. 能够准确判断铁路旅客运输服务质量问题的类型。
2. 能够根据《铁路旅客运输服务质量规范》判断车站或列车服务是否合格。

单元 2.1　铁路旅客运输服务质量

一　铁路旅客运输服务质量的内容

铁路旅客运输服务质量(简称服务质量)的主要内容包括服务的技术质量和服务的功能质量两方面。

服务的技术质量是指旅客通过服务得到了什么,是服务的结果。服务的技术质量主要体现在安全、快速、正点和经济四个方面。

服务的功能质量是指旅客如何在旅途过程中消费服务,是服务的过程。服务的功能质量主要体现在便捷、舒适和文明三个方面。

旅客一般对技术质量较为关心,如所乘坐的列车是否正点到达目的地,行李是否受损等;对功能质量较为敏感,若旅客在旅途过程中发生了不愉快的事,给旅客留下了糟糕的印象,在这种情况下,即使服务的技术质量再高,旅客对服务质量的总体评价也会较低。

铁路是一种具有高新技术的运输方式,铁路旅客运输企业应在提高其服务的技术质量的同时,更加注重服务的营销策略,提高服务的功能质量,以增强竞争优势。

二　铁路旅客运输服务质量问题的分类

根据服务质量对旅客、社会造成影响的大小,对旅客、货主造成的伤害程度,对旅客、货主财产造成损失的多少等,可将铁路旅客运输服务质量问题分为以下四类。

1 服务质量不良反映

服务质量不良反映(简称不良反映)是指未构成服务质量一般问题的不良反映。例如,旅客对站、车设备,环境卫生,服务内容及服务态度等方面的服务质量不满意而产生的不良反映。

2 服务质量一般问题

服务质量一般问题(简称一般问题)包括以下几方面:

(1)旅客、货主投诉或新闻媒体曝光,在社会上造成不良影响的。

(2)站、车设备设施及备品未达到规定标准,影响服务质量或旅客、货主提出批评意见的。

(3)站、车各项工作标准、基础管理未达到规定要求影响服务质量的。

(4)未按国家或中国国家铁路集团有限公司(以下简称国铁集团)有关规定对运价、杂费、商品实行明码标价的。

(5)站、车存在安全隐患,但尚未发生旅客、货主伤害和责任事故的。

(6)站、车治安秩序差,但尚未发生旅客、货主伤害事故的。

(7)站、车环境卫生、饮食卫生差,但尚未发生旅客伤害事故的。

(8)站、车工作人员在工作中与旅客、货主发生争执造成不良影响的。

(9)责任造成旅客10人以下漏乘、误乘、误降、坐过站的。

(10)责任造成旅客列车晚点的。

(11)责任造成旅客、货主财产损坏、丢失、被盗价值在500元以下的。

3 服务质量严重问题

服务质量严重问题(简称严重问题)包括以下几方面:

(1)旅客、货主投诉或新闻媒体曝光,在社会上造成较大不良影响的。

(2)责任造成旅客、货主轻伤的。

(3)站、车设备设施及备品故障、缺损,严重影响服务质量,旅客、货主反映强烈,给旅客、货主造成人身伤害或带来经济损失的。

(4)利用职权运输无票人员、货物,勒卡、索要旅客、货主钱物,价值在200元以下的。

(5)责任发生食物中毒事故未造成人员死亡的。

(6)站、车工作人员在工作中刁难、打骂旅客、货主造成较大影响的。

(7)责任造成旅客10人及以上漏乘、误乘、误降、坐过站的。

(8)责任造成旅客、货主财产损坏、丢失、被盗价值在500元及以上不足1000元的。

(9)违反国家和铁路有关收费标准、规定,乱收费、乱加价造成较大不良影响的。

4 服务质量重大问题

服务质量重大问题(简称重大问题)包括以下几方面:

(1)旅客、货主投诉或新闻媒体曝光,在社会上造成严重不良影响的。

(2)责任造成旅客、货主重伤及以上伤害的。

(3)利用职权运输无票人员、货物,勒卡、索要旅客、货主钱物,价值在200元及以上的。

(4)责任发生食物中毒事故造成人员死亡的。

(5)站、车工作人员在工作中殴打旅客、货主造成严重影响或轻伤及以上伤害的。

(6)责任造成旅客、货主财产损坏、丢失、被盗价值在1000元及以上的。

（7）违反国家和铁路有关收费标准、规定，乱收费、乱加价造成严重不良影响的。

模拟训练2-1　铁路旅客运输服务质量问题

　　20××年7月10日，G126次列车从徐州东站开车后，列车员小浦发现商务舱里原本空着的三个位子坐上了旅客，经核对车票发现这3名旅客乘错了。原来这3名旅客来自中国香港，此次结伴到内地旅游，现从徐州东去上海，但忙中出乱乘错了方向。此时，列车已经从车站开出，请问这种情况属于服务质量问题吗？属于哪种类型？为什么？

　　训练提示：

　　①属于服务质量一般问题。

　　②因为列车员小浦没有及时核验车票造成3名旅客误乘，违反了服务质量一般问题的第（9）条：责任造成旅客10人以下漏乘、误乘、误降、坐过站的。

模拟训练2-2　铁路旅客运输服务质量问题

　　20××年1月15日，大连开往齐齐哈尔的2169次列车，当班列车员小李在车厢内盹睡，当列车到达昌图车站时，才匆忙打开车门，在列车快要开车时小李才到车厢内唤醒下车旅客，并且在列车起动后让两名旅客从车门跳下，造成旅客轻伤。请问这种情况属于服务质量问题吗？属于哪种类型？为什么？

　　训练提示：

　　①属于服务质量严重问题。

　　②因为列车员小李没有按照规定提前唤醒下车旅客，违反了服务质量严重问题的第（2）条：责任造成旅客、货主轻伤的。

三　影响铁路旅客运输服务质量的因素

　　铁路旅客运输服务质量受三方面因素的影响，即人员因素、硬件因素和软件因素。在铁路旅客运输服务中这三方面因素相辅相成，缺一不可，构成了服务的三角关系。其中，硬件因素和软件因素相对来说比较稳定，而人员因素会随着不同时间或不同条件而有所不同，是影响服务质量的关键因素。

1　人员因素

（1）积极心态。

　　积极的心态可以使旅客产生亲切感，所以铁路旅客运输服务人员应以诚恳的态度主动关心旅客，真正了解旅客的所需所想；对旅客提出的问题要认真聆听，尽快回复，灵活处理每一位旅客的需求。

（2）仪容仪表。

　　铁路旅客运输服务人员需要时刻保持服装整洁，正确佩戴工牌，妆面干净、端庄、大方，留给旅客良好的第一印象。

（3）服务技巧。

　　铁路旅客运输服务人员经常和旅客打交道，难免会遇到一些棘手的问题，所以应不断学习,对新的规章要熟悉,并且熟知相应的法律法规,将这些规章、标准、流程融入服务当中,提高服务水平。

2 硬件因素

旅客直接参与服务过程,对服务环境的照明、温度、湿度、服务设备设施、车站的布局、导向标志的设置等也有很高的要求。比如,在旅行的过程中,旅客不希望列车颠簸等。

铁路旅客运输服务人员应有安全意识,及时发现并制止违法行为,礼貌地劝阻旅客的不当行为,尽量减少意外的发生;在车站合理设置导向标志,让旅客能够安全、方便、顺利地完成整个出行。

3 软件因素

铁路旅客运输服务的服务系统、服务流程、服务方法等方面要尽可能完善,以满足不同旅客的需求,提高服务质量。

单元微课

铁路旅客运输服务质量

本单元微课请扫描二维码4。

二维码4

单元2.2 《铁路旅客运输服务质量规范(车站部分)》主要内容

一 适用范围

《铁路旅客运输服务质量规范(车站部分)》对国铁集团所属铁路旅客运输企业的高铁特大型、大型、中型车站旅客运输服务提出了质量要求。

办理动车组列车客运业务的特、一等普速车站,其动车组列车和普速列车旅客共用区域以及实行物理隔离的动车组列车旅客专用售票窗口、候车室、检票口、站台等区域的管理、作业和服务比照适用本规范。

二 术语和定义

(1)高铁中型及以上车站:指办理动车组列车客运业务,建筑规模为特大型、大型、中型的高速铁路(含客运专线)车站。

(2)普速车站:指办理普速旅客列车客运业务的车站。

(3)动车组列车:指由若干带动力和不带动力的车辆以固定编组组成、两端设有司机室的一组列车。

(4)普速旅客列车:指运送旅客或行包、邮件的非动车组列车。

(5)重点旅客:指老、幼、病、残、孕旅客。特殊重点旅客是指依靠辅助器具才能行动等需特殊照顾的重点旅客。

（6）照度（平面照度）：指单位面积的光通量，单位为勒克斯（lx）。

三 客运安全

（1）安全制度健全有效，安全管理职责明确，能满足安全生产需要。

①有安全生产责任制、安全检查和安全质量考核、劳动安全、消防管理、食品安全、设备设施、安检查危、实名验证、接合部、现金票据安全、站台作业车辆安全、旅客人身伤害处理等管理制度和办法。

②有旅客候车、乘降、进出站、高铁快运保管和装卸等安全防范措施。

③与保洁、商业、物业、广告、安检、高铁快运等接合部有安全协议。

④有恶劣天气、列车停运、大面积晚点、启动热备车底、突发大客流、设备故障、客票（服）系统故障、火灾爆炸、重大疫情、食物中毒、作业车辆（设备）坠入股道、旅客人身伤害等非正常情况下的应急预案。

（2）安全设备设施配备齐全到位，作用良好。

①按规定配备危险品检查仪、安全门、危险品处置台、手持金属探测器、防爆罐等安全检查设备设施，正常启用，显示器满足查验不同危险品的需求。危险品检查仪、安全门、危险品处置台、防爆罐设在旅客进站流线、高铁快运营业场所适当位置，不影响旅客通行。危险品检查仪传输带延长端适当。

②按规定配备消防设备、器材，定期检测维护，合格有效。

③应急照明系统覆盖进出站、候车、售票、站台、天桥、地道等处所，状态良好。

④备有喇叭、手持应急照明灯具、应急车次牌、隔离设施等应急物品，定点存放。有应急食品储备或定点食品供应商联系供应机制。

⑤安全标志使用正确，位置恰当，便于辨识。电梯、天桥、地道口、楼梯踏步、站台设有引导、安全标志。落地玻璃前有防撞装置和警示图形标志。

⑥电梯、天桥、楼梯悬空侧按规定设置防护装置，高度不低于1.7m。

（3）执行安全检查规定。

①配备安检人员，有引导、值机、手检、处置。开启的危险品检查仪数量满足旅客进站需求。

②旅客人人通过安全门和手持金属探测器检查，携带品件件过机。安检口外开设的车站小件寄存处对寄存物品进行安全检查。

③安检人员持证上岗，佩戴标志。

④对检查发现和列车移交的危险物品、违禁品按规定处理。

（4）站区实行封闭式管理，旅客进出站乘降有序，站内无闲杂人员。进出站通道流线清晰，有管理措施。站台两端设置防护栅栏并有"禁止通行"或"旅客止步"标志。夜间不办理客运业务时，可关闭站区相应服务处所，但应对外公告。疏散通道、紧急出口、消防车通道等有专人管理，无堵塞。

（5）进入站台的作业车辆及移动小机具、小推车不影响旅客乘降，不堵塞通道，不侵入安全线；停放在指定位置，与列车平行，有制动措施；当行驶或移动时，不与本站台的列车同时移动，不侵入安全线，速度不超过10km/h。无非作业车辆进入站台。

（6）安全使用电源，无违规使用电源、电器。

（7）工作人员必须通过生产作业、消防、电器、电气化、卫生防疫、劳动人身等安全培训，特定岗位工作人员按规定通过相应岗位安全培训。安全培训有计划、有记载、有考核。

（8）当发生旅客人身伤害、突发疾病或接受列车移交的伤、病人员时，及时联系医疗机构；当遇旅客死亡、涉及违法犯罪以及发现弃婴、流浪乞讨人员时，及时报告（通知）公安机关。

四 设备设施

（1）基础设备设施符合设计规范，定期维护，作用良好，无违规改造和改变用途。

①有售票处、公安制证处、候车室、补票处、行包房、天桥或地道、站台、风雨棚、围墙（栅栏）等基础设施，地面硬化平整，房屋、风雨棚、天桥、地道无渗漏，墙面、天花板无开裂翘起脱落，扶手、护栏、隔断、门窗牢固完好，楼梯踏步无缺损。

②有通风、照明、广播、供水、排水、防寒、防暑、空调等设备设施。

（2）图形标志符合标准，齐全醒目，位置恰当，安装牢固，内容规范，信息准确，如图2-1所示。

①有位置标志、导向标志、平面示意图、信息板等引导标志，指引准确。站台两端各设有一个站名牌，并利用进出站地道围栏、无障碍电梯、广告牌、垃圾箱（桶）、基本站台栅栏等站台设施，设置不少于两处便于列车内旅客以正常视角快速识别的站名标志。各站台设有出站方向标志，实行便捷换乘的有便捷换乘标志。

②根据各服务处所和服务设备设施的功

图2-1 各图形标志

能、用途设置揭示揭挂，采取电子显示屏、公告栏等方式公布规章文电摘抄、旅客乘车安全须知、客运杂费收费标准、高铁快运办理范围等服务信息。

③电子显示引导系统信息显示及时，每屏信息的显示时间适当，便于旅客阅读。

④售票处、候车区（室）、出站检票处和补票处设有儿童票标高线。

⑤售票窗口、自动售（取）票机、自动检票机前设置黄色"一米线"，宽度10cm。

⑥普速站采用中、英文；少数民族自治地区车站可按规定增加当地通用的民族语言文字。

（3）旅客服务系统运行稳定可靠，自动检票、导向、广播、时钟、查询、求助、监控等旅客服务设备设施齐全，状态良好。

①有管理平台，采用"铁路局集中控制、大站集中控制、车站独立控制"模式，有用户管理和安全保密制度。

②售票处、候车区、站台有时钟，显示时间准确。

③广播覆盖各服务处所，具备无线小区广播和分区广播功能；音箱（喇叭）设备设置合理，音响效果清晰。

④有电子显示引导系统，满足温度环境使用要求，室外显示屏具有防雨、防湿、防寒、防晒、防尘等性能，信息显示及时，每屏信息的显示时间适当，便于旅客阅读。

a.特大、大型车站进站大厅（集散厅）设置进站显示屏，显示车次、始发站、终到站、开车时刻、候车区（检票口）、状态等发车信息。

b.候车区内设置候车引导屏，显示车次、始发站、终到站、开车时刻、检票口、状态等信息。

c.检票口处设置进站检票屏，显示车次、终到站、开车时刻、站台、状态等信息。

d. 天桥、地道内设置进、出站通道屏，显示当前到发列车车次、始发站、终到站、站台、到开时刻、列车编组前后顺位等信息。

e. 站台设置站台屏，显示当前车次、始发站、终到站、实际开点（终到站为到点）、列车编组前后顺位、引导提示等信息。

f. 出站口外侧设置出站屏，显示到达车次、始发站、到达时刻、站台、状态等信息。

g. 待机状态显示站名、安全提示、欢迎词等信息。

⑤售票处、候车区设有自助查询终端，内容完整、准确。

⑥视频监控系统覆盖车站各服务处所，具备自动录像功能。录像资料留存时间不少于15天，涉及旅客人身伤害、扰乱车站公共秩序等重要的视频资料留存时间为一年。

⑦特大、大型车站候车等场所可向旅客提供无线互联网接入服务。

⑧车站售票、候车场所可设置银行自助存取款机。

（4）售票设备设施满足生产需要，作用良好。

①售票窗口配备桌椅、计算机、制票机、居民身份证阅读器、双向对讲器、窗口屏、保险柜、验钞机等售票设备及具有录像、拾音、录音功能的监控设备，发售学生票、残疾军人票的窗口配备学生优惠卡、残疾军人证的识读器，退票、改签窗口配备二维码扫描仪，电子支付窗口配备POS机。

a. 在窗口正上方设置窗口屏，显示窗口号、窗口功能、工作时间或状态等信息。

b. 有对外显示屏，同步显示售票员操作的售票信息。

c. 设置工号牌或采用电子显示屏，显示售票人员姓名、工号、本人正面二寸工作服彩色白底照片等信息。

②有剩余票额信息显示屏，及时、正确地显示日期、车次、始发站、终到站、开车时刻、各席别剩余票额等售票信息。

③配备自动售、取票机，自动售票机具备现金或银行卡支付功能。

④补票处邻近出站检票闸机，配备桌椅、计算机、制票机、保险柜、验钞机、学生优惠卡识读器等售票设备和衡器，有防盗、报警设施。

⑤有存放票据、现金的处所和设备，具备防潮、防鼠、防盗、监控和报警功能。

图2-2　候车区

（5）候车区布局合理，方便旅客。如图2-2所示。

①配备适量座椅，摆放整齐，不影响旅客通行。

②设有问讯处（服务台、遗失物品招领处），位置适当，标志醒目，配备信息终端和存放服务资料、备品的设备。

③设有饮水处，配备电开水器，有加热、保温标志，水质符合国家标准要求。可开启式箱盖的电开水器加锁，箱盖与箱体无间隙。

④设有卫生间，厕位适量。有通风换气和洗手池、干手器等盥洗设备，正常使用，作用良好；厕位间设置挂钩。

⑤电梯正常启用，作用良好。安全标志醒目，遇故障、维修时有停止使用等提示，操作人

员持证上岗(仅操作停止、启动、调整方向的除外)。

⑥省会城市所在地高铁特大、大型车站为商务座旅客设置独立的贵宾候车区,其他车站提供候车区域。

⑦检票口设自动检票通道和人工检票通道,配备自动检票机。已检票区域与候车区有围栏,封闭良好。

(6)实施车站全封闭实名制验证的,设有相对独立的验证口、验证区域、验证通道和复位口,并配备验证设备。

(7)高铁快运营业场所外有机动车作业场地和停车位。办理窗口有桌椅、计算机、制票机、扫描枪,配有电子衡器和装卸搬运机具,电子支付窗口配备POS机。有施封钳等包装工具,有专用箱、集装袋、锁等包装材料。高铁快运作业场地分区合理,有防火、防爆、防盗、防水、防鼠设备。

(8)站台设有响铃设备,作用良好;地面标示站台安全线或安装安全门(屏蔽门),内侧铺设提示盲道;安全线内侧或安全门(屏蔽门)左侧设置上下车指示线标志,位置准确,醒目易识;设置的座椅、垃圾箱(桶)、广告灯箱等设备设施安放牢固,不影响旅客通行。

(9)给水站按规定设置水井、水栓,给水系统作用良好,水源保护、水质符合国家标准。按规定办理吸污作业的车站有吸污设备,作用良好。

(10)客运人员每人配置具备录音功能的手持电台和音视频记录仪,其他岗位按需配备,作用良好。站台客运人员手持电台具备与司机通话功能。

(11)有设备管理制度和设备登记台账。有巡视检查、维护保养记录。发生故障立即报告,及时维修,影响旅客使用时设有提示。

❯ 五 文明服务

(1)仪容整洁,上岗着装统一,干净平整。如图2-3所示。

①头发干净整齐、颜色自然,不理奇异发型、不剃光头。男性两侧鬓角不得超过耳垂底部,后部不长于衬衣领,不遮盖眉毛、耳朵,不烫发,不留胡须;女性发不过肩,刘海长不遮眉,短发不短于7cm。

②面部、双手保持清洁,指甲修剪整齐,长度不超过指尖2mm,身体外露部位无文身。女性淡妆上岗,保持妆容美观,不浓妆艳抹,不染彩色指甲。

③按岗位换装统一,衣扣拉链整齐。着裙装时,丝袜统一,无破损。系领带时,衬衣亵在裙子或裤子内。外露的皮带为黑色。佩戴的外露饰物款式简洁,限手表一只,戒指一枚,女性还可佩戴发夹、发箍或头花及一副直径不超过3mm的耳钉。

图2-3 铁路客运人员

不歪戴帽子,不挽袖子和卷裤脚,不敞胸露怀,不赤足穿鞋,不穿尖头鞋、拖鞋、露趾鞋,鞋的颜色为深色系,鞋跟高度不超过3.5cm,跟径不小于3.5cm。

④佩戴职务标志(售票员除外),胸章牌(长方形职务标志)戴于左胸口袋上方正中,下边沿距口袋1cm处(无口袋的戴于相应位置),包含单位、姓名、职务、工号等内容。臂章佩

戴在上衣左袖肩下四指处。售票员、验证人员、安检值机人员等坐姿作业人员可不戴制帽，其他人员执行职务时应戴制帽，帽徽在制帽折沿上方正中。

（2）表情自然，态度和蔼，用语文明，举止得体，庄重大方。

①使用普通话，表达准确，口齿清晰。服务语言表达规范、准确，使用"请""您好""谢谢""对不起""再见"等服务用语。对旅客、货主称呼恰当，统称为"旅客们""各位旅客""旅客朋友"，单独称为"先生、女士、小朋友、同志"等。

图2-4　服务中心

②当旅客问讯时（图2-4），面向旅客站立（售票员、封闭式问讯处工作人员办理业务时除外），目视旅客，有问必答，回答准确，解释耐心。遇有失误时，向旅客表示歉意。对旅客的配合与支持，表示感谢。

③坐立、行走姿态端正，步伐适中，轻重适宜。在旅客多的地方先示意后通行；与旅客走对面时，主动让路，面向旅客侧身让行，不与旅客抢行。在列队出（退）勤时，按规定线路行走，步伐一致。多人行走时，两人成排，三人成列。

④立岗姿势规范，精神饱满。站立时，挺胸收腹，两肩平衡，身体自然挺直，双臂自然下垂，手指并拢贴于裤线上，脚跟靠拢，脚尖略向外张呈"V"字形。女性可双手四指并拢，交叉相握，右手叠放在左手之上，自然垂于腹前；左脚靠在右脚内侧，夹角为45°呈"丁"字形。

⑤迎送列车时，足靠安全线，不侵入安全线外，面向列车方向目迎目送，以列车进入站台开始，开出站台为止。办理交接时行举手礼，右手五指并拢平展，向内上方举手至帽檐右侧边沿，小臂形成45°角。

⑥清理卫生时，清扫工具不触碰旅客及携带物品。挪动旅客物品时，先征得旅客同意。需要踩踏座席时，戴鞋套或使用垫布。占用洗脸间洗漱时，礼让旅客。

⑦不高声喧哗、嬉笑打闹、勾肩搭背，不在旅客面前吃食物、吸烟、剔牙齿和出现其他不文明、不礼貌的动作，不对旅客评头论足，接班前和工作中不食用异味食品。

（3）站容整洁，环境舒适。

①干净整洁，窗明地净，物见本色。

a. 地面干净无垃圾；玻璃透明无污渍；墙壁无污渍、涂鸦。电梯、扶手、护栏、座椅、台面、危险品检查仪、危险品处置台等处无积尘、污渍。卫生间通风良好，干净无异味，地面无积水、便池无积便、积垢，洗手池清洁无污垢。饮水处地面无积水，饮水机表面清洁无污渍，沥水槽无残渣。站台、天桥、地道等地面无积水、积冰、积雪，股道无杂物。

b. 各服务处所设置适量的垃圾箱（桶），外皮清洁，内配的垃圾袋材质符合国家标准、厚度不小于0.025mm，无破损、渗漏，每日消毒一次。垃圾车外表无明显污垢，垃圾不散落，污水不外溢。垃圾及时清运，储运密闭化，固定通道，日产日清。

c. 保洁工具定点隐蔽存放。设有供保洁作业使用的水、电设施和存放保洁机具、清扫工具的处所，不影响旅客候车、乘降。

d. 由具备资质的专业保洁企业保洁，使用专业保洁机具和清洁工具，清洗剂符合环保要求，不腐蚀、污染设备备品。保洁人员经过保洁专业知识和铁路安全知识培训合格，持证上岗。墙壁、玻璃、隔断、护栏等2m以下的部位每日保洁,2m以上的部位及顶、棚等设施定期保洁。车站对保洁作业有检查、有考核。

②通风良好,空气质量符合国家规定。空调温度调节适宜,体感舒适,原则上保持冬季18~20℃,夏季26~28℃。高寒地区站房进出口处有门斗和风幕(防寒挡风门帘)。

③照明充足,售票处、问讯处(服务台)、高铁快运营业场所照明照度不低于150lx,候车区照明照度不低于100lx,站台、天桥及进出站地道照明照度不低于50lx。

④各服务处所按规定开展"消毒、杀虫、灭鼠"工作,蚊、蝇、蟑螂等病媒昆虫指数及鼠密度符合国家规定。

⑤服务备品齐全完整,质地良好,符合国家环保规定。卫生间配有卫生纸、洗手液(皂)、擦手纸(干手器),坐便器配一次性坐便垫圈,及时补充。落客平台、站台设置的垃圾箱(桶)上有烟灰盒。分设照明开关,使用节能灯具,根据自然光照度及时开启或关闭照明。用水处有节水宣传揭示。

(4)广播语音清晰,音量适宜,用语规范,内容准确,播放及时。

①通告列车运行情况、检票等信息,有禁止携带危险品进站上车、旅行安全常识、公共卫生和候车区禁止吸烟等宣传。

②使用普通话。少数民族自治地区车站可根据需要增加当地通用的民族语言播音。特大、大型车站使用普通话和英语双语播报客运作业信息,中型车站可增加英语播报客运作业信息。

③采用自动语音合成方式,日常重点内容播音录音化,可变信息尽可能集中录制,减少信息合成的频次。

(5)全面服务,重点照顾。

①无需求无干扰。配备自动售(取)票机、自动检票机、电子显示屏等服务设备,通过广播、揭示揭挂、电子显示等方式宣传服务设备的使用方法,方便旅客自助服务。

②有需求有服务。售票处、候车区公布中国铁路客户服务中心客户服务电话(区号+电话号码)、铁路12306手机客户端和微信公众号二维码,直辖市、省会城市和计划单列市所在地主要车站、站房规模和发送量较大的车站进站口外和候车室内设咨询服务台,受理旅客咨询、求助、投诉,专人负责,及时回应。实行首问首诉负责制,当旅客问讯时,有问必答,回答准确;对旅客提出的问题不能解决时,指引到相应岗位,并做好耐心解释。接听电话时,先向旅客通报单位和工号。

③重点关注,优先照顾,保障重点旅客服务。

a.按规范设置无障碍设备设施。售票厅设无障碍售票窗口。特大、大型车站候车室设有重点旅客候车区和特殊重点旅客服务点(可与问讯处、服务台等合设),位置醒目、便于寻找,并配备轮椅、担架等辅助器具;地市级以上车站候车区设置相对封闭的哺乳区;在检票口附近等方便的区域设置黄色标志的重点旅客候车专座。设有无障碍厕所和无障碍电梯,正常使用。盲道畅通无障碍。

b.重点旅客优先购票、优先进站、优先检票上车。

c.根据需求为特殊重点旅客提供帮助,有服务,有交接,有通报。

④尊重民族习俗和宗教信仰。少数民族自治地区车站可按规定在图形标志下增加当地通用的民族语言文字,可根据需要增加当地通用的民族语言播音。

⑤旅客在站内遗失物品时，帮助（或广播）查找；收到旅客遗失物品及时登记、公告，登记内容完整，保管措施妥当，处置措施合法。

六 客运组织

（1）售票（图2-5）。

①提供窗口、自动售（取）票机、铁路客票代售点等多种售票渠道，售票网点布局合理，管理规范。

a.售票窗口和自动售（取）票机设置、开放的数量适应客流量，日常窗口排队不超过20人。

b.办理售票、退票、改签、换票、取票、变更到站、挂失补办、中转签证等业务，发售学生票、残疾军人票、乘车证签证等各种车票，支持现金、银行卡等支付方式。

②根据车站客流及最早、最晚办理客运业务列车到达时刻合理确定售票时间和停售时间，并在售票处醒目位置公布；开窗时间不晚于本站首趟列车开车前30分钟，关窗时间不早于本站最后一趟列车办理客运业务后20分钟。工作时间内暂停售票时设有提示。用餐或交接班时间实行错时暂停售票。

图2-5 售票厅

③自动售（取）票机及时补充票据、零钞和凭条。设备故障等异常状况处置应及时。

④票据、现金妥善保管，票面完整、清晰。票据填写规范，内容准确、无涂改，按规定加盖站名戳和名章。

（2）进站、候车、检票组织。

①按规定实行实名制验证，核验车票、有效身份证件原件、旅客的一致性。

②安检设备的设置适应客流量和站场条件，秩序良好，通道顺畅。

③候车室（区）旅客可视范围内有客运人员，及时巡视、解答旅客咨询、妥善处置异常情况。特大、大型车站设有值班站长。候车区具备车票改签和自助取票功能。贵宾候车区按规定配备专职服务员以及验票终端等服务设备，提供免费小食品、饮品、报刊等服务。

④开始、停止检票时间的设置适应客流量和站场条件，进站口有提前停止检票时间的提示。开始检票或列车到站前，通告车次、停靠站台等检票信息。

⑤自动检票机通道和人工检票通道正常启用，通道数量适应客流情况，并设有商务座旅客快速检票通道。设两侧检票口的，对长编组、重联动车组列车同时开启。按照"先重点、后团体、再一般"的原则，引导旅客通过自动检票机、人工检票通道分别排队等候、检票进站，宣传自动检票机的使用方法，提醒旅客拿好车票或身份证，防止尾随。具备居民身份证自动识读检票条件的自动检票机正常启用。人工检票口核验车票和其他乘车凭证，对车票加剪。

⑥对无票、日期车次不符、减价不符、票证人不一致等人员按规定拒绝进站、乘车。

⑦停止检票前，通告候车室，无漏乘；停止检票时，关闭检票口，通告候车室和站台。

（3）站台组织。

①站台客运人员提前到岗，检查引导屏状态和显示内容、站台及股道情况。

②按站台车厢位置标志在站台安全线或屏蔽门内组织旅客排队等候，有序乘降。铃响

时巡视站台,无漏乘。

③办理站车交接,短编组动车组列车在4、5号车厢之间;长编组动车组列车在8、9号车厢之间;重联动车组列车在列车运行方向前组第7、8号车厢之间。

④开车时间前30秒打响开车铃,铃声时长10秒。

⑤车站确认列车旅客乘降、上水、吸污和高铁快运、餐车物品装卸作业完毕后,使用无线对讲设备通知列车长与客运有关的作业完毕。

⑥当同一站台有两趟列车同时进行乘降作业时,应做到有宣传,有引导,无误乘。

(4)出站组织。

①出站检票人员提前到岗,检查自动检票机、出站显示屏状态和内容。

②引导旅客通过自动检票机和人工检票通道检票出站,具备居民身份证自动识读检票条件的自动检票机正常启用。人工检票口核对车票及其他乘车凭证,对未加剪的车票补剪,秩序良好,防止尾随。

③对违章乘车旅客及违章携带品正确处理,票款收付准确。

④列车出站后及时清理,站台、通道无滞留人员。

⑤换乘客流大的车站根据需要设置站内换乘流线,配备相应的设备和引导标志。

(5)高铁快运作业(图2-6)。

①高铁快运作业场地满足集散分拣、装卸作业、物品和集装容器暂存等作业要求,其位置可方便、快捷地进出车站和站台。高铁快运物品经指定通道进出车站、站台。

②高铁快运使用专用箱、冷藏箱、集装袋等集装容器以集装件的形式在高铁车站间运输。承运物品和集装件严格执行安全检查规定。

③装卸、搬运高铁快运集装件时轻搬轻放,堆码整齐。合理安排装车计划,列车到站前将集装件提前搬运至站台指定位置,列车停稳后按计划装载;始发站在旅客上车前完成装车,中途站在开车铃响前完成装车;装卸车作业过程不干扰旅客乘降。装车完毕后向列车长汇报集装件装车位置及件数。

图2-6 高铁快运作业

④当运输过程中发生高铁快运包装松散、破损时,有记录、有交接。

⑤到站卸车提前到位,立岗接车。集装件外包装、施封破损或集装件短少的,凭客运记录或现场检查,核实现状,办理交接。

⑥遇高铁列车在站临时更换车底或终止运行时,协助列车客运乘务组完成集装件换乘,必要时临时看管卸下的集装件。

⑦高铁快运作业区无闲杂人员出入,无非高铁快运工作人员查找、搬运。发现非工作人员持集装件出站时当场制止。

⑧高铁快运装卸人员经过装卸作业知识、技能和铁路安全知识培训合格,持证上岗。

(6)列车给水、吸污作业。

①给水站根据给水方案配备给水人员,防护用具齐全,按指定线路提前到指定位置接送车,有人防护,同去同回。

②按规定程序及时上水，始发列车辆辆满水，中途站按给水方案补水，有注水口的挡板锁闭，水管回卷到位（管头插入上水井内）。吸污站按规定进行吸污作业，保持作业清洁。作业完毕，向站台客运人员报告。

（7）应急处置。

①遇恶劣天气、列车停运、大面积晚点、启动热备车底、突发大客流、设备故障、客票（服）系统故障、火灾爆炸、重大疫情、食物中毒、作业车辆（设备）坠入股道、旅客人身伤害等非正常情况时，及时启动应急预案，掌握售票、候车、旅客滞留、高铁快运等情况，维持站内秩序，准确通报信息，做好咨询、解释、安抚等善后工作。

a.遇列车晚点15分钟以上时，根据调度通报，公告列车晚点信息，说明晚点原因、预计晚点时间，广播每次间隔不超过30分钟。电子显示屏实时显示。按规定办理退票、改签或逢餐点提供免费饮食品，协调市政交通衔接。

b.遇车站列车空调失效时，站车共同组织；必要时，组织旅客下车、换乘其他列车或疏散到车站安全处所。到站按规定退还票价差额。

c.遇车底变更时，车站按车底变更计划调整席位，组织旅客换乘，告知列车，并按规定办理改签、退票。

d.遇售票、检票系统故障时，组织维护部门进行故障排查，按规定启用应急售票、换票程序，组织人工办理检票。

e.遇列车故障途中需更换车底时，在车站换乘的，由客车调度员通知换乘站、高铁快运到站，由换乘站组织集装件换车。在区间换乘的，集装件不换至救援车，由故障车所在地铁路局集团公司根据救援方案一并安排随车运送至动车所所在地高铁车站，动车所所在地高铁车站编制客运记录并安排最近车次运送至到站。

②有应急预案培训和演练，有记录、有结果、有考核。

③春、暑运等客流高峰时期，换票、验证、安检、进站等处所设有快速（绿色）通道。

模拟训练2-3　售票组织

20××年5月22日，旅客张某在车站购票，排到他时售票员李某用手指指窗口上面的显示屏说"暂停售票"后就离开了窗口，旅客张某看到显示屏才知道要半小时后才开始继续售票。请判断售票员李某这种行为是否符合规定，为什么？

训练提示：

①售票员李某这种行为不符合售票员服务质量规范的规定。

②车站应根据车站客流及最早最晚办理客运业务列车到达时刻，合理确定售票时间和停售时间，并在售票处醒目位置公布；开窗时间不晚于本站首趟列车开车前30分钟，关窗时间不早于本站最后一趟列车办理客运业务后20分钟。工作时间内暂停售票时设有提示。用餐或交接班时间实行错时暂停售票。

▶ 七　商业、广告经营

（1）站内商业场所、位置、面积、业态布局应统一规划，不占用旅客候车空间，不影响旅客乘降流线，不遮挡旅客服务信息；统一标志，统一服务内容，统一服务标准，有商业经营管理规范,对经营行为有检查,有考核。

(2)经营单位持有效经营许可,经营行为规范,明码标价,文明售货,提供发票。不出售禁止或限量携带等影响运输安全的商品,不出售无生产单位、无生产日期、无保质期、过期、变质以及口香糖等严重影响环境卫生的食品。代搬行李服务无诱导旅客消费。

(3)餐饮食品经营场所环境卫生符合要求,用具清洁,消毒合格,生熟(成品、半成品)分开。销售散装熟食品时,有防蝇、防尘措施,不徒手接触食品。

(4)站内广告设置场所、位置、面积、形式等应统一规划,广告设施安全牢固,形式规范,内容健康,与车站环境相协调。不挤占、遮挡图形标志、业务揭示、安全宣传等客运服务信息,不影响客运服务功能,不影响安全。旅客通道内安装的广告牌使用嵌入式灯箱,凸出墙面部分不超过200毫米,棱角部位采取打磨、倒角处理。除围墙、栅栏外,无直接涂写、张贴式广告。广播系统不发布音频广告。播放视频时不得外放声音。

八 基础管理

(1)管理制度健全,有考核、有记录。定期分析安全和服务质量状况,有针对性具体整改措施。

(2)业务资料配置到位,内容修改及时、正确。

(3)各工种按岗位责任各负其责,相互协作,落实作业标准。

(4)业务办理符合规定,票据、台账、报表填写规范、清晰。营运进款结算准确,票据、现金入柜加锁,及时解款。

(5)定期召开站区接合部协调会,有监督、有检查、有考核。

(6)定期开展职业技能培训,培训内容适应岗位要求,评判准确。

九 人员素质

(1)身体健康,五官端正,持有效健康证明。新职人员具备高中(职高、中专)及以上学历。

(2)持有效上岗证,经过岗前安全、技术业务培训合格。客运值班员、售票值班员、客运计划员、综控室操作人员从事客运服务工作满2年。综控室操作人员具备广播员资质。

(3)熟练使用本岗位相关设备设施,熟知本岗位业务知识和职责,掌握本岗位应急处置作业流程,具备应对突发事件的能力。

拓展阅读

雷锋服务站

2016年,黄吉莉担任了南京站客运车间"158"雷锋服务站党支部书记,接过了传承雷锋精神的接力棒。她组织带领党员和青年职工,努力将"158"雷锋服务站打造成旅客充分信赖的"义务帮"品牌,打造成践行和传播雷锋精神的广阔舞台,打造成"人民铁路为人民"的示范窗口(图2-7)。她带头发出"发扬螺丝钉精神,争做服务明星"的倡议,从大学、星级宾馆请来名师,帮助党员和青年职工全面掌握英语、手语、急救等服务技巧,同时不断开拓创新,建立了重点旅客数据库、重点旅客 QQ 群,开通了"158"雷锋服务站新浪官方微博,利用现代化的交流方式为重点旅客提供联程服务,用雷锋精神引领服务技能提升。她倾力打造"158"雷锋服务站全路党内优质品牌,创新"五到位""五帮助""五感受"等特色服务法,牵头与全国 160 多个车站、480 多趟列车建立联动机制,为旅客提供一站式服务。

图 2-7　"158"雷锋服务站

　　一年夏天,一对来自江苏邳州且身患残疾的中年夫妻来到"158"雷锋服务站。那位大姐是泌尿系统疾病患者,不巧的是离得最近的厕所正在维修,她根本就憋不住。情急之下,黄吉莉拉出屏风将她围在墙角,用塑料袋套在纸盒上,帮她接尿。一个多小时,这样的动作做了 5 次,污物滴到手上,她却丝毫没有在意。"就算是自己的亲生女儿,也只能做到这样……"大姐紧紧拉着黄吉莉的手,泪水在眼圈打转。在"158"雷锋服务站,黄吉莉共收到旅客的感谢信、表扬工单 242 封、锦旗 22 面,被旅客亲切地称为南京站的"女雷锋"。

　　很多旅客都评价,在南京站乘车,服务贴心又到位,感觉雷锋同志就在身边。黄吉莉所在党支部被评为"全国先进基层党组织",她本人也获得全国学雷锋志愿服务"最美志愿者""全国铁路优秀党务工作者""全国铁路劳动模范"等荣誉。

模拟训练2-4　铁路客运站服务情景练习

　　把学生分为若干组,运用所学的铁路客运服务质量规范的相关知识,以及客运规章的相关知识,自编、自导、自演,进行铁路客运站客运服务的情景练习,要求有情节,时间在 4 分钟之内。

　　训练提示:

　　要求学生根据所掌握的铁路客运服务质量规范的知识,在服务过程中把服务质量的基本要求体现出来。

　　①各组自编、自导、自演,进行铁路客运站服务情景练习,每组 6～8 人;每组所编排的情景练习应体现客运安全、文明服务、客运组织等内容。

　　②学生对每组的情景练习进行评议。

　　③由教师对每组的情景练习进行归纳和总结。

单元微课

《铁路旅客运输服务质量规范(车站部分)》主要内容

本单元微课请扫描二维码 5。

二维码5

单元2.3 《铁路旅客运输服务质量规范(列车部分)》主要内容

一 适用范围

《铁路旅客运输服务质量规范(列车部分)》对国铁集团所属铁路旅客运输企业的动车组列车旅客运输服务提出了质量要求。

二 术语和定义

(1)动车组列车:指由若干带动力和不带动力的车辆以固定编组组成、两端设有司机室的一组列车。

(2)重点旅客:指老、幼、病、残、孕旅客。特殊重点旅客是指依靠辅助器具才能行动等需特殊照顾的重点旅客。

三 安全秩序

(1)防火防爆、人身安全、食品安全、现金票据、接合部等安全管理制度健全有效。

(2)出、入动车所前,由车辆、乘务人员对上部服务设施状态进行检查,办理一次性交接;当运行途中发现上部服务设施故障时,乘务人员立即向列车长报告,并通知随车机械师共同确认、处理。

(3)各车厢灭火器、紧急制动阀(手柄或按钮)、烟雾报警器、应急照明灯、防火隔断门、紧急门锁、紧急破窗锤、气密窗、厕所紧急呼叫按钮及车门防护网(带)、应急梯、紧急用渡板、应急灯(手电筒)、扩音器等安全设备设施配置齐全,作用良好,定位放置。乘务人员知位置、知性能、会使用。

(4)安全使用电源,正确使用电器设备。电器元件安装牢固,接线及插座无松动,按钮开关、指示灯作用良好;不乱接电源和增加电器设备,不超过允许负载。配电室(箱)、电气控制柜锁闭,无堆放物品。不用水冲刷车内地板、连接处和车内电器设备。

(5)餐车配置的微波炉、电烤箱、咖啡机等厨房电器符合规定数量、规格和额定功率,规范使用,使用中有人监管,用后清洁,餐车离人断电。

(6)执行车门管理制度。

①列车到站停稳后,司机或随车机械师开启车门,并监控车门开启状态。开车前,列车长(重联时为运行方向前组列车长)接到车站与客运有关的作业完毕通知后,按规定通知司机或随车机械师关闭车门。

②当动车组列车停靠低站台时,到站前乘务人员提前锁闭辅助板指示锁并打开翻板,开车后及时将翻板及辅助板指示锁复位。

③餐车上货门仅供餐车售货人员补充商品、餐料时使用,无旅客乘降。

④列车运行中,车门、气密窗锁闭状态良好。定期巡视,保持通道畅通。当发现车门未锁闭或锁闭状态不良时,指派专人看守,并及时通知随车机械师处理。

（7）安全标志设置齐全、规范,符合标准。采用广播、视频、图形标志、服务指南等方式,宣传安全常识和车辆设备设施的使用方法,提示旅客遵守安全乘车规定。

（8）运行中做好安全宣传和防范,车内秩序、环境良好,无闲杂人员随车叫卖、拣拾、讨要。如发现可能损坏车辆设施和影响安全、文明的行为,乘务人员应及时制止。

（9）全列各处所禁止吸烟,加强禁烟宣传,发现吸烟行为及时劝阻,并由公安机关依法查处。

（10）行李架、大件行李存放处物品摆放平稳、牢固、整齐。大件行李放在大件行李存放处,不占用席（铺）位,不堵塞通道。锐器、易碎品、杆状物品及重物等放在座（铺）位下面或大件行李存放处。衣帽钩限挂衣帽、服饰等轻质物品。使用小桌板不超过承重范围。

（11）当发现旅客携带品可疑及无人认领的物品时,配备乘警（或列车安全员,下同）的列车通知乘警到场处理;未配备乘警的由列车长按规定处理,对危险品做好登记、保管及现场处置,并交前方停车站（公安部门）处理。

（12）当发现行为、神情异常的旅客时,重点关注,配备乘警的列车通知乘警到场处理;未配备乘警的由列车长按规定处理,情形严重时交列车运行前方停车站处理。

（13）当发生旅客伤病时,提供协助,通过广播寻求医护人员帮助;情形严重的,报告客运调度员。

（14）办理站车交接,短编组动车组列车在4、5号车厢之间;长编组动车组列车在8、9号车厢之间;重联动车组列车在列车运行方向前组第7、8号车厢之间。

（15）乘务人员进出车站和动车所（客技站）时走指定通道,通过线路时走天桥、人行地道,走平交道时做到"一停二看三通过",不横越线路,不钻车底,不跨越车钩,不与运行中的机车车辆抢行。进出车站时集体列队。

（16）乘务人员在接班前充分休息,保持精力充沛,不在班前、班中、折返站饮酒。

❯ 四　设备设施

（1）车辆设备设施齐全,符合动车组出所质量标准。

①乘务员室、监控室、多功能室、洗脸间、厕所、电气控制柜、备品柜、储藏柜、清洁柜、衣帽柜、大件行李存放处、软卧会客室等不挪作他用或改变用途。多功能室用于照顾重点旅客。

②车辆外观整洁,内外部油漆无剥落、褪色、流坠;车内顶棚不漏水,内外墙板及车内地板无破损、无塌陷、不鼓泡;渡板及各部位压条、压板、螺栓不松动、无翘起;脚蹬安装牢固,无腐蚀破损;手把杆无破损、松动。各部位金属部件无锈蚀。

③广播、空调、电茶炉、饮水机、照明灯具、电子显示屏、电视机、车载视频监控终端、控制面板、电源插座、车门、端门、儿童票标高线、地板、车窗、翻板、站台补偿器、窗帘、座椅、脚蹬、小桌板、靠背网兜、茶桌、座席号牌、衣帽钩、行李架、垃圾箱、洗手盆、水龙头、梳妆台、面镜、便器、洗手液盒、一次性坐便垫盒、卫生纸盒、擦手纸盒、婴儿护理台、镜框、洗脸间门帘、干手器、商务座车小吧台、呼唤应答器、阅读灯、软卧车铺位号牌、包房号牌、卧铺栏杆、扶手、呼叫按钮、沙发、报刊栏、餐车侧门、餐桌、吧台、冰箱、展示柜、微波炉、电烤箱、售货车等服务设备设施齐全,作用良好,正常使用,外观整洁,故障、破损及时修复。

④车厢通过台外端门框旁设儿童票标高线。儿童票标高线宽10mm、长100mm,距地板面分别为1.2m和1.5m,以上缘为限,距内端门框约100mm。

（2）车内各种服务图形标志型号一致，位置统一，安装牢固，齐全醒目，符合规定。

（3）车厢外部的电子显示屏显示列车运行区间、车次、车厢顺号等信息，如图2-8所示。车内电子显示屏显示列车运行区间、车次、车厢顺号、停站、运行速度、温度、中国铁路客户服务中心客户服务电话（区号＋电话号码）、安全提示等信息，显示及时、准确，如图2-9所示。

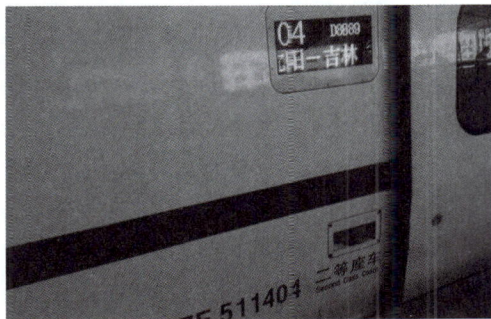

图2-8　车厢外部电子显示屏　　　　　图2-9　车内电子显示屏

五　服务备品

（1）服务备品、材料等符合国家环保规定，质量符合要求，色调与车内环境相协调。

（2）服务备品齐全，干净整洁，定位摆放。布制、易耗备品备用充足，保证使用。布制备品按附录规定的时间使用和换洗，有启用时间（年、月）标志。

①软卧车（含高级软卧车）。

a.包房内有被套、被芯、枕套、枕芯、床单、垫毯、卧铺套、靠背套、茶几布、一次性拖鞋、衣架、不锈钢果皮盘、带盖垃圾桶、热水瓶、面巾纸盒及服务指南、免费读物。

b.备有托盘、热水瓶和一次性硬质塑料水杯。

②软卧代座车。

a.包房内有卧铺套、靠背套、不锈钢果皮盘。

b.包房门框上原铺位号牌处有座席号牌。

c.备有热水瓶和一次性硬质塑料水杯。

③商务座车。

a.提供小毛巾，就餐时提供餐巾纸、牙签。

b.有耳塞、靠垫、鞋套、一次性拖鞋、清洁袋和专项服务项目单、服务指南、免费读物。

c.备有防寒毯、耳机、眼罩、托盘、热水瓶和一次性硬质塑料水杯。

④特、一、二等座车。

a.有清洁袋、免费读物和服务指南，放置在座椅靠背袋内或其他指定位置。

b.有座椅套、头枕片；特、一等座车座椅有头枕。

c.电茶炉配有纸杯架的，有一次性纸杯。

d.乘务组备有热水瓶、耳塞和一次性硬质塑料水杯。

⑤餐车。

a.有座椅套。

b.有售货车、托盘、热水瓶、一次性硬质塑料水杯。

c.备有餐巾纸、牙签。

⑥洗脸间有洗手液、擦手纸（或干手器）。

⑦厕所内有芳香盒和水溶性好的卫生纸、擦手纸，坐便器有一次性坐便垫圈，小便池内放置芳香球。

（3）贴身卧具（被套、床单、枕套）和头枕片干燥、清洁、平整，无污渍、无破损，已使用与未使用的折叠整齐，分别装袋保管。卧具袋防水、耐磨、干净，无破损。贴身卧具与其他布质备品分类洗涤；洗涤、存储、装运及更换不落地，无污染。

（4）卧车垫毯、被芯、枕芯等非贴身卧具备品干燥、清洁，无污渍、无破损，定期晾晒。被芯、枕芯先加装包裹套，再使用被套、枕套。包裹套定期清洗，保持干燥整洁。

（5）布制备品定位存放在储物（藏）柜内。无储物（藏）柜或储物（藏）柜容量不足的，软卧车定位放置在3、7、11号卧铺下。

（6）有厕所专用清扫工具，与车内清扫工具分开定位存放在清洁柜内；无清洁柜的定位隐蔽存放。商务座、特等座、一等座车厢客室内不存放清洁工具。清扫工具、清洁剂材质符合规定。

（7）清洁袋质地、规格符合规定，具有防水、承重性能。

（8）每标准编组车底配备2辆垃圾小推车，垃圾小推车、垃圾箱（桶）内使用垃圾袋，垃圾袋符合国家标准，印有使用单位标志，与垃圾箱（桶）规格匹配，厚度不小于0.025mm。

（9）列车配有票剪、补票机、站车客运信息无线交互系统手持终端和GSM-R通信设备；乘务人员配置具备录音功能的手持电台及音视频记录仪。设备电量充足，作用良好。站车客运信息无线交互系统手持终端在始发前登录，途中及时更新信息。

六 整备

（1）出库标准。

①车厢内外各部位整洁，窗明几净，四壁无尘，物见本色。

a.外车皮、站台补偿器内外、窗门框及玻璃、扶手干净、无污渍。

b.天花板（顶棚）、板壁、边角、地板、连接处、灯罩、座椅（铺位）、空调口、通风口、电茶炉、靠背袋网兜内等部位清洁卫生，无尘、无垢、无杂物。

c.热水瓶、果皮盘、垃圾箱（桶）、洗脸间内外洁净。

d.餐车橱、柜、箱干净无异味，分类标志清晰，商品、餐、饮品和备品等分类定位放置。

e.厕所无积便、积垢、异味，地面干净无杂物。污物箱内污物排尽。

②深度保洁结合检修计划安排在白天作业，范围包括车厢天花板、板壁、遮阳板（窗帘）、灯罩、连接处、车梯、商务座椅表面、座椅（铺位）缝隙、座椅扶手及旋转器卡槽、小桌板、脚踏板、暖气罩缝隙、洗手液盒、车厢边角，以及电茶炉、饮水机内部。

③布制品、消耗品和保洁工具等服务备品配备齐全，定位放置，定型统一。

a.卧具叠放整齐，摆放统一，床单、头枕片、座席套、茶几布等铺设平整，干净整洁。

b.清洁袋、洗手液、卫生纸、擦手纸、一次性坐便垫圈、服务指南、免费读物、商务座专项服务等备品补足配齐，定位放置。服务指南中含有旅行须知、乘车安全须知、本车型的设备设施介绍、主要停靠站公交信息、铁路12306手机客户端和微信公众号二维码及本趟列车销售的商品价目表、菜单。

c.垃圾小推车等保洁工具及售货车等备品定位放置,不影响旅客使用空间。

④可旋转式座椅转向列车运行方向。

⑤定期进行"消、杀、灭",蚊、蝇、蟑螂等病媒昆虫指数及鼠密度符合国家规定。

(2)途中标准。

①使用垃圾小推车和专用工具适时保洁,保持整洁卫生。旅客下车后及时恢复车容。

a.各处所地面墩扫及时,干燥、干净;台面、桌面、面镜擦抹及时,干净、无水渍。

b.洗脸(手)池、电茶炉沥水盘清理、擦抹及时,无污渍、无残渣、无堵塞、无积水;垃圾车、垃圾箱(桶)、清洁袋、靠背袋网兜、果皮盘清理及时,无残渣;厕所畅通无污物、无异味,按规定吸污。

c.餐车餐桌、吧台、工作台、微波炉及各橱、箱、柜内保持洁净。

②清洁袋、洗手液、卫生纸、擦手纸、一次性坐便垫圈等备品补充及时;卧具污染更换及时。

③垃圾装袋、封口、无渗漏,定位放置,在指定站定点投放;不向车外扫倒垃圾、抛扔杂物。

(3)终到标准。

终到站时车内无垃圾、污水、粪便、异味。垃圾装袋、封口、无渗漏,到站定点投放。

(4)到站立即折返标准。

①站台侧车外皮、门框、车窗干净,无污物、无积尘。

②车内地面清洁,行李架、大件行李存放处、扶手及座椅(铺位)、窗台上和靠背网兜内干净整洁;垃圾箱(桶)内无垃圾、无异味。

③热水瓶、果皮盘内外洁净,垃圾箱(桶)、洗脸间四周洁净。

④餐车橱、柜、箱干净无异味,分类标志清晰,商品、餐、饮品和备品等分类定位放置。

⑤洗脸间、厕所面镜洁净,洗脸(手)池、便器无污物、无异味。电茶炉沥水盘洁净。

⑥布制品、消耗品和保洁工具等服务备品配备齐全,定位放置,定型统一。

a.卧具叠放整齐,摆放统一,床单、头枕片、座席套、茶几布等铺设平整,干净整洁。

b.清洁袋、洗手液、卫生纸、擦手纸、一次性坐便垫圈、服务指南、免费读物、商务座专项服务等备品补足配齐,定位放置。

c.保洁工具、售货车等备品定位放置,不影响旅客使用空间。

⑦可旋转式座椅转向列车运行方向。

▶ 七 文明服务

(1)仪容整洁,着装统一,整齐规范。

①头发干净整齐、颜色自然、不理奇异发型、不剃光头。男性两侧鬓角不得超过耳垂底部,后部不长于衬衣领,不遮盖眉毛、耳朵,不烫发,不留胡须;女性发不过肩,刘海长不遮眉,短发不短于7cm。

②面部、双手保持清洁,身体外露部位无文身。指甲修剪整齐,长度不超过指尖2mm,不染彩色指甲。

③女性淡妆上岗,唇线与口红的颜色一致;眉毛修剪整齐,眉笔和眼线为黑色或深棕色;眼影的颜色与制服一致;使用清香、淡雅型香水。工作中保持妆容美观,端庄大方。补妆及时,在洗手间或乘务间进行。不浓妆艳抹。

图2-10　乘务组

④乘务组换装统一，衣扣拉链整齐(图2-10)。着裙装时，丝袜统一，无破损。系领带时，衬衣束在裙子或裤子内。外露的皮带为黑色。佩戴的外露饰物款式简洁，限手表一只、戒指一枚，女性还可佩戴发夹、发箍或头花及一副直径不超过3mm的耳钉。男性不歪戴帽子，不挽袖子和卷裤脚，不敞胸露怀，不赤足穿鞋，不穿尖头鞋、拖鞋、露趾鞋，鞋的颜色为深色系，鞋跟高度不超过3.5cm，跟径不小于3.5cm。

⑤佩戴职务标志，胸章牌(长方形职务标志)戴于左胸口袋上方正中，下边沿距口袋1cm处(无口袋的戴于相应位置)，包含单位、姓名、职务、工号等内容。臂章佩戴在上衣左袖肩下四指处。按规定应佩戴制帽的工作人员，在执行职务时戴上制帽，帽徽在制帽折沿上方正中。除列车长外，其他乘务人员在车厢内作业时可不戴制帽。

⑥餐车加热、供应餐食时，乘务人员戴口罩、手套；女性穿围裙。

(2)表情自然，态度和蔼，用语文明，举止得体，庄重大方。

①使用普通话，表达准确，口齿清晰。服务语言表达规范、准确，使用"请""您好""谢谢""对不起""再见"等服务用语。对旅客、货主称呼恰当，统称为"旅客们""各位旅客""旅客朋友"，单独称为"先生、女士、小朋友、同志"等。

②遇旅客问讯时，面向旅客站立(工作人员办理业务时除外)，目视旅客，有问必答，回答准确，解释耐心。遇有失误时，向旅客表示歉意。对旅客的配合与支持，表示感谢。

③坐立、行走姿态端正，步伐适中，轻重适宜。在旅客多的地方，先示意后通行；与旅客走对面时，要主动侧身面向旅客让行，不与旅客抢行。列队出(退)勤(乘)时，按规定线路行走，步伐一致，箱(包)在同一侧。

④立岗姿势规范，精神饱满。站立时，挺胸收腹，两肩平衡，身体自然挺直，双臂自然下垂，手指并拢贴于裤线上，脚跟靠拢，脚尖略向外张呈"V"字形。女性可双手四指并拢，交叉相握，右手叠放在左手之上，自然垂于腹前；左脚靠在右脚内侧，夹角为45°呈"丁"字形。

⑤当列车进出站时，在车门口立岗，面向站台致注目礼，以列车进入站台开始，开出站台为止。办理交接时行举手礼，右手五指并拢平展，向内上方举手至帽檐右侧边沿，小臂形成45°角。

⑥清理卫生时，清扫工具不触碰旅客及携带物品。挪动旅客物品时，应征得旅客同意。需要踩踏座席、铺位时，戴鞋套或使用垫布。占用洗脸间洗漱时，礼让旅客。清洁厕所时，作业人员戴保洁专用手套。

⑦夜间作业、行走、交谈、开关门要轻。进包房先敲门，离开时应倒退出包房。

⑧不高声喧哗、嬉笑打闹、勾肩搭背，定时定点分批用乘务餐，其他时段不在旅客面前吃食物、吸烟、剔牙齿和出现其他不文明、不礼貌的动作，不对旅客评头论足，接班前和工作中不食用异味食品。餐车对旅客供餐时，不在餐车逗留、闲谈、占用座席、陪客人就餐。

(3)温度适宜，环境舒适。

①通风系统作用良好，车内空气清新，质量符合国家标准。始发前对车厢进行预冷、预热，空调温度调节适宜，体感舒适，原则上保持冬季18~20℃，夏季26~28℃。

②车内照明符合规定。夜间运行(22:00—7:00)时,座车照明开关置于半灯位;始发、终到站和客流量大的停站,以及列车途经地区与北京时间存在时差时自行调整。

③广播视频。

a.广播常播内容录音化。使用普通话。经停少数民族自治地区车站的列车可根据需要增加当地通用的民族语言播音。过港列车可增加粤语播音。直通列车可增加英语播报客运作业信息。

b.广播语音清晰,音量适宜,用语准确,不干扰旅客正常休息。自动广播系统播报正确。

c.视频系统性能良好,使用正常,始发前开启系统播放节目,播放内容符合规定并定期更新。

d.广播、视频内容以方便旅行生活为主,介绍宣传安全常识和车辆设备设施的使用方法,提示旅客遵守安全乘车规定,播报前方停站、到站信息等内容,可适当插播文艺娱乐、文明礼仪、沿线风光、民俗风情、餐食供应、广告等节目。

(4)用水供应。

①饮用水保证供应,途中二水站按规定上水。

②运行途中为有需求的重点旅客提供送水服务;售货车配热水瓶,利用售货时为有需求的旅客提供补水服务。

(5)运行途中,厕所吸污时或未供电时锁闭厕所,其他时间不锁闭厕所。厕所锁闭时,为特殊情况急需使用厕所的旅客提供方便。

(6)公共区域的电源插座保证符合标示范围的旅行必需的小型电器正常使用。

(7)通过图形符号、电子显示、广播、视频、服务指南等方式宣传旅客运输服务信息,引导旅客自助服务。

(8)卧具终点站收取,贴身卧具一客一换。到站前提醒卧车旅客做好下车准备,不干扰其他旅客。夜间运行,卧车乘务员在边凳值岗,并定时巡视车厢。始发后和夜间客运乘务人员对卧车核对铺位。列车剩余铺位在列车办公席或指定位置公开发售,公布手续费收费标准。

(9)发现旅客遗失物品妥善保管,设法归还失主;如果无法归还时,编制客运记录交站处理。无法判明旅客下车站时交列车终点站处理。

(10)根据旅客乘坐列车等级和席别提供相应服务。

①商务座车配有专职人员,主动介绍专项服务项目,提供饮品、餐食、小食品、小毛巾、耳塞等服务。

a.饮品有茶水、饮料,品种不少于6种,茶水全程供应。

b.逢供餐时间的,免费供应餐食。供餐时间为:早餐8:00以前,正餐11:30—13:00、17:30—19:00。

c.正餐以冷链为主,配用速溶汤,分量适中,可另行配备面点、菜品、佐餐料包等。品种不少于3种,配有清真餐食,定期调整。

d.选用非油炸类点心、蜜饯类、坚果类等无壳、无核、无皮、无骨的休闲小食品,品种不少于6种,独立小包装。

②"G"字头跨局动车组特、一等座车提供饮品、小食品、送水等服务。

(11)全面服务,重点照顾。

①无需求无干扰。通过广播、电子显示屏等方式宣传服务设备的使用方法,方便旅客自助服务。

②有需求有服务。在各车厢电子显示屏公布中国铁路客户服务中心客户服务电话(区号+电话号码)。实行首问首诉负责制。受理旅客咨询、求助、投诉，及时回应，热情处置，有问必答，回答准确；对旅客提出的问题不能解决时，指引其到相应岗位，并耐心做好解释。

③重点关注，优先照顾，保障重点旅客服务。

图2-11　卫生间

a. 按规范设置无障碍厕所、座椅、专用座席等设备设施，作用良好(图2-11)。

b. 对重点旅客做到"三知三有"("三知"指知座席、知到站、知困难，"三有"指有登记、有服务、有交接)；为有需求的特殊重点旅客联系到站提供担架、轮椅等辅助器具，及时办理站车交接。

④尊重民族习俗和宗教信仰。经停少数民族自治地区车站的列车可按规定在图形标志增加当地通用的民族语言文字，可根据需要增加当地通用的民族语言播音。

八　应急处置

(1)火灾爆炸、重大疫情、食物中毒、空调失效、设备故障和列车大面积晚点、停运、变更径路、启用热备车底等非正常情况下的应急处置预案健全有效，预案内容分工明确，流程清晰。日常组织培训，定期组织演练，培训演练有记录、有结果、有考核。

(2)配备照明灯、扩音器、口笛等应急物品，电量充足，性能良好。灾害多发季节增备易于保质的食品、饮用水和应急药品，单独存放。

(3)遇火灾爆炸、重大疫情、食物中毒、空调失效、设备故障和列车大面积晚点、停运、变更径路、启用热备车底等非正常情况时，及时启动应急预案，掌握车内旅客人数及到站情况，维持车内秩序，准确通报信息，做好咨询、解释、安抚、生活保障等善后工作。

①当列车晚点15分钟以上时，列车长根据调度、本段派班室(值班室)或车站的通报，向旅客公告列车晚点信息，说明晚点原因、预计晚点时间。广播每次间隔不超过30分钟，可利用电子显示屏实时显示。

②遇列车空调故障时，有条件的，将旅客疏散到空调良好的车厢；需开启车门通风的，按规定安装防护网，有专人防护。在停车站，开启站台一侧车门；在途中，开启运行方向左侧(非会车侧)车门。运行途中劝阻旅客不在连接处停留，临时停车严禁旅客下车。在站停车须组织旅客下车时，站车共同组织。按规定做好旅客到站退还票价差额时的站车交接。

③热备车底的乘务人员、随车备品和服务用品同步配置到位。遇启用热备车底时，做好宣传解释，配合车站组织旅客换乘其他列车，或者按照车站通报的席位调整计划组织旅客调整席位，按规定做好站车交接。

④遇变更径路时，做好宣传解释，配合车站组织不同径路的旅客下车，按规定做好站车交接。

⑤当车门故障无法自动开启时，手动开启车门，并通知随车机械师处理；无法关闭时，由专人看守并通知随车机械师处理。使用车门紧急解锁拉手后，及时复位。

⑥当发生烟火报警时，随车机械师、列车长和乘警根据司机通知立即到报警车厢查实确

认,查看指定车厢的客室、卫生间,随车机械师重点查看电气设备。若发生客室或设备火情,列车长或随车机械师立即通知司机按规定实施制动停车,并启动应急预案进行处理;若确认因吸烟等非火情导致烟火报警时,由随车机械师做好恢复处理,乘警依法调查,并向旅客通告。

⑦当旅客发生人身伤害或突发疾病时,客运乘务员应积极采取救助措施,按规定办理站车交接,不下车参与处理。必要时可请求在前方所在地有医疗条件的车站临时停车处理。

九 列车经营

(1)餐饮经营。

①餐饮经营符合有关审批、安全规定,证照齐全有效。食品经营单位的食品安全管理制度健全。

②餐车销售的饮食品符合国家有关规定。销售的商品质价相符,明码标价,一货一签,价签有"CRH"标志,提供发票。餐车明显位置、售货车、服务指南内有商品价目表和菜单,无只收费不服务行为。

③餐车整洁美观,展示柜布置艺术,与就餐环境相协调;厨房保持清洁,各种用具定位摆放。商品、售货车等不堵通道,不占用旅客使用空间。售货车内外清洁,定位放置,有制动装置和防撞胶条。

④商品柜、冰箱、吧台、橱柜不随意放置私人物品(乘务员随乘携带的餐食等定位存放)。餐食、商品在餐车储藏柜、冰箱内定位放置,不占用旅客使用空间。

⑤餐车配置的微波炉、电烤箱、咖啡机等厨房电器符合规定数量、规格和额定功率,保持洁净。

⑥经营行为规范,文明售货,不捆绑销售商品。非专职售货人员不从事商品销售等经营活动。餐车实行不间断营业,并提供订、送餐服务。售货人员不在车内高声叫卖、危险演示,销售过程中主动避让旅客。夜间运行时,不得进入卧车销售,座车可根据情况适当延长或提前销售时间,但不得超过1小时。

⑦供应品种多样,有高、中、低不同价位的旅行饮食品。尊重外籍旅客和少数民族的饮食习惯。盒饭以冷链为主,以热链为辅,常温链仅做应急备用,有清真餐食。

⑧餐饮品、商品有检验、签收制度,采购、包装、储存、加工、运输、销售符合食品卫生安全要求。

⑨不出售无生产单位、生产日期、保质期和过期、变质、口香糖以及方便面等严重影响列车环境卫生的食品。超过保质期限的食品单独存放或回收销毁。

⑩一次性餐饮茶具符合国家卫生及环保要求。

(2)广告经营规范。

广告发布的内容、形式、位置等符合有关规范,布局合理,安装牢固,内容健康,与列车环境协调,不挤占铁路图形标志、业务揭示、安全宣传等客运服务内容或位置,不影响安全和服务功能,不损伤车辆设备设施(图2-12)。

图2-12 高铁列车车体广告

十　高铁快运

（1）高铁快运（图2-13）使用专用箱、冷藏箱、集装袋等集装容器以集装件的形式在高铁车站间运输，集装件应装载在列车指定位置，载客动车组列车可将集装件装载在大件行李存放处、二等车厢最后一排座椅后空档处、集装件专用存放柜、动卧列车预留包厢等位置；一节车厢内大件行李存放处和最后一排座椅后空档处预留不少于三分之一的空间供旅客使用；集装件码放在车厢内最后一排座椅后的空档处时，不影响座椅靠背后倾；需中途换向的列车，不使用最后一排座椅后的空档处。利用高铁确认列车运输时，集装件还可码放在二等座车座椅间隔处等位置，但不得码放在座椅上；装载重量不超过列车允许载重量。

图2-13　高铁快运

（2）有押运员跟车作业的列车，列车长要对押运员的证件检查和登记。无押运员跟车作业的列车，列车乘务人员在运行途中巡视、检查高铁快运集装件码放、外包装、施封等状况。发现高铁快运集装件短少或外包装、施封破损立即报告列车长。列车长到场确认后，组织查找，必要时报警。上述异常情况列车长开具客运记录，载明现有集装件数量、编号或内装物品实际情况，到站时交快运公司工作人员处理。

（3）遇列车故障途中需更换车底或终止运行时，由列车长通知押运员，由押运员负责集装件换乘和后续处置。无押运员时，列车长报告被换乘车所在地铁路局集团公司，高铁客服调度员（客运调度员）高铁快运装载情况，乘务组临时看管集装件。换乘地点在车站时，原列乘务组在车站协助下组织集装件换乘，不具备换乘条件时集装件随原列回程或交车站临时看管；换乘地点在区间时，集装件随原列回程；列车长在换乘或交车站前开具客运记录附于集装件上。

十一　人员素质

（1）身体健康，五官端正，持有效健康证明。

（2）具备高中（职高、中专）及以上学历，保洁人员可适当调整。

（3）持有效上岗证，经过岗前安全、技术业务培训合格。从事餐饮服务的人员有卫生知识培训合格证明。广播员有一定编写水平，经过广播业务、技术培训合格。

（4）列车长从事列车乘务工作满2年。列车值班员从事列车乘务工作满1年。列车长、商务座、软卧列车员能够使用简单英语。

（5）熟练使用本岗位相关设备设施，熟知本岗位业务知识和职责，掌握担当列车沿途停站和时刻，以及上水、吸污、垃圾投放等作业情况。熟悉本岗位相关应急处置流程，具备应对突发事件能力。

十二　基础管理

（1）管理制度健全，有考核、有记载。定期分析安全和服务质量状况，有针对性具体整改措施。

（2）按规定配置业务资料，内容修改及时、正确。除携带铁路电报、客运记录外，车上不携带其他纸质资料台账。

（3）各工种在列车长的领导下，按岗位责任各负其责，相互协作，落实作业标准，有监督，有检查，有考核。

（4）业务办理符合规定，票据、台账、报表填写规范、内容准确、完整清晰。配备保险柜，营运进款结算准确，票据、现金及时入柜加锁，到站按规定解款。

（5）客运乘务人员配备统一乘务箱（包），集中定位摆放；洗漱用具、茶杯等定位摆放。

（6）库内保洁作业纳入动车所一体化作业管理，动车所满足一体化吸污、保洁等整备作业条件。

（7）备品柜、储藏柜按车辆设计功能使用，备品定位摆放。单独配置的备品柜与车身固定，并与车内环境相协调。

（8）定期开展职业技能培训，培训内容适应岗位要求，评判准确。

拓展阅读

红旗列车

雷俭华深耕客运车队党支部工作17载，2019年成为K179/180次红旗列车第15任擎旗人。长期以来，她始终以高质量党建锻造高素质党员队伍、引领高品质客运服务，在中原铁道线上筑起了坚强流动堡垒，续写了红旗列车36年不倒的传奇。

在位于郑州五里堡的郑州客车车辆段，每天下午6点半，乘务员们就早早地上车整备，卧铺车厢的被子要叠成豆腐块状，拖过的地面一尘不染。旅客休息后每节车厢乘务员都按计划在"三间一挡"（乘务间、洗脸间、卫生间、风挡）搞卫生，列车到站入库后还会做3个小时左右的终到卫生补强，对各种乘务标准、要求、处置方法等烂熟于心。

"既然是红旗列车，不管现在还是将来，我们都要把服务旅客的初心、传统保持下去。"雷俭华说，"如今车队的服务理念和卫生标准，在某种意义上说要求得比过去更细、更高、更严"。

雷俭华坚持把党支部建设深度融入客运服务工作，对标"复兴号"标准开展"白手套"党内主题竞赛，组织党内立项攻关，形成"一扫二打三突四抹"清洁法、"六做六勤六主动"温馨服务法，创新"消音布""座席套子母扣"等发明10项，定期开展党员"星级职工评定"，实现了服务标准和质量双提升，K179/180次普速列车被旅客赞誉为"具有五星级服务的移动酒店"。雷俭华本人先后获得"全路优秀党务工作者""火车头奖章"等荣誉。

模拟训练2-5 铁路旅客列车服务情景练习

把学生分为若干组，运用所学的铁路客运服务质量规范的相关知识，以及客运规章的相关知识，自编、自导、自演，进行铁路列车客运服务的情景练习，要求有情节，时间在4分钟之内。

训练提示：

要求学生根据所掌握的铁路客运服务质量规范的知识，在服务过程中把服务质量的基本要求体现出来。

①各组自编、自导、自演,进行铁路列车服务情景练习,每组6~8人;每组所编排的情景练习应体现文明服务、主动服务、热情服务、周到服务等内容。

②学生对每组的情景练习进行评议。

③由教师对每组的情景练习进行归纳和总结。

单元微课

《铁路旅客运输服务质量规范(列车部分)》主要内容

本单元微课请扫描二维码6。

二维码6

模块小结

(1)介绍了铁路旅客运输服务质量的内容,明确了服务质量问题的分类,确定了影响铁路旅客运输服务质量的因素。

(2)介绍了《铁路旅客运输服务质量规范(车站部分)》的主要内容和《铁路旅客运输服务质量规范(列车部分)》的主要内容。

(3)重点掌握《铁路旅客运输服务质量规范》对车站和列车的要求。

技能实训

实训2-1　根据《铁路旅客运输服务质量规范》判断车站的服务质量

20××年4月4日4:28,旅客焦某(男,66岁)乘坐2008次列车到达德惠,下车后由后部向前行走,当行走到旅客天桥前10m左右时,由于没有看到出站引导标志,反身与提前检票的6338次检票的人流一起走过天桥,沿二站台向长春方向行走至6道停留的6338次机车头部后横越6道、4道,跨越2道时被通过的1302次列车撞死。请判断本事件是否属于铁路旅客运输服务质量问题,为什么?

判断结果:该事故属于铁路旅客运输服务质量重大问题。

站台客运员严重失职,在站台上未发现焦某在自己的身边走过,根本未起到应有的防护作用;客运值班员工作不负责,6338次检票时间安排不当提前检票为此次事故埋下了隐患,也是焦某误上天桥的诱发原因,特别在2008次列车开车后,也未按规定及时到二站台组织客运人员做好6338次旅客上车组织和防护工作。

判断依据:

《铁路旅客运输服务质量规范(车站部分)》对客运安全的相关规定:

(1)安全标志使用正确,位置恰当,便于辨识。电梯、天桥、地道口、楼梯踏步、站台有引导、安全标志。落地玻璃前有防撞装置和警示图形标志。

(2)站区实行封闭式管理,旅客进出站乘降有序,站内无闲杂人员。进出站通道流线清晰,有管理措施。站台两端设置防护栅栏并有"禁止通行"或"旅客止步"标志。当夜间不办理客运业务时,可关闭站区相应服务处所,但应对外公告。疏散通道、紧急出口、消防车通道等有专人管理,无堵塞。

实训2-2 根据《铁路旅客运输服务质量规范》判断车站的服务质量

20××年5月7日22:27,朝阳镇站K549次列车进站,同时与K549次列车终到站相同的K547次列车晚点2小时20分钟。由于乘坐K547次列车的旅客要求改乘K549次列车,站台和候车室值班人员忙于劝解和疏导,而候车室客运员勾某精神不集中,误认为K549次列车晚点2小时20分钟,没有及时对K549次列车旅客进行检票,造成部分K549次列车旅客(50人左右)漏检。请判断本事件属于哪种类型的铁路旅客运输服务质量问题并进行简要分析。

判断结果:该事件属于铁路旅客运输服务质量严重问题。

候车室客运员勾某作业时精神不集中,同站台值班员和候车室值班员未执行联控、互控制度,盲目应答,误听误认,在这次漏检事件中负主要责任。同时,列车进入确认、检票作业时卡控不到位,列车晚点的情况下缺乏应急处理能力,干部现场监控和督促不到位等构成了事件发生的次要原因。

判断依据:

《铁路旅客运输服务质量规范(车站部分)》对客运组织的相关规定:

(1)开始、停止检票时间的设置适应客流量和站场条件,进站口有提前停止检票时间的提示。开始检票或列车到站前,通告三次、停靠站台等检票信息。

(2)停止检票前,通告候车室,无漏乘;停止检票时,关闭检票口,通告候车室和站台。

(3)站台客运员提前到岗,检查引导屏状态和显示内容、站台及股道情况。

(4)按站台车厢位置标志在站台安全线或屏蔽门内组织旅客排队等候,有序乘降。铃响时巡视站台,无漏乘。

实训2-3 根据《铁路旅客运输服务质量规范》判断列车的服务质量

20××年6月20日,旅客李某和女儿乘坐中国铁路沈阳局××次列车,从长春出发前往昆明旅游。当晚22:00许,李某在二卫生间时意外跌倒,头顶部撞出血肿。在返回铺位过程中,李某相继出现头晕、意识模糊等症状,最后晕倒在其他旅客的铺位上。列车员迅速组织抢救,通过广播找医生进行救治并报告客运调度员,联系前方石家庄站通知120救护车。当晚23:00许,列车停靠石家庄站后,医院医护人员上车接手抢救,此时李某已经没有呼吸,后入院抢救无效死亡。医院最终诊断为"猝死:脑外伤引起的脑出血"。

李某家属以列车没有及时停车、未采取积极救助措施为由,向法院起诉,提出80余万元的赔偿请求。而被告中国铁路沈阳局集团公司则坚持认为李某死亡系自身疾病造成,且列车乘务员在实施救助时已采取了妥善、充分、有效的措施,不应承担赔偿责任。

请判断本事件是否属于铁路旅客运输服务质量问题并进行简要分析。

判断结果:该事件不属于铁路旅客运输服务质量问题。李某死亡系自身疾病造成,且列车员在实施救助时已采取了妥善、充分、有效的措施,不应承担赔偿责任。

判断依据:

《铁路旅客运输服务质量规范(列车部分)》对安全秩序及应急处置的相关规定:

当发生旅客伤病时,提供协助,通过广播寻求医护人员帮助;情形严重的,报告客运调度员。

当发生人身伤害或突发疾病时,积极采取救助措施,按规定办理站车交接,客运乘务员不下车参与处理。必要时可请求在前方所在地有医疗条件的车站临时停车处理。

实训2-4　根据《铁路旅客运输服务质量规范》判断列车的服务质量

20××年6月25日18：21，沈阳客运段担当的沈阳北至深圳T188/5次列车厨师长杨某在深圳折返站去公寓洗澡后，独自一人返回车体，途中行至深圳北下行1道正线时被通过的广州东—深圳T877次快速列车撞上，当场死亡。请分析杨某死亡的原因。

直接原因：①厨师长杨某违反规定单独一人返回车体；②没有认真执行"一停二看三通过"制度，盲目抢越线路。间接原因：餐车主任对本班组人员安全管理要求不严，教育不到位，班组人员之间没有起到安全互控的作用，导致个别人员随意单独行动。

判断依据：

《铁路旅客运输服务质量规范》列车部分对安全秩序及应急处置的相关规定：

乘务人员进出车站和动车所（客技站）时走指定通道，通过线路时走天桥、人行地道，走平交道时做到"一停二看三通过"，不横越线路，不钻车底，不跨越车钩，不与运行中的机车车辆抢行。进出车站时集体列队。

思考与练习

1.填空题

(1)铁路旅客运输服务质量的内容主要包括_____和_____两方面。

(2)铁路旅客运输服务质量问题可分为_____、_____、_____和_____四类。

(3)铁路旅客运输服务质量受_____因素、_____因素和_____因素三个方面的影响。

2.判断题

(1)铁路旅客运输服务的技术质量主要体现在安全、快速、正点和经济四个方面。（　　）

(2)铁路旅客运输服务的功能质量主要体现在便捷、舒适和文明三个方面。（　　）

(3)人员因素不是影响铁路旅客运输服务质量的关键因素。（　　）

(4)售票处、候车区（室）、出站检票处设有儿童票标高线。（　　）

(5)动车组垃圾定位放置，可在任意停车站进行投放。（　　）

3.选择题

(1)以下属于铁路旅客运输服务质量的不良反映的是（　　）。

A.旅客对站、车设备不满意而产生的不良反映

B.旅客对卫生环境不满意而产生的不良反映

C.旅客对服务内容不满意而产生的不良反映

D.旅客对服务态度不满意而产生的不良反映

(2)以下属于服务质量一般问题的是（　　）。

A.旅客、货主投诉或新闻媒体曝光，在社会上造成不良影响

B.责任造成旅客轻伤

C.责任造成旅客食物中毒住院治疗

D.责任造成3名旅客坐过站

（3）下列影响铁路旅客运输服务质量的因素中,属于人员因素的是(　　　)。

A. 工作人员的心态　　　　　　B. 工作人员的仪容仪表

C. 工作人员的服务技巧　　　　D. 车站设置的导向标志

4. 简答题

（1）高铁中型及以上车站服务质量规范的主要内容有哪些?

（2）动车组列车服务质量规范的主要内容有哪些?

📊 模块学习效果评价

通过教师考核、组间互评、个人自测的方式,对学生课堂表现、职业素养及技能训练表现等进行考核计分。

铁路旅客运输服务质量管理

学习目标

1. 了解铁路旅客运输服务全面质量管理。
2. 掌握铁路旅客运输服务质量管理小组的工作任务。
3. 掌握铁路旅客运输服务质量保证体系的组成。
4. 掌握铁路旅客运输服务补救的方法。
5. 了解铁路旅客运输服务质量综合评价体系的内容。
6. 掌握旅客满意度测评的步骤。

技能目标

1. 能组织简单的"铁路旅客运输服务质量管理小组"模拟活动。
2. 能组织简单的"铁路满意度测评"模拟活动。

单元 3.1 铁路旅客运输服务全面质量管理

在铁路旅客运输企业层面,铁路旅客运输服务是铁路旅客运输企业管理水平的标志;在国家层面,铁路是国家经济的命脉,铁路旅客运输服务质量是衡量国家经济水平的重要标志。因此,加强铁路旅客运输服务质量的管理,进一步做好服务工作,具有重要的意义。

一 概述

1 质量管理科学的发展阶段

质量管理是指运用科学的方法管理一系列生产活动,以使用最低生产成本,生产出满足人们和社会需要的产品。

质量管理科学是现代管理学的重要组成部分,其产生和发展大体可分为以下三个不同的历史阶段。

(1)质量检验阶段。

20 世纪初美国"科学管理之父"弗雷德里克·泰罗提出了在作业人员中进行科学分工的主张,将计划职能与执行职能分开,并增加一个检验环节,以便监督和检查对计划、设计、产品标准等项目的贯彻执行,从而产生了一支专职检查队伍,形成了一个专职的检查部门。这在质量管理中是一个重要的步骤。但是从质量管理的角度来看,尽管设置了专职的检验人员,也只不过是事后把关。这样的质量管理还处于初级阶段,存在着很大的缺点。

(2)统计质量管理阶段。

最先将数理统计方法引入质量管理的是美国人沃特·阿曼德·休哈特(Walter A. Shewhart)。他认为,质量管理不仅要进行事后检查,而且在发现有废品产生的先兆时就要进行分析改进,从而预防废品产生。控制图就是运用数理统计原理进行预防的一种方法。控制图的出现,是质量管理从单纯事后检验转入检验加预防的标志,也是质量管理形成一门独立学科的开始。

(3)全面质量管理阶段。

1961年,美国人阿曼德·费根堡姆(A. V. Feigenbaum)第一次提出了全面质量管理的概念。他认为,全面质量管理是一个企业的各个部门对质量开发、质量保持和质量提高共同努力的总和,使企业能以最经济的费用进行生产和服务,使用户达到最大限度的满意。

从费根堡姆提出全面质量管理以来,经过许多国家的实践和认识,全面质量管理在理论和观点、原则和基础、方法和工具等方面都得到了丰富和发展,成了一门新的完整的学科。

2 全面质量管理的内涵

全面质量管理(Total Quality Control,TQC)是指对产品质量形成的全部过程进行严密的控制,保证用经济有效的方法研制、生产和销售能使用户满意的产品和服务。因此,工业企业全面质量管理就是对产品和服务全面质量的管理、全过程的管理和全员参与的管理,也有人称之为"三全"管理。

(1)产品和服务全面质量的管理。

对工业生产而言,全面质量的管理是指对产品性能、使用寿命、可靠性、安全性、价格、交货期、售后服务等各方面的质量进行全面管理。对服务工作而言,全面质量的管理是指对被服务者的物质需求质量和精神需求质量进行全面管理。

(2)全过程的管理。

对工业生产而言,全过程的管理是指对产品的设计过程、制造过程、辅助过程以及销售和使用过程的质量加以全面管理,即把产品的质量管理贯穿于产、供、销的全过程。服务工作的全过程应分服务前、服务中和服务后三个阶段。也就是说,服务工作全过程的管理,不仅是面对被服务者所进行的服务,还包括服务前所做的一切准备工作以及服务后的一切善后工作。

(3)全员参与的管理。

全员参与的管理是指企业的全体人员人人参加质量管理。"前方""后方"互相协调,各自做好本职工作,共同保证产品质量和服务质量。

全面质量管理的目的是保证和提高产品和服务的质量,它的落脚点应该放在全员参加的基础上。只有企业的全体职工人人都参加全面质量管理,人人都关心产品和服务的质量,并以自己的工作质量来保证产品和服务的质量,才能达到提高产品和服务质量的目的。因此,全面质量管理是一个系统管理,它应该以全员参与管理来保证全过程的管理,以全过程的管理来保证产品和服务质量。

❯ 二 铁路旅客运输服务全面质量管理

铁路旅客运输服务工作与工业企业和其他服务行业虽然有所不同,但是全面质量管理的理论和方法完全适用。铁路旅客运输服务全面质量管理包括铁路旅客运输服务工作全面质量管理、铁路旅客运输服务工作全过程管理、全体客运职工及相关人员参与服务工作管理三方面,具体如下。

1 铁路旅客运输服务工作全面质量管理

铁路旅客运输服务质量的内容包括安全、快速、正点、经济、便捷、舒适和文明等。在铁路旅客运输服务中,要全面统筹,不能只抓安全、正点而忽视其他方面。安全、正点虽然非常重要,但是若放松其他方面的管理,旅客也是难以感到满意的。

2 铁路旅客运输服务工作全过程管理

铁路旅客运输企业的产品是旅客在空间上的位移,旅客运输的生产流程一般为购票→进站→上车→旅行→下车→出站。铁路旅客运输企业生产产品的过程也是旅客消费产品的过程,所以铁路旅客运输服务工作贯穿在全部运输工作中。铁路旅客运输服务工作全过程管理可以分为运输前服务管理、运输中服务管理和运输后服务管理三个阶段。

(1)运输前服务管理。

运输前服务管理包括对旅客问询、购票、托运行李、候车、检票、上车等服务过程的管理。铁路旅客运输企业通过先进的管理系统,确保旅客在上车前能够得到很好的服务。

(2)运输中服务管理。

运输中服务管理包括对迎送旅客、安排座席、维持秩序、按时报站、开关车门、清扫车厢、餐饮供应、广播宣传、解答问题、处理突发事件等服务过程的管理。运输中服务管理是铁路旅客运输服务质量的重要保障,也是铁路旅客运输企业应着力提升的管理。

(3)运输后服务管理。

运输后服务管理包括对清理车厢备品、引导旅客出站、检票、取行包、处理旅客违章事件等服务过程的管理。

铁路旅客运输过程中,以上三个阶段是一个不可分割的整体,无论哪个阶段出了问题,都会影响旅客对服务质量的感知。因此,铁路旅客运输服务工作全过程管理是很重要的。

3 全体客运职工及相关人员参与服务工作管理

铁路旅客运输服务工作的全面质量管理、全过程管理均需要通过全体客运职工共同参与,各司其职、各尽其责才能实现。若没有客运职工参与服务工作的管理,没有其对提高服务质量的关心和积极性,就不可能实现铁路旅客运输服务质量的改善和提高。

此外,其他与铁路旅客运输服务工作有关的部门,如机车、车辆、车务、线路、通信信号等部门,以及直接或间接与铁路旅客运输服务质量有关的部门的人员,都应参与铁路旅客运输的全面质量管理,以保证铁路旅客运输服务质量。

三 铁路旅客运输服务质量管理小组

质量管理小组(以下简称"QC 小组")是指围绕企业方针目标,以改进工作质量、提高经济效益和社会效益为目的,运用质量管理的理论、方法,组织开展活动的小组。铁路旅客运输服务 QC 小组是铁路旅客运输服务工作全面质量管理的重要组成部分,如图 3-1 所示。

1 铁路旅客运输服务 QC 小组的作用

（1）实现全员参与管理。

开展铁路旅客运输服务 QC 小组活动，可以把铁路旅客运输企业中的全部职工按照部门、工作内容或职责范围组织起来，通过学习，发现问题、查找原因、制定措施，从而改进工作，以达到提高服务质量的目的。铁路旅客运输服务 QC 小组是铁路旅客运输企业推行全面质量管理的重要基础。

（2）调动职工的积极性。

人人都有施展自己能力、证明自身价值的欲望，

图 3-1　铁路旅客运输服务 QC 小组

这对企业而言就是潜在的能量，关键在于如何将其巧妙地挖掘出来。铁路旅客运输服务 QC 小组就是利用其特殊的组织和多样的活动，创造一个互相学习、不断进取的环境，以调动职工的积极性，挖掘其潜能。在铁路旅客运输服务 QC 小组中，每位职工都有机会对自己岗位的工作、所在的集体、整个企业存在的问题等，提出自己的看法和建议，充分发挥自己的才能和智慧。

（3）改善企业的素质。

企业素质的高低通常可以在服务工作质量的优劣上得到体现。开展 QC 小组活动，可以使铁路旅客运输企业职工更好地学习质量管理的理论和方法，在掌握一般专业技能的基础上进一步提高，还可以完善铁路旅客运输企业的各项基础工作，提高铁路旅客运输企业的素质，进而提高服务质量。

（4）提高铁路旅客运输企业的经济效益和社会效益。

生产一线的职工和基层干部最了解服务工作中的问题及主要矛盾，对改善服务工作的要求也最迫切。铁路旅客运输服务 QC 小组活动可将生产一线的职工和基层干部组织起来，小组成员通过研究、讨论，运用专业的技能和科学的方法，解决问题和矛盾，提高服务质量，增加铁路旅客运输企业的市场竞争力，从而提高铁路旅客运输企业的经济效益和社会效益。

2 铁路旅客运输服务 QC 小组的工作任务

铁路旅客运输服务 QC 小组活动要有明确的目标，紧紧围绕课题的要求开展活动。其主要的工作任务如下：

（1）明确课题，调查现状。

铁路旅客运输服务 QC 小组根据承担的服务工作，从基础管理入手，选定适当的课题，再根据课题，制订详细的调查方案，调查与课题相关的现实情况。

（2）分析问题，找到原因。

根据调查的现实情况，在掌握足够信息的基础上分析问题，找出问题产生的原因及各种相关的影响因素，并结合调查实际，确定主要影响因素。

（3）针对原因，制定对策。

针对问题的原因及影响因素，制定具体可行的对策，明确每项对策的具体实施方法、负责人、完成时间、地点、预期成果等。

（4）积极行动，落实对策。

发动相关人员，按照对策中的各项步骤，落实各项对策。

（5）检查效果，优化标准。

在各项工作完成后，检查效果。对比对策实施前后的变化，特别需要注意的是，问题是否得到解决、是否达到了预期的效果等。

（6）总结活动，再接再厉。

总结活动情况及经验，表彰先进，把对策中行之有效的措施和经验，在报请有关部门后，写入相关的规章、制度中，以便本部门及有关单位日后依此执行。此外，应将活动中遗留的问题选为新的课题，安排下一步工作。

模拟训练 3-1　　开展铁路旅客运输服务 QC 小组活动

把学生分为若干组，设立一主题开展铁路旅客运输服务 QC 小组活动。小组成员设组长 1 名，副组长 1 名，信息员 1 名，资料员若干名。

训练提示：

①明确课题，调查现状。

②分析问题，找到原因。

③针对原因，制定对策。

④积极行动，落实对策。

⑤检查效果，优化标准。

⑥活动总结。

单元微课

铁路旅客运输服务全面质量管理

本单元微课请扫描二维码7。

二维码7

单元3.2　铁路旅客运输服务质量控制

工业企业的产品质量控制既可对最后产品进行检验控制，也可对生产过程进行控制，而旅客运输服务产品质量控制主要是过程控制。这就需要运输部门在设计运输产品时考虑服务的内容和范围等。

图3-2　铁路客运服务人员服务旅客场景

高质量的服务是铁路旅客运输企业参与市场竞争的法宝，如图 3-2 所示。为提高铁路旅客运输服务质量，铁路旅客运输企业应了解旅客在消费运输产品时对服务的期望，从而对服务质量加以控制，以便满足甚至超出旅客期望。

一　旅客的服务期望

旅客对服务质量的评价不仅取决于客观因素——铁路旅客运输服务的技术质量和功能

质量,还取决于旅客自身的主观因素——感知到的服务与服务期望的对比情况。旅客在选择出行方式时,会想象每种方式提供的服务是什么样的,从而对其有一个期望(E),在接受服务后,会对实际得到的服务有一个感知(P)。若旅客感知到的服务符合其期望的服务,即 E=P,旅客会感到满意,则服务质量是良好的;若 E<P,旅客会感到意外、欣喜,则服务质量是卓越的;若 E>P,旅客会感到不满意,则服务质量是较差的。

综上可知,当旅客的服务期望大于服务感知越多时,旅客认为服务质量越差;当旅客的服务期望小于服务感知越多时,旅客认为服务质量越好。

二　铁路旅客运输服务质量保证体系

1 铁路旅客运输服务质量保证体系的概念

铁路旅客运输服务质量保证体系是指铁路旅客运输企业为实现企业的方针、目标,优质、高效地为旅客服务,综合各部门、各单位、全体客运职工及整个客运系统的工作而组成的一个有机整体。铁路旅客运输服务质量保证体系会按照规定的质量规范、标准,进行各项质量管理活动。

建立铁路旅客运输服务质量保证体系是控制铁路旅客运输服务质量的客观要求,铁路旅客运输生产管理要求能以系统的角度去观察、思考、分析,进而解决问题,保证旅客在铁路旅行全程中得到满意的服务。

2 铁路旅客运输服务质量保证体系的组成

(1)明确的目标。建立铁路旅客运输服务质量保证体系时,首先要确定体系所要达到的目标,即明确体系要做什么,做到什么程度,有了目标就有了方向。

(2)标准的程序。铁路旅客运输服务质量保证体系应根据铁路旅客运输产品产生和形成过程的要求,合理规定体系的各项业务工作流程,即技术作业过程的标准化。标准程序保证了每项技术作业和服务的质量,不至于因工作人员的素质差异而影响服务质量。除规定标准程序外,还应做好作业之间、单位之间、人员之间的相互协调和衔接。

(3)健全的组织机构。铁路旅客运输服务质量保证体系应规定整个体系中各级组织乃至每个人在质量管理活动中的责、权、利。这就需要各级组织、各部门、各工种按规定的标准建立严密的组织机构,定时考核,确保责任明确。

(4)信息传递、反馈和收集系统。信息是影响生产力、竞争力和社会经济的重要因素。铁路旅客运输生产力的配置和效率在很大程度上取决于信息的获取、处理和利用。因此,如何获取信息并保证信息流的畅通,是建立服务质量保证体系的一个重要问题。

在建立信息传递、反馈和收集系统时,除了要注重站、车间内部信息流外,还要注重客运市场及旅客反馈的外部信息,尤其是旅客有关服务质量的反馈信息,以便为改进工作、提高服务质量指引方向。

(5)工作人员素质的保证体系。工作人员素质的保证体系是以"企业发展方向的要求和实现企业方针"为目标,建立提高工作人员政治素质的思想政治工作体系和业务素质的技术教育体系,为保证铁路旅客运输服务质量奠定基础。

三　铁路旅客运输服务的补救

铁路旅客运输服务的补救是指企业针对服务失误采取的行动。当旅客的服务期望远高于其服务感受时,旅客会对服务质量感到不满而很可能对铁路旅客运输企业进行差评,这会大大降低企业的市场竞争力,这种情况被称为服务失误。为减少服务失误给企业带来的负面影响,重新赢得旅客的忠诚度,应积极进行补救。服务补救的方法主要有以下四种。

1 欢迎并鼓励投诉

铁路旅客运输系统庞大,每天都会运送大量的旅客,难免会出现服务失误。服务补救策略的关键是欢迎并鼓励旅客投诉,其作用主要体现在两个方面:一方面可以重新获得不满旅客的忠诚度,另一方面是发现服务中的不足及提高服务质量的重要途径。

2 及时处理服务失误

一旦出现服务失误的情况,铁路旅客运输企业应及时处理,这样会使旅客感到被重视。快速解决旅客投诉的问题,有利于重获甚至加强旅客对铁路旅客运输服务的信任感,从而提升铁路旅客运输企业的口碑及获得更多的忠诚旅客。

3 公平对待投诉旅客

在处理旅客投诉时,处理人员应公平对待每一位旅客,使其得到应有的、平等的权益。

4 总结经验,吸取教训

铁路旅客运输企业应定期组织培训,总结服务补救过程中的经验,分析原因,找到问题的根源,吸取教训,进行改进,以免日后再发生类似服务失误的情况。

模拟训练3-2 服务的补救

20××年10月12日,一位旅客乘坐G8126次列车从长春到大连北,21:00左右他到餐吧车想购买矿泉水,乘务员说:"盘点了,不卖了。"旅客质疑离到站还有一个半小时,为什么不卖,该乘务员再次告知盘点了,不卖。旅客之后多次求助该乘务员发售矿泉水,但该乘务员依然拒绝。22:00左右,旅客再次返回餐吧车,发现多名乘务员聚在一起聊天,有说有笑。如果旅客向列车长投诉以上问题,列车长应如何处理?

训练提示:

①遇到旅客投诉,当旅客情绪激动时,应首先安抚旅客,稳定旅客情绪。
②询问旅客事情完整经过,判断旅客投诉是否合理。
③进行服务失误补救,代表乘务员致歉并主动为旅客递上矿泉水、小食品等。

单元微课

铁路旅客运输服务质量控制

本单元微课请扫描二维码8。

二维码8

单元3.3 铁路旅客运输服务质量测评

一 铁路旅客运输服务质量综合评价体系

铁路旅客运输服务质量综合评价体系是指对铁路旅客运输服务质量进行定量评价,反映旅客、媒体、管理人员对铁路旅客运输服务质量的体验和监督结果的综合评价体系。铁路旅客运输服务质量综合评价体系主要包括旅客满意度、旅客投诉、媒体曝光和内部检查四个方面。

1 旅客满意度

旅客满意度是指旅客对所接受的铁路旅客运输产品和服务的满意程度。旅客满意度的合理区域是旅客对铁路旅客运输服务可以接受的区域。

对旅客满意度进行调查并掌握信息是研究铁路旅客运输服务的基础之一。对旅客满意度的调查，将使铁路客运服务部门和人员以旅客为中心，站在旅客的角度来评价铁路客运服务产品和质量，促使铁路旅客运输企业重新审视自己的旅客服务系统并进行改善，以保证铁路客运服务水平的整体提高。

一般来说，旅客满意度可分为"很不满意、不满意、基本满意、满意、很满意"五个等级，根据心理学的梯级理论，对旅客满意度的五个等级给出如下参考指标：

（1）很不满意。旅客感觉愤慨、恼怒，感觉自己受骗了，进而投诉。

（2）不满意。旅客感觉气愤、烦恼，后悔自己的选择，进而抱怨。

（3）基本满意。旅客感觉无明显正、负情绪，无所谓，印象不深，还算过得去。

（4）满意。旅客感觉称心、愉快，觉得物有所值。

（5）很满意。旅客感觉激动、满足、感激，进而成为铁路旅客运输企业的忠实顾客。

2 旅客投诉

旅客投诉是旅客对铁路旅客运输产品或服务不满意的集中表现方式。铁路客服中心、运输局、路风办等部门会提供包括旅客来电、来信、来访和铁路12306邮箱反馈的投诉信息。

3 媒体曝光

媒体曝光主要是指各类媒体对铁路旅客运输服务质量问题的曝光。这些曝光的信息经相关部门核实确认后作为评价信息使用。相关部门将核实确认后的信息与考核标准对照，进行相应的赋值和进一步计算。未经核实、确认的信息不作为评价信息使用。

各类媒体利用现代信息传播手段对铁路旅客运输服务质量进行监督，在一定程度上反映了铁路旅客运输服务质量存在的不足，是铁路旅客运输服务质量综合评价体系的一个重要方面和影响因素。

4 内部检查

内部检查是指铁路旅客运输企业内部建立铁路旅客运输服务质量考核标准，监督和控制服务质量，强化服务规范。

内部检查信息由运输局收集，包括客运、路风办、卫生、财务等部门不定期的检查情况，将其与铁路旅客运输服务质量规范及考核标准对照，把检查发现的问题录入问题库，根据每类具体问题的性质划分评定等级，反映具体问题的严重程度。

总之，铁路旅客运输服务质量综合评价体系的评价结果可以反映出铁路旅客运输服务质量在旅客满意度、旅客投诉、媒体曝光、内部检查四个方面存在的问题和不足，使企业准确地掌握铁路旅客运输服务质量和旅客需求间的差距，有针对性地制定措施，不断提升服务质量。

二 旅客满意度的测评

旅客满意度的测评,可以通过建立一个旅客运输服务的评价指标体系进行。通常,旅客满意度测评的基本步骤如下。

1 建立测评指标体系

旅客满意度测评指标体系需要围绕旅客需求建立,明确对旅客评价影响较大的指标及其权重。测评指标体系的确定是旅客满意度调查成功与否的关键。

（1）测评指标体系的构建原则。

①全面性。指标应尽可能全面、系统地反映旅客对铁路旅客运输服务的评价。

②针对性。要针对影响旅客评价的主要因素,选取具有代表性的指标,准确地反映评价体系。

③独特性。指标应该具有不可替代性。

④可操作性。指标一般不宜繁杂,涉及的数据应易于收集,内容易于理解,同时易于被旅客接受和正确评价。

⑤定量分析和定性分析相结合。由于服务很难完全进行定量分析,在研究时应以定量分析为基础,结合定性分析,综合分析各项指标。

（2）指标的量化。

旅客满意度的测评指标主要采用态度量化方法,即分别对"很不满意、不满意、基本满意、满意、很满意"5个等级赋予确定的递增数值(如1、2、3、4、5),让被调查者打分或直接在相应位置打钩或画圈。

（3）确定测评指标的权重。

由于各项指标的内容不同、作用不同,其权重也就不同。旅客满意度测评主要采用加权法来确定各项指标的权重。

2 明确被测对象

根据调查目的,在进行旅客满意度测评时,应先明确要调查的旅客群体,以便有针对性地设计调查问卷。通常,可按照社会人口特征(如年龄、性别、职业、文化程度、居住地等)、消费行为特征、购买经历等对旅客进行分类。

3 设计抽样

旅客满意度测评抽样常用简单随机抽样的方法,也可结合具体情况,采用等距抽样、整群抽样、分层抽样、多级抽样或混合抽样等抽样方法。

4 设计调查问卷

按照建立的测评指标设计调查问卷。设计调查问卷是整个测评工作中最关键的环节,直接影响着测评结果的有效性和准确性。调查问卷的设计大体可分为以下三个步骤:

（1）确定旅客满意度测评的目的。了解旅客需求和期望,制定质量标准。

（2）确定问卷大体结构。一般问卷大体结构应包括介绍词、填写问卷说明、问题、被调查者的基本情况等。

（3）确定问卷中问题的形式。一般调查问卷的问题可分为开放式、封闭式和半封闭式三种形式。

开放式调查问卷的问题不给出备选答案,而由被调查者自由发表意见。封闭式调查问卷的问题给出答案,供被调查者选择,常见的有是非题和选择题两种。是非题一般采用"是或否""有或无"的答题方式;选择题则给出几个答案,供被调查者选择。

半封闭式调查问卷的问题一般是在封闭式答案的选择后面,增加开放式的回答。

模拟训练3-3　开放式问卷设计

请设计几个开放式调查问卷问题。

训练提示:

①您认为目前铁路旅客运输服务还有哪些方面需要改进:＿＿＿＿＿＿＿＿＿。

②您认为电话订票对您的出行有什么帮助:＿＿＿＿＿＿＿＿＿。

③您对铁路 12306 最满意的工作环节是:＿＿＿＿＿＿＿＿＿。

模拟训练3-4　封闭式问卷设计

请设计几个封闭式调查问卷问题。

训练提示:

①您是否觉得自动售票机售票比窗口售票更方便?

□是　　　　□否

②最近几年您有没有买过通票?

□有　　　　□无

③您用过的购票方式有哪几种?

□车站窗口　□网上购票　□电话订票　□代理机构　□售票机购票　□其他方式

模拟训练3-5　半封闭式问卷设计

请设计几个半封闭式调查问卷问题。

训练提示:

①您坐火车出行的目的是

□探亲、访友　　□开会、出差　　□购、售物品　　□参观、旅游　　□其他＿＿＿＿。

②您选择火车出行方式的原因是

□方便　　□快捷　　□经济　　□安全　　□其他＿＿＿＿。

5　实施调查

铁路旅客运输企业实施旅客满意度调查的常用方法如下:

(1)面谈调查。调查人员可与一个或几个被调查者进行面谈,对被调查者进行较为深入、详细的调查。但这种方法效率较低,耗费人力成本较高,且易受调查人员素质水平的影响。

(2)电话调查。这种方法调查比较直接、快捷,但受时间限制,调查不易深入。

(3)邮寄问卷调查。这种方法调查范围较广,但问卷回收率较低,且调查时间较长。

(4)电子邮件调查。这种方法问卷回收率相对较高。

（5）网上调查。在网站上设置问卷调查，访问者直接填写，提交即可。如调查问卷有时会在铁路客服中心网站（www.12306.cn）主页上挂出，在网站注册且符合调查条件的用户可参与问卷调查，一般铁路旅客运输企业会给予参与者一定的奖励。这种方法调查范围较广，效率较高。

（6）其他调查。除采用以上方法外，还可以通过消费者协会的信息、各种媒体的报道、行业协会的研究结果等方法来实施调查。

6　整理与汇总数据

收集问卷后，整理数据，汇总每个问题每项回答的人数，计算其占被调查者总数的百分比，并制作成图或表，直观地将调查结果显示出来。

7　计算旅客满意度指数

通常可采用加权平均法计算旅客满意度指数。

8　编写旅客满意度测评报告

旅客满意度测评报告是整个测评活动的凝练结果，其格式一般是题目、报告摘要、基本情况介绍、正文、改进建议、附件等。其中，正文主要包括测评背景、测评指标设定、问卷设计检验、数据整理分析、测评结果及分析等。

单元微课

铁路旅客运输服务质量测评

本单元微课请扫描二维码9。

二维码9

模块小结

（1）介绍了铁路旅客运输服务全面质量管理，明确了铁路旅客运输服务质量管理小组的作用和工作任务。

（2）介绍了旅客的服务期望，明确了铁路旅客运输服务质量保证体系及铁路旅客运输服务的补救方法。

（3）理解铁路旅客运输服务质量综合评价体系，掌握旅客满意度测评步骤。

（4）重点掌握旅客满意度测评步骤。

技能实训

实训3-1　请对定州站铁路旅客运输服务质量开展铁路旅客运输服务 QC 小组活动。

为不断提高铁路旅客运输服务质量，定州站进行了"为旅客提供优质服务"课题攻关。小组成员设组长1名（主管站长），副组长1名（客运车间主任），信息员1名（客运值班员），资料员1名（售票值班员）。

1. 明确课题

选定的课题为"为旅客提供优质服务"，具体依据如下。

（1）形势需要。随着人们生活水平的提高，旅客出行对铁路旅客运输服务质量的要求也越来越高，服务质量观念深入人心，"铁老大"管理旅客的思想已不适应市场形势要求。

（2）旅客运输市场竞争需要。旅客运输市场竞争已演化为服务质量和品牌的竞争，旅客维权意识不断增强。所以，铁路旅客运输企业必须为旅客提供优质服务。

（3）车站要求。定州站职工队伍复杂，距离为旅客提供优质服务的目标还存在一定的差距，需要开展优质服务活动，提高整体工作水平。

2. 调查现状

2020 年 3 月，铁路旅客运输服务 QC 小组对旅客意见留言簿和接到旅客投诉以及现场调查进行分析汇总，制作了旅客投诉调查表，得出 5 个投诉项目，分别是服务质量、服务设施、环境卫生、列车时刻及其他，共 46 次投诉，结果见表 3-1。

旅客投诉调查表 表 3-1

序号	项 目	频 次	频 率	累计频率
1	服务质量	23	50%	50%
2	服务设施	14	30%	80%
3	环境卫生	4	9%	89%
4	列车时刻	3	7%	96%
5	其他	2	4%	100%
6	合计	46		100%

根据我们日常工作实际并结合旅客反映的主要问题，2019 年全站共发生旅客投诉 46 件，我们把目标值确定为旅客投诉问题不超过 16 件。

3. 分析问题，找到原因

结合我们在工作中发现的问题，对造成旅客投诉的各项因素进行综合分析汇总得出树状图，如图 3-3 所示。

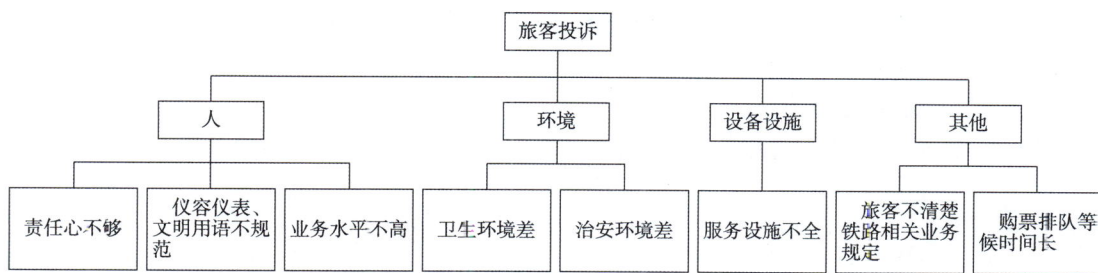

图 3-3 旅客投诉各项因素

小组对末端因素逐条进行分析：

（1）工作人员责任心不够

在工作中，工作人员存在责任心不够、服务意识不高的现象，不能及时回答旅客问询、不能主动服务、不能主动为旅客排忧解难，所以此点为主要因素。

（2）仪容仪表文明用语不规范

客运员佩戴规定标志不全，穿戴不规范，未使用文明用语，礼仪规范水平较低，影响旅客情绪，所以此点为主要因素。

（3）业务水平不高

在上级培训计划与任务中，客运部门是培训重点，均应培训合格。在日常工作中，利用多种形式活动组织业务学习，举办技能竞赛，全方位地督促职工增强自我学习意识，提高业务水平，所以此点为非主要因素。

（4）卫生环境差

本站非常重视卫生环境，安排专人负责盯控，每天清扫达到了随脏随扫，盯控吸烟的旅客，而且客运员对夜间的环境卫生也自觉保持清洁，所以此点为非主要因素。

（5）治安环境差

车站联合站前派出所与车站公安配备了巡防治安人员，保证了旅客乘车环境的和谐稳定，所以此点为非主要因素。

（6）服务设施不全

服务设施缺乏车次查询、剩余票额、自动取票系统以及列车时刻显示系统，增加旅客问询排队时间；车站各处所的引导标志、图案标识、文字说明等都是按照统一规定张贴和标识的，但一些指向性标志由于环境变化存在不清晰情况，易导致旅客产生误解，所以此点为主要因素。

（7）旅客不清楚铁路相关业务办理程序

不少旅客对售票的预售期、本站车次的到开时刻、购买半价票的标准、学生票购票专口的设置位置、退改签有关要求以及网络取票有关事项等铁路常识不清楚，从而导致旅客不清楚相关规定，忘记带相关证件，需要重复排队，既影响旅客办理业务时间，也影响工作人员的工作效率，所以此点为主要因素。

（8）购票排队等候时间长

由于旅客排队主要靠人的自觉性和社会道德观念来约束，尤其是节假日期间，经常遇到旅客拥挤、个别人插队而发生争吵及排错队等现象，如果旅客自身素质提高了，没有这些现象发生，相对来说购票速度也会加快，售票员不会为处理这些事情而耽误卖票，所以此点为非主要因素。

得出旅客投诉的原因主要有客运服务人员仪容仪表文明用语不规范、责任心不够、服务设施不全、旅客不清楚有关业务办理程序。

4. 针对原因，制定对策

针对以上分析出的主要原因，分别确立目标，制定对策，具体见表3-2。

对 策 表

表3-2

问题原因	目　标	对　策	负责人	完成时间	检查人
客运服务人员责任心不够，服务意识不强	提高客运服务人员责任心	加强思想教育	××	××年×月	××
		推行导引式服务	××	××年×月	××
		加强正面引导	××	××年×月	××
		强化业务培训	××	××年×月	××
仪容仪表文明用语不规范	提高服务水平	开展礼仪培训	××	××年×月	××
		开展模拟演练	××	××年×月	××
		加大考核力度	××	××年×月	××
		实施定置管理	××	××年×月	××

问 题 原 因	目 标	对 策	负 责 人	完 成 时 间	检 查 人
服务设施不全	完善服务设施	设立综合显示系统	××	××年×月	××
		规范完善引导标志	××	××年×月	××
		更新更换设备设施	××	××年×月	××
旅客不清楚有关业务办理程序	加强车站管理	提供便民服务	××	××年×月	××
		引进科学管理	××	××年×月	××

5.积极行动,落实对策

(1)提高客运服务人员责任心。

①加强思想教育。通过"今天旅客对你的工作满意吗"的服务理念开展服务意识教育,每天利用班前点名的时间对全体职工进行服务思想教育,增强职工服务意识。

②推行导引式服务。推行导引式服务模式,以专业的解答、和蔼的态度、规范的动作来解决旅客的问题。

③加强正面引导。实行客运岗位明星奖励考核机制,每季度从售票、服检、查危岗位中评选出一名岗位明星,以正向激励为引导,在全体客运人员中弘扬"优服务、雅举止、亮微笑"的服务精神。

④强化业务培训。集中对职工进行封闭式的培训,系统地进行心理学、市场经济学、《中华人民共和国消费者权益保护法》、服务语言与技巧的培训。

(2)提高客运服务人员文明服务水平。

①开展礼仪培训。从大专院校请来礼仪教师,定期对全员进行文明用语、仪表姿态的培训。

②开展模拟演练。以现实问题为蓝本,定期开展环境模拟演练活动,对客运服务人员进行随机考验,不断提高客运服务人员应变能力和服务方式。

③加大考核力度。制定完善各项管理制度,严格职工管理,表先进,惩典型,将每季度评选"客运岗位明星"的正向激励考核办法纳入定州站管理文件汇编里。

④实施定置管理。提升服务质量,对内实行标准化管理,对所有备品实行定置管理。

(3)完善服务设施。

①设立综合显示系统。设立 LED 综合显示系统,清晰、完整的信息显示系统更能为旅客出行提供畅通的渠道。

②规范完善引导标志。规范、完善、更新各类引导标志。由于以前引导标志不完善,曾发生过旅客进错站台从而耽误旅客旅行的事件,因此引导标志增加了4块,一站台2块,二站台2块。

③更新更换设备设施。更新站台引导广播系统,设置自动取票机。自动取票机的设置极大地方便了旅客取票,有效地减少了旅客排队等候时间。更换磁介质售票机,减少旅客乘车检票等待时间。

(4)加强车站管理

①提供便民服务。设立旅客咨询台、导购台,解答旅客的有关问题,宣讲有关乘车的注意事项,为旅客提供便民服务。

②引进科学管理。推行企业识别战略,建立自己的服务理念系统、服务行为系统和视觉识别系统,建立自己的服务质量管理体系,定期邀请路内外专家、学者召开车站创新发展研讨会。

6.检查效果,优化标准

(1)客运服务水平提高。

自开展铁路旅客运输服务 QC 小组活动以来,职工在工作中文明用语不离口,人人争当岗位明星,自从标准化管理后,职工工作环境大大改善,服务标准也得到了提高。

(2)旅客投诉明显减少。

自开展活动以来,旅客投诉明显减少,2020 年全年共发生旅客投诉问题 9 件,达到预期目标。

(3)深受旅客好评。

通过多方式的综合服务,深受社会各界和广大旅客好评,并受到了上级领导的多次表扬。

(4)整体工作水平明显提高。

通过质量攻关活动,铁路旅客运输服务 QC 小组成员的质量意识、为旅客服务的意识、团队精神、学习能力、协作能力、集体的凝聚力都得到了增强,带动了车间各岗位服务人员的共同提高。

7.活动总结,再接再厉

为了使活动成果能够有效保持铁路旅客运输服务 QC 小组制定了系列的巩固措施:

(1)树立学习典范。

在这次活动中,我们评选出服务旅客的先进典型,记录他们的事迹,利用党小组会、交接班会、民主生活会等会议以及橱窗、板报等宣传载体宣讲他们的经验和方法,以品牌效应带动职工。

(2)制定相应措施。

我们总结这次活动的经验办法,比照上级要求和规定,结合部门实际情况,整理出适合现场工作情况的规定,在工作中加以实施,将标准化融入工作中。

(3)加强监督管理。

在推行标准化措施的同时,利用路外监督、路内监管相结合的办法加强对职工服务水平的监督检查。

(4)加大考核力度。

通过标准的实施,部门结合多种考核办法,制定出考核措施,从物质、精神两方面对职工进行考核,奖惩分明,进一步促进职工服务质量的提高。

此次铁路旅客运输服务 QC 小组活动通过完善服务设施,提高服务质量取得了明显的效果,怎样在变化的环境中更好更快的为旅客服务,继续提升客运服务质量是下一步的研究课题。

实训 3-2　设计调查问卷活动方案

请为北京西站设计一次旅客满意度调查问卷活动方案。

旅客满意度调查问卷活动设计方案如下:

1.调查目的

近年来,铁路的客运服务质量已成为人们关注的热点话题之一。很多人抱怨铁路的服务态度不佳,物价偏贵,且站票和坐票没有价格上的区别,众多的原因导致本来就被西方列入"夕阳企业"的铁路行业,显得越来越没有竞争力。尤其是春运、节假日等高峰期,铁路人流拥挤,旅客更是不满意程度加深。

近年来,铁路行业竞争力的下降,究其原因,主要是服务质量下降、速度无法满足需要、结构不合理等。在这些原因中,最容易改善,也最容易被旅客注意到的就是服务质量的提高。因此,了解旅客对服务质量的满意程度,对改善铁路服务的水平,进一步提升铁路行业的竞争力,都是至关重要的。

2. 调查范围

此次调查选择在北京西站。调查范围包括16岁以上,从车站去往全国各地的旅客。这些旅客应包括各个年龄段,各种职业,以及来自各种不同的社会阶层。

3. 调查方法

由于旅客对铁路运输方式的满意度很难通过客观的观察获得准确的结果,因此本调查采用表述性偏好调查方法。具体方案是在人流密集的北京西站现场发放调查问卷,调查人员提供笔,并指导被调查者正确填写问卷。

样本容量为1000人;调查人员根据服饰行李等进行经验判断选取入样人群,将包括学生、农民工、一般城市务工人员、外国人,并尽量将男女和年龄层次多样化。

为保证问卷填写的质量,我们主要向候车厅和车站广场的候车乘客,以及车站附近的餐厅、商店、地铁和公交车站的人们发放调查问卷。

调查人员共10名,具体安排待定。

4. 统计方法

由于调查抽样不是根据随机原则获得,该调查结果不能用于对总体参数的估计,只限于用来发现问题,为进一步调查准备数据。

(1)我们将对问卷数据进行审核。主要审核填制是否完整,内容是否符合逻辑,有无前后矛盾。对于有问题的问卷我们将进行合理的调整或直接剔除。

(2)进行SPSS统计分析。由于该问卷的数据多为定性的分类数据和顺序数据,主要进行频率和频数分析,并在此基础上计算旅客对铁路服务满意率。

(3)为便于统计录入和分析,我们将分类数据和顺序数据转为数字,如:男-1,女-2;火车-1,汽车-2,轮船-3,飞机-4。

5. 经费预算

经费包括调查表的制作经费、调查人员的劳务费以及对被调查人员的小礼品等。我们预计雇佣10位调查人员,进行长达5个小时的调查。对帮助完成调查的旅客赠送写字笔一个作为小礼品。具体各项费用见表3-3。

经费预算表　　　　　　　　　　　　　表3-3

经费项目	单价(元)	数　量	合计(元)
打印调查表	0.05	1000	50
人员劳务费(每小时)	50	10	500
人员来回路费	10	10	100
人员午餐补助费	10	10	100
写字笔	1	800	800
总计			1550

实训3-3　设计问卷调查表

请以铁路旅客运输服务质量为主题设计一次问卷调查表(表3-4)。

铁路旅客运输服务质量问卷调查表   表 3-4

尊敬的旅客：

您好！我们是辽宁铁道职业技术学院的学生。我们正在进行一份关于铁路旅客运输服务水平的调查问卷，主要是为能在以后为您提供更优质的服务，因此展开问卷调查活动，耽误您一点宝贵时间，回答铁路调查问卷，谢谢您的合作。

1. 您的性别是：

☐男；   ☐女

2. 您的年龄是：

☐18 岁以下；   ☐18～25 岁；   ☐26～40 岁；   ☐40 岁以上

3. 您的月收入情况是：

☐1500 元以下；   ☐1500～4999 元；   ☐5000～7999 元；   ☐8000 元以上

4. 您一般一年选择铁路出行的次数是：

☐1～2 次；   ☐3～4 次；   ☐5～6 次；   ☐6 次以上

5. 您对铁路车站、列车的环境和设施是否满意？

☐很满意；   ☐满意；   ☐基本满意；   ☐不满意；   ☐很不满意

6. 您对于购票、退票、改签、补票的便捷性是否满意？

☐很满意；   ☐满意；   ☐基本满意；   ☐不满意；   ☐很不满意

7. 您在购买车票时对可供选择的购票方式和等待时间的长短是否满意？

☐很满意；   ☐满意；   ☐基本满意；   ☐不满意；   ☐很不满意

8. 与其他运输形式比较，你对选择铁路出行的经济性是否满意？

☐很满意；   ☐满意；   ☐基本满意；   ☐不满意；   ☐很不满意

9. 您对铁路所提供的人身、财产的安全保障是否满意？

☐很满意；   ☐满意；   ☐基本满意；   ☐不满意；   ☐很不满意

10. 您对每次出行所乘列车的运行正点率是否满意？

☐很满意；   ☐满意；   ☐基本满意；   ☐不满意；   ☐很不满意

11. 您对于乘车换乘（与城市交通衔接）的便捷性是否满意？

☐很满意；   ☐满意；   ☐基本满意；   ☐不满意；   ☐很不满意

12. 铁路给您出行提供的服务项目种类是否让你满意？

☐很满意；   ☐满意；   ☐基本满意；   ☐不满意；   ☐很不满意

13. 当您乘坐火车时，车站、列车服务人员的仪容举止是否让您满意？

☐很满意；   ☐满意；   ☐基本满意；   ☐不满意；   ☐很不满意

14. 您对铁路客运服务部门和服务人员的服务意识是否满意？

☐很满意；   ☐满意；   ☐基本满意；   ☐不满意；   ☐很不满意

15. 您对服务人员的服务技能水平是否满意？

☐很满意；   ☐满意；   ☐基本满意；   ☐不满意；   ☐很不满意

16. 您对铁路最不满意的环节是：＿＿＿＿＿＿＿＿＿＿＿＿＿＿＿＿＿＿。

17. 您对铁路最满意的环节是：＿＿＿＿＿＿＿＿＿＿＿＿＿＿＿＿＿＿。

思考与练习

1. 填空题

（1）铁路旅客运输服务质量的"三全"管理包括＿＿＿＿＿＿管理、＿＿＿＿＿＿管理、＿＿＿＿＿＿管理三方面。

（2）铁路旅客运输服务质量保证体系的组成主要包括明确的目标、＿＿＿＿＿＿、＿＿＿＿＿＿、＿＿＿＿＿＿和工作人员素质的保证体系。

（3）铁路旅客运输服务质量综合评价体系主要包括_____、_____、_____和内部检查。

（4）旅客满意度测评指标体系的构建原则包括全面性、_____、_____、_____、_____和定性分析相结合。

（5）铁路旅客运输企业实施旅客满意度调查的常用方法有面谈调查、_____、_____、_____和网上调查等。

2. 判断题

（1）铁路旅客运输服务 QC 小组是铁路旅客运输服务工作全面质量管理的重要组成部分。（   ）

（2）旅客满意度是指旅客对所接受的铁路旅客运输产品和服务的满意程度。（   ）

（3）旅客满意度的测评指标主要采用态度量化方法。（   ）

（4）封闭式调查问卷的问题不给出备选答案，而由被调查者自由发表意见。（   ）

（5）封闭式调查问卷的问题常见的有是非题、选择题两种。（   ）

3. 选择题

（1）当旅客的服务期望（   ）服务感知时，旅客会感到满意。

　　A. 大于　　　　　　　B. 约等于　　　　　　C. 小于　　　　　　　D. 远远大于

（2）在铁路旅客运输过程中，若发生了服务失误的情况，可采用以下哪些方法进行补救。（   ）

　　A. 欢迎并鼓励投诉　　　　　　　　B. 及时处理

　　C. 公平待客　　　　　　　　　　　D. 总结经验，吸取教训

（3）您对乘务人员的服务态度：

　　□很满意　　　□较满意　　　□一般满意　　　□较不满意　　　□很不满意

（4）上面调查问卷的问题属于（   ）形式。

　　A. 开放式　　　　B. 半开放式　　　　C. 封闭式　　　　D. 半封闭式

4. 简答题

（1）简述铁路旅客运输服务质量的"三全"管理。

（2）简述铁路旅客运输服务 QC 小组的作用。

（3）简述铁路旅客运输服务 QC 小组主要的工作任务。

（4）简述旅客满意度"很不满意、不满意、基本满意、满意、很满意"5 个等级的参考指标。

（5）简述旅客满意度测评的基本步骤。

📊 模块学习效果评价

通过教师考核、组间互评、个人自测的方式，对学生课堂表现、职业素养及技能训练表现等进行考核计分。

模块 4

铁路旅客运输服务心理

学习目标

1. 了解旅客乘车的共性心理与个性心理。
2. 掌握客运服务人员的职业动机及应具有的主要能力。
3. 掌握提高客运服务人员心理健康水平的途径。
4. 了解旅客投诉的客观原因和主观原因。
5. 掌握处理旅客投诉的具体步骤及技巧。

技能目标

1. 能够判断旅客的心理并能为其提供针对性的服务。
2. 能够调节自身一般的心理情绪问题。
3. 能够处理一般的旅客投诉情况。

单元 4.1　旅客服务心理

随着社会经济的发展和人民文化生活水平的提高,人们乘车的需要不断增长。不同的乘车目的伴随不同的心理活动。旅客乘车能否顺利实现,很大程度上取决于运输工具所提供的服务水平对旅客需要的满足程度。为了满足旅客对运输服务的安全、迅速、方便、舒适等方面的要求,铁路运输部门需要从运输工具及客运服务质量等方面入手,树立铁路旅客运输企业的良好形象,提供全方位的优质服务。

铁路客运服务人员的工作是直接与旅客打交道的工作,提高客运服务质量是客运服务人员的首要任务,这就要求客运服务人员对客运岗位工作的重要性有一个客观的认识,并在服务中把握旅客的各种心理,灵活妥善处理各种矛盾。

一　旅客乘车的共性心理与服务

旅客乘车的心理活动,贯穿于其产生乘车的需要开始,到其到达目的地结束旅行为止的整个过程。旅客乘车的共性心理是指所有旅客从开始买票到乘车终了,经过各个环节,遇到各种情况时,所具有的相同的心理活动。一般来讲,人们出门乘车首先要考虑选择乘坐何种交通工具,其共性的心理主要表现为要对交通工具的安全、经济、迅速、方便等方面进行比较,然后再对舒适程度、服务质量等方面进行比较,分析哪种交通工具乘车条件优越,最后选定交通工具。旅客乘车的共性心理是相当复杂的。下面对旅客共性心理活动进行一般性的分析。

（一） 旅客乘车的共性心理需要

1 安全心理

旅客乘车最根本的需要就是安全的需要,它包括人身安全和物品安全两个方面。为保证乘车安全,旅客常综合考察自然环境状况、社会治安情况和运输工具的安全性等内容,再做出是否旅行的决定。

安全就是不发生任何危及人身安全和财物安全的意外事故,也就是不会发生人身碰挤伤、摔伤等伤害情况,乘车中所携带的财物、文件资料保持完整,不会发生任何丢失和扒窃或损坏的情况。

在旅客运输服务过程中,努力满足旅客旅行的安全心理需求,是所有客运服务人员的首要工作。这就要求铁路运输部门加强社会、车站和列车的治安管理,从技术装备上提高运输载体的安全性,从安全管理上提高客运服务人员对不安全因素的预测和及时处理等方面的能力。

2 顺畅心理

旅客到车站购票,能够顺利地买到自己需要的车票;上车后能够顺利地找到座位;列车在运行途中,由于某些原因(如意外运行事故等)而耽搁,在这种情况下,列车能正点到达终点站;准备换乘时,有充裕的时间赶上接续换乘的交通工具;等等。这些都是旅客出门旅行的顺畅心理需要。

满足每位旅客的顺畅心理需要,做到时时顺畅、事事顺畅是不现实的。但是,从旅客运输服务管理角度出发,应尽最大的努力满足旅客的需要,同时做好宣传工作。对旅客要有良好的服务态度,遇到不能满足旅客需求的事情,要进行耐心解释,使旅客明白为什么需求没有得到满足。如果列车由于运输部门的原因而发生延误,影响到旅客旅行的顺利进行,旅客有权了解原因,客运服务人员必须把事情的真相告知旅客,让旅客心里有数,使其能够对自己下一步的行为进行预先计划。

3 快捷心理

随着社会的发展,人们的时间观念发生了重大变化,快捷成为旅客的一个主要需求。缩短乘车时间,迅速到达目的地,可以节约时间,同时减少旅行疲劳。

4 方便心理

方便的心理需要表现在购票、进出站、上下车以及中转乘车等方面的便捷性。"方便"要求减少乘车中的各种中间环节,达到"快捷"的目的。

旅客出门旅行的方便心理是一种很普遍的共性心理。为了适应旅客的方便心理,需要采取一些措施,如售票处多开售票窗口、旅客进站妥善安排检票口和检票人员、站内通道设置引导牌、及时通告到站站名等。从质量上,旅客希望运输服务部门提高办事效率,简化手续,改善服务态度等。满足旅客的方便心理需要,其要点是使旅客感到处处、事事、时时方便,节省时间。

5 经济心理

经济心理表现在旅客希望在一定的需要满足程度的基础上,所付出的费用和时间最少。但旅客乘车旅行过程中的经济心理,一般是将两个因素结合在一起:一是费用的多少;二是费用由谁承担,是自己还是他人。

6 舒适心理

随着经济的发展和人们生活水平的提高,旅客对乘车的舒适性更加重视,对乘车环境的要求相应提高。这种需要的强度和水平受多种因素影响,乘车时间的长短往往是其中起决定作用的因素。

7 安静心理

旅客出门乘车,离开家或工作场所,来到车站,与其他旅客共同乘车,一直处于动荡状态中。在嘈杂的环境中,尽量保持安静,减少喧哗,动中求静,这是人之常情,是大多数旅客的共同心理需要,尤其是在人较多的候车室和车厢内,这一要求更为迫切。

旅途中的安静环境主要从以下两方面维持:一方面旅客本身要约束自己,不要大声说话,来回走动等;另一方面客运服务人员有责任加强对乘车环境的管理,积极制止不利于安静的事件,避免旅客大声喧哗、吵闹。心情平静与否,在一定程度上取决于人对环境的感受。一个井然有序的环境,可以使人心平气和。因此,要加强对环境有序性的管理。这种有序性包括两个方面:一是物的有序性,二是人的有序性。另外,保持站、车公共场所的清洁卫生也是有序性的一种表现。清洁、卫生的环境会使人内心愉悦、心情平静,而脏、乱、异味弥漫的环境会使人内心烦躁、心情郁闷。

(二) 旅客乘车心理需要的规律性表现

旅客乘车心理需要呈现一定的规律性,具体可概括为以下三点。

1 需要的档次性

随着需要的满足,需要的档次会逐渐提高。对于旅客来讲,在把乘车的需要转变为行动前,总是先把需要水平定在一定的程度基础上。这样,在其行动时,就会出现两种情况:

(1)需要水平定得太高,乘车条件不允许,需要不能得到满足。如果出现这种情况,旅客的乘车行为就会遇到挫折,旅客可能会产生两种反应:一是中止乘车;二是将需要水平降低,然后再看乘车条件是否允许。

(2)乘车条件能够满足需要,旅客乘车的行为能够进行下去。但与此同时,旅客的下一步需要水平会相应提高。因此,需要的满足经历了由简单到复杂、由低级到高级、由物质到精神的发展过程,这些需要相互联系又呈现阶梯式上升。

例如,旅客在对乘车条件进行分析的基础上,将乘车需要水平定为顺利地买到所需的车票。如果在售票处很容易地买到了车票,旅客可能想最好到车上能够人少有座位;如果车上人多没有座位,而旅客又必须乘车,就会想没有座位也可以。

2 需要的强度性

乘车需要的强度受多种因素影响和制约,尤其是在乘车的目的、距离、时间以及服务人员的服务态度和质量等方面。

3 需要的主次性

在旅客乘车的过程中,心理活动反映出的需要不是单一的,而是有许多种。各种需要之间不是并列的、不分主次的关系。在乘车的每一个阶段总有一种或两种需要处于主导地位,其他需要处于从属地位。例如,乘车前,购票需要是第一位的,车票买不到,其他乘车的所有需要都不能实现;买到车票后,有关乘车安全等方面的需要则处于主导地位。所以,客运服务人员要掌握旅客心理活动规律性变化,为深入细致地做好服务工作创造条件。

(三) 满足旅客乘车共性心理需要的心理服务措施

为满足旅客乘车心理需要,客运服务人员要具有全方位心理服务思想。全方位心理服务思想就是将旅客整个乘车过程中产生的所有心理活动综合在一起考虑,使旅客乘车的需要得到满足的一种服务思想。实施全方位心理服务可从以下几方面入手:

(1)加强旅客运输服务信息的宣传与咨询。根据旅客乘车的需要预先或随时提供旅客所需要的各种信息,促进旅客和铁路运输部门之间的相互了解。

(2)做好与其他交通运输工具的协调配合,满足旅客集结、疏散、中转乘车的需要,加强旅客列车发生异常运行情况时对旅客的组织。

(3)加强客运服务人员的职业培训与管理,提高客运服务人员的管理水平、业务能力和职业道德水平,提供周到、热情且使旅客满意的服务,保证对旅客进出站、上下车的有效组织。

(4)改进铁路车站的设计,如改进车站的进出口,使其有利于旅客的进出。

(5)采用先进的技术设备,如自动售票系统、旅客自动引导显示系统、列车到发通告系统、旅客信息咨询系统、广播系统等,满足旅客对乘车信息、购票、上下车等方面的要求。

(6)从旅客列车车体的设计和运用方面考虑,提高座位的舒适性,加强车厢内的通风、温度调节,增加车厢内的娱乐、广播电视设施;提高运行速度,缩短旅客乘车时间。

对旅客共性心理需要的研究是铁路运输部门加强旅客运输管理,采取各种服务措施的基础。在铁路交通运输市场竞争越来越激烈的情况下,提高客运服务质量,努力树立铁路旅客运输企业的形象,是提高铁路旅客运输企业竞争力的重要措施。客运服务质量提高的标准,就是从根本上满足旅客的需要。为旅客提供全方位的服务,需要对旅客心理活动进行系统的分析,了解旅客的需要,并采取相应的措施,这样能更为有效地解决铁路运输中存在的问题。

二　旅客乘车的个性心理与服务

共性心理是大多数旅客在乘车时普遍的、通常的心理要求。但对于每个旅客来说,由于自身条件、乘车条件、个人性格、爱好、观念的不同,必然会有不同的心理要求,这就是旅客乘车的个性心理需要。在旅客的共性心理需要中包含着个性心理需要,普遍规律中蕴含着特殊性。在乘车过程中,当乘车条件发生变化时,旅客心理需要也会随着变化。旅客的心理活动除受自身条件制约以外,还受客观事物变化的影响。所以,旅客的个性心理与共性心理相比较,是十分复杂的。

客运服务人员在服务工作中,既要掌握旅客乘车的共性心理,又要探索和理解旅客乘车的个性心理,只有这样才能避免服务工作的片面性和盲目性,才能做到更主动、更有针对性地实现文明服务、礼貌待客。

由于广大旅客的个性心理复杂多变,形形色色,客运服务人员要全部了解、掌握是极为困难的,而且也无这种必要。但我们应该注意综合一些较普遍、较典型、有代表性的个性心理,以便提供有针对性的服务。

社会上的每一个人,都有可能成为铁路旅客运输业的服务对象。从乘车的角度,适当将市场细分,研究每一类旅客的个性心理需要,是有效解决问题的出发点。

由于旅客的年龄、性别、职业身份、兴趣爱好、旅行的动机等各不相同,不同旅客的个性心理差异很大,因此对服务有不同的需求。广大客运服务人员经过多年研究,把旅客心理特征和行为表现归纳成如下四种类型。

1 急躁型

急躁型相当于胆汁质。急躁型旅客表现为对人热情、感情外露、说话直率而快、言谈中表现自信,这种类型的旅客容易激动,通常喜欢与人争论问题,而且争强好胜。他们对服务的评价易走极端,而且在乘车中常常显得粗心。客运服务人员在服务工作中,对待急躁型旅客,言谈时注意谦让,不要激怒他们,不要计较他们有时不顾后果的冲动言语,一旦出现矛盾,应当尽量回避;随时提醒他们别乱扔、乱放和丢失东西。

2 活泼型

活泼型相当于多血质。活泼型旅客表现为活泼好动,反应快,理解力强,聪明伶俐,动作敏捷、灵活、多变,乘车时,这种类型的旅客对人热情大方,喜欢与人交往和聊天。他们情感外露,并且变化多端,经常处于愉快的心境之中。客运服务人员在服务工作中,对待活泼型旅客,要尽量适应他们爱交往、爱讲话的特点。在与他们交谈的过程中,不要过多重复,以免他们产生不耐烦的情绪。乘车中客运服务人员应主动向他们介绍车站设施及娱乐场所,以满足他们喜欢活动的心理。

3 稳重型

稳重型相当于黏液质。稳重型旅客表现为喜欢安静相处,很少主动与人交往,交谈起来很少滔滔不绝和大声说笑,情感很少外露,使人猜不透他们想什么或需要什么。但稳重型旅客自制能力很强,做事总是不慌不忙,力求稳妥,生活有固定的规律,很少打扰别人。他们反应慢,希望别人讲话慢些或重复几次,自己讲话也慢条斯理,显得深思熟虑。他们的注意力比较稳定,对新环境不易适应,但一旦适应了又会产生留恋之感。客运服务人员在服务工作中,向稳重型旅客介绍或交代事情时,应当注意讲话的速度,重点适当重复一下。一般情况下不要过多地与他们交谈。若需交谈,尽量简单明了,不要滔滔不绝,以免他们反感。

4 忧郁型

忧郁型相当于抑郁质。忧郁型旅客感情很少外露,心里有事一般不愿对别人讲,宁愿自己想。这类旅客对事情体验深刻,自尊心强,很敏感,好猜疑,想象力丰富,他们在遇到困难或挫折时,会表现得非常痛苦,如丢失东西、患病或与人发生纠纷后会长时间不能平静。他们讲话慢,有时又显得话很多,怕别人听不清楚产生误会,行动迟缓、反应慢。忧郁型旅客在乘车中表现为性情孤僻、不合群、沉默寡言,不喜欢在公共场合与人交往和聊天。客运服务人员在服务工作中,对忧郁型旅客应当十分尊重,对他们讲话要清楚明了,和蔼可亲。尽量少在他们面前谈话,绝对不要与他们开玩笑,以免产生误会和猜疑。当他们遗失物品、生病时,应当特别关心和给予帮助,想办法安慰他们,使其感到温暖。

图4-1的漫画显示出不同气质类型的人在面对相同事件时的不同反应。

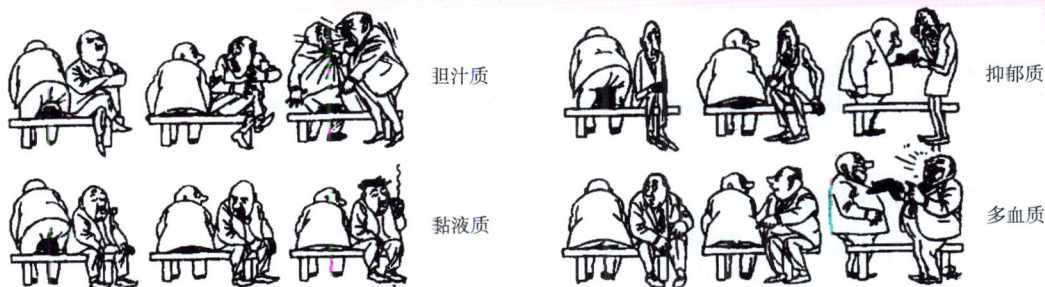

胆汁质

抑郁质

黏液质

多血质

图 4-1 一顶帽子(皮特斯特鲁普作)

拓展阅读

"看戏迟到"与气质类型

苏联心理学家巧妙地设计了"看戏迟到"的特定问题情境,对四种典型气质类型的人进行观察研究。结果发现,四种典型气质类型的观众在面临同一情境时有截然不同的行为表现,气质使其心理活动染上了一种独特的色彩。

胆汁质的人面红耳赤地与检票员争吵起来,甚至企图推开检票员冲过检票口,径直跑到自己的座位上去,并且还会埋怨戏院时钟走得太快了。

多血质的人明白检票员不会放他进去,他不与检票员争吵,而是悄悄跑到楼上另寻一个适当的地方来看戏剧表演。

黏液质的人看到检票员不让他从检票口进去,便想反正第一场戏不大精彩,还是暂且到小卖部待一会儿,待幕间休息再进去。

抑郁质的人对此情境会说自己老是不走运,偶尔来一次戏院就这样倒霉,接着就垂头丧气地回家了。

在现实生活中,并不是每个人的气质都能归入某一气质类型。除少数人具有某种气质类型的典型特征之外,大多数人都偏向于混合型,即具有某一气质类型的特点的同时,还具有其他气质类型的一些特点。

三 旅客群体心理与服务

(一) 旅客群体的特点

旅客在铁路运输服务部门内停留的时间比较短,流动性比较大,人与人之间很少有交流,即使有一些交流,也只是一般的聊天,不涉及思想深处的感受。因此,旅客群体有其自身的特点。

1 松散大群体

旅客群体是松散大群体,没有形成统一的规范制约人的行为。在这一群体中,人们受社会舆论、道德和观念的制约,基于公平感、正义感,当遇到涉及部分或全体旅客利益的事情时,才会形成一致的行为。例如,当客运服务人员与某一旅客发生摩擦时,如果客运服务人员一直保持和蔼、礼貌的态度,则周围不知摩擦产生原因的其他旅客,有的可能站在该旅客一方,有的可能站在该客运服务人员一方,有的可能保持沉默不表态;但如果客运服务人员的态度比较强硬,不礼貌,则会造成周围的大多数旅客站在该旅客一方,联合起来对该客运服务人员进行批评、指责。因为,这时他们把该旅客所处的位置与自己进行了调换,即如果自己是该旅客,遇到客运服务人员这样的态度,也是自己所不希望的,同情心及正义感使其他旅客联合在了一起。

2 紧密小群体

在旅客大群体中存在一些相识或结伴同行的几名旅客所组成的小群体,尤其是一些旅行团体。由于相识,在乘车中他们之间的感情要比与不相识的旅客之间的感情深得多。因此,在乘车中,他们成为行为一致的群体,尤其是他们中的某位与其他旅客或与客运服务人员发生摩擦时,他们更加表现出态度与行为的一致性。

（二） 对旅客群体心理的服务

1 加强对紧密小群体的管理

由于相同的乘车目的,紧密小群体内的各成员具有相同的言行,因此,尽量使小群体成员站、车内都能在一起;避免与小群体内部人员发生争执,在他们中有人提出不合理的要求时,尽可能和蔼、礼貌地给予解释和说明;在遇到严重问题且必须解决时,客运服务人员在公正而讲道理的基础上,给予恰当的处理。如果在车站内发生问题,尽量把他们与其他旅客分开,这样一方面可以避免对其他旅客产生坏的影响,另一方面可以削弱他们的气势,使问题得以有效处理。

2 用亲切、和蔼、礼貌的态度为大群体服务

由于旅客大群体的一致行为往往是在旅客与旅客之间或旅客与客运服务人员之间发生冲突时产生,因此,要以亲切、和蔼、礼貌的态度为旅客营造一个轻松、愉快的乘车环境,以避免一些冲突的发生。客运服务人员一定要加强自身的修养,避免与旅客发生冲突。对旅客大群体,要从旅客乘车的共性心理需要和个性心理需要两方面提供相应的服务。

在解决旅客问题时,最好的办法是利用旅客群体内部的相互制约关系。例如,某位旅客吸烟,客运服务人员去制止。在语言的运用上,重点不是告诉旅客应该怎么做,而是强调他的行为会影响其他旅客的健康。这样就能将旅客和客运服务人员之间的关系转变为旅客之间的关系,会起到约束作用,也有利于问题的解决。

四 旅客对服务满意的感知

旅客满意是广义上的感知方式,是旅客的实践反映。它可以判断一件产品或服务的特性,或其本身的尺度,或者说它提供了一个与旅客实践相关的愉快水平。在服务过程中,旅客会从对服务的整体感觉上对服务满意进行评估和追踪。影响旅客满意的因素主要有产品和服务的特性、消费者情感、服务成功或失败的归因、对平等或公正的感知。服务质量是旅客对产品服务成分的感知,也是旅客满意的决定性因素。从心理学角度来看,服务质量主要由以下五个方面构成。

1 可靠性

可靠性是指准确可靠地执行所承诺服务的能力。例如,车站服务台的职工,由于旅客问询工作量大,工作单调重复,常常会出现不耐烦的情绪,工作变得消极。如果我们在选择人

员时,考虑到黏液质的职工比较耐心细致,表达能力强,安排他们在这个岗位就会收到比较好的效果。

2 响应性

响应性是指及时为旅客提供便捷服务的自发性。铁路客运职工不论属于客运工作的哪个工种,都应该把旅客放在第一位,主动及时地解决旅客的困难,不能互相推诿、工作拖拉,给旅客造成不好的印象。

3 安全性

安全性是指职工的知识和谦恭态度以及表达自信与可信的能力。一个具有良好心理素质的铁路客运职工,往往会在工作中表现得自信成熟,让旅客觉得铁路客运职工值得信赖,也有利于铁路运输服务工作的组织。

4 移情性

移情性是指设身处地为旅客着想和对旅客给予特别的关注。客运职工在为旅客服务时,应该设身处地为旅客着想,把自己放在旅客的角度来处理旅客的要求和困难,特别是对于特殊旅客,应该给予特别帮助。

5 有形性

有形性是指有形的工具、设备、人员和书面材料等的外表。铁路旅客运输设备的更新以及服务礼仪水平的提高都对旅客产生积极的作用,帮助他们改善对铁路客运服务的认识和态度,增强对铁路的满意度和忠诚度。

服务是通过服务接触完成的,服务接触是一个"真实瞬间"的概念,如同为旅客满意和服务质量建立框架。每一次接触都是建立质量和满意感知的机会,旅客会对服务接触的满意与不满意进行描述和体会。

五 特殊旅客心理特点及服务技巧

(一) 不同职业心理特点及服务技巧

人们在社会生活中,因职业不同,所处社会阶层和生活方式也不同,从而形成不同的心理特点和乘车需要。这种不同的心理特点,反映在乘车过程中,便会对铁路运输服务工作产生不同的要求。因此,可以根据职业对旅客进行分类,分析不同职业的旅客各自所具有的心理,从而了解其心理活动,有针对性地做好服务工作。

1 工人

工人组织性、纪律性较强,在乘车时对乘车条件一般要求不高,比较重视乘车费用的发生。工人旅客在乘车中一般都能自觉地遵守铁路运输的有关规定,维护站、车秩序,并能积极协助和支持客运服务人员工作。

2 农民

我国农民人口占社会总人口的40%以上。随着经济的发展与农民生活水平的提高,以及思想观念的变化,农民乘车的次数和人数也在增多。农民出门乘车比较突出的特点是携带物品较多;因不常出门,大多数农民旅客缺乏乘车常识,在乘车中很少提出要求;强调乘车的经济性,尽量减少乘车费用。根据农民乘车的特点可知,其突出的个性心理活动是个"怕"字,怕事、怕向别人询问、怕买不到车票、怕上不去车、怕坐过站。有些农民旅客乘车时听不懂站、车广播,不明白所揭示的内容。所以,客运服务人员应多掌握和体贴农民旅客的个性心理,主动、热情地为他们服务。

3 军人

一般来讲,现役军人具有较强的纪律性、自觉性和组织性,能够主动维护站、车秩序,支持客运服务人员的工作。军人旅客在旅行乘车中顺畅心理表现得很明显,一旦发生问题,不希望在大庭广众之下处理。携带枪支、文件的军人,希望在站、车上不发生意外。

4 干部

干部大多具有一定的乘车知识,他们突出表现为方便和顺畅的心理需要,喜欢整洁、卫生的乘车旅行环境等。他们很注重客运服务人员的服务态度、服务作风、服务水平,十分关心铁路运输工作,愿意提出意见和建议。

5 学生

学生旅客处于青少年时期,精力充沛,思想活跃。在乘车中,急于想到达目的地,总是尽量减少在车站等待乘车的时间。他们乘车中的心理行为表现在喜欢聚集成群,好奇、好动;喜欢说笑、娱乐、热闹。客运服务人员对他们的行为应礼貌地多给予提示,以免影响他人或给自己增添麻烦。

6 除上述职业以外的旅客

除上述职业的旅客种类外,还有其他种类的旅客,如港、澳、台同胞,海外侨胞,外宾,城市居民,无职业者等各阶层人士。每一类旅客在乘车旅行中都有一些个性心理需要。通过分析这些心理需要,可以有针对性地为他们提供服务,从而提高服务水平,创造良好的经济效益和社会效益。

（二）不同自身条件心理特点及服务技巧

旅客的自身条件是指旅客的年龄、性别、体质、籍贯等方面。

1 不同年龄的旅客

（1）老年旅客。

老年旅客都有安静心理,因行动不灵活,体力差,喜静不喜动;乘车要求不高,不爱给客运服务人员添麻烦;在乘车旅途中遇到困难,比较沉着。老年旅客是客运服务人员的重点服务对象,在服务中要多为他们提供方便,多给予照顾。

（2）中年旅客。

中年旅客占旅客流量的比重较大。城市中的中年旅客一般具有丰富的乘车知识,农村旅客较差一些。中年旅客比老年旅客行动灵活,比青年旅客稳重。客运服务人员在满足中年旅客需要的同时,应虚心向他们请教,接受他们对客运服务工作提出的意见和建议,据此改进服务方式,提高服务质量。

（3）青年旅客。

青年旅客是指青少年、儿童旅客。他们乘车的好奇心强,喜动不喜静,非常活跃。

2 不同籍贯的旅客

根据籍贯不同,可将旅客划分为两类:当地旅客和外地旅客。

(1)当地旅客。

当地旅客对乘车环境和当地情况比较熟悉,心理上没有顾虑,旅行的问题少。

(2)外地旅客。

外地旅客对乘车环境和地域情况不熟悉,心理上顾虑较多,甚至听不懂地方口音,怕出差错。这部分旅客是客运服务人员重点服务的对象,服务要热情、主动。

模拟训练 4-1　上错车旅客的心理特点及服务技巧

一旅客持兰州至成都车票在宝鸡中转,宝鸡站开车后发现上错车,请分析该旅客的心理特点及服务技巧。

分析提示:旅客在上错车、下错站的情况下,一般会比较焦急、慌乱,希望得到客运服务人员的帮助。

服务技巧:

①客运服务人员应对旅客进行安慰,稳定其情绪。

②积极想办法帮助旅客到达正确目的站。

③注意防止旅客发生其他意外情况。

模拟训练 4-2　车厢内拥挤时旅客的心理特点及服务技巧

20××年 4 月 30 日,K7331 次旅客列车硬座车厢内较为拥挤,过道站满无座旅客,车厢内空气质量较差,请分析这种情况下的旅客心理特点及服务技巧。

分析提示:在客运量较大时,旅客可能会心情烦躁、内心抱怨,且乘车时间越长表现得越严重。

服务技巧:

①客运服务人员应注意车内的环境,尤其要保持适当的通风和适宜的温度。

②做好对旅客的组织、安慰工作,保持车内的秩序。

模拟训练 4-3　旅客携带违禁品的心理特点及服务技巧

一旅客在车站候车室候车期间,听到广播宣传"菜刀"是严禁带上车的违禁品,请分析这种情况下的旅客心理特点及服务技巧。

分析提示:此时旅客会犹豫不决,不知将"菜刀"如何处理。

服务技巧:客运服务人员应注意观察,主动询问旅客,耐心地向旅客解释,妥善处理违禁品,做好旅客的安抚工作。

模拟训练 4-4　旅客有意携带违禁品的心理特点及服务技巧

一旅客携带一瓶发胶和一瓶摩丝乘坐列车,请分析这位旅客的心理特点及服务技巧。

分析提示:有意将违禁品带进列车的旅客大多因担心违禁品被查出,而有焦虑、害怕等心理。

服务技巧：

①客运服务人员应注意观察，仔细检查，妥善处理违禁品，做好旅客的安抚工作。

②注意防止发生其他意外事件。

📞 模拟训练4-5　旅客物品丢失的心理特点及服务技巧

一旅客在车站候车期间去卫生间，回来后发现座位边上的拉杆箱不见了，请分析这位旅客心理特点及服务技巧。

分析提示：旅客丢失物品后通常会表现出着急、焦虑、埋怨、后悔、心情沉重、不知所措等。

服务技巧：

①客运服务人员应对旅客进行安慰，注意旅客的动态，防止发生意外。

②积极行动，为旅客寻找失物。

📞 模拟训练4-6　列车滞留时旅客的心理特点及服务技巧

唐山发生地震导致京哈线唐山附近线路损坏，D101次列车已经在线路上滞留5个小时，请分析此时旅客的心理特点及服务技巧。

分析提示：遇到意外事件时，旅客通常会焦虑不安、烦躁慌乱，甚至恐惧无措，希望铁路部门能尽快解决问题，保障自身的安全。

服务技巧：

①客运服务人员应沉着、冷静，稳定旅客情绪。

②维持安全秩序，积极妥善处理。

📞 模拟训练4-7　旅客发现没有及时更换卧具时的心理特点及服务技巧

一旅客坐卧铺车发现其铺位上的床单和被罩没有及时更换，请分析这位旅客的心理特点及服务技巧。

分析提示：在这种情况下，旅客常表现出埋怨、气愤、不满等情绪。

服务技巧：

①客运服务人员应检查自己工作中存在的问题，采取适当的方法予以改进。

②应耐心解释，争取旅客的谅解。

单元微课

旅客服务心理

本单元微课请扫描二维码10。

二维码10

单元4.2　客运服务人员服务心理

在铁路旅客运输服务中,不仅需要了解旅客的心理,更需要把握客运服务人员的心理状态。如果客运服务人员的心理问题不解决,其就会把个人的情绪带到工作中,使本不应该发生的不良服务发生。因此,把握客运服务人员的心理问题是铁路客运服务必不可少的一项重要工作。本节是为客运服务人员排解心理困扰,解决心理问题,提高心理健康水平,增加主观幸福感,从而提高其工作绩效。

铁路旅客运输服务工作是一项综合的系统工程。客运工作完成得好与坏,客运服务质量的高与低,主要受两方面因素的影响和制约:一方面受站车设备的现代化水平、铁路运输管理方式和工作组织、社会状况和自然条件等多种因素的影响和制约;另一方面受铁路旅客运输服务部门客运服务人员的道德品质和心理素质因素的影响和制约,而且这一因素是所有因素中最为突出和最为活跃的因素。因为无论是设备的使用,还是管理方法的制定,都需要客运服务人员去操作和实施,客运服务人员缺乏必要的修养,再先进的设备,再严密的计划,再科学的组织,也难以发挥令人满意的效果。

一　客运服务人员的职业动机

需要产生动机,动机支配人的行为,通过行为实现目标。动机代表着一个人的内在心理面貌,它在很大程度上决定着一个人的行动。由于社会生活的多样性和复杂性,以及人的需要的差异性和多变性,人们在从事某种活动时,往往有多个动机同时发生作用,其中有主导动机和次要动机、明显动机和隐蔽动机、暂时动机和长期动机等。在铁路旅客运输服务中,客运服务人员只有具备正确的职业动机,才能激发和保持工作积极性,提高客运服务工作质量。

(一) 职业动机的类型

具体到每一名客运服务人员,职业动机的表现很复杂。从实际情况来看,客运服务人员除了不同程度地具有为他人服务的动机外,还有如下一些从属动机:

(1)为自身和家庭的生存、发展,必须通过工作获得收入。

(2)为谋求稳定的工作环境。

(3)对客运工作具有浓厚的兴趣。

(4)为了获得他人的表扬和尊重。

(5)为了争取提升、晋级或表扬,也包括免受批评和处罚。

这些动机的具体差异,是由客运服务人员的觉悟、人生理想、价值观念、实践经验、文化修养等方面的差异造成的。在具体工作中,有时几个动机,甚至相互矛盾的动机,在特定的场合会同时发挥作用。例如,有的客运服务人员,努力改进工作方法,提高工作质量,其中既有为旅客服务的动机,也有"露一手"以引起领导重视的动机,甚至还可能掺杂着把其他同事比下去的动机。这种情况说明,动机的产生是一个很复杂的心理现象。同时,动机是发展变化的,一个动机消失了,会有另一个动机产生;低层次的需要满足后,随之产生高层次的需要,不同的需要产生不同的动机。另外,动机还经常出现受挫现象,动机受挫或者能够获得满足,会使人的动机弱化或强化。

（二）客运服务人员类型分析

将客运服务人员的心理成熟度和职业动机结合起来进行分析,可以将客运服务人员大致分为以下四种类型。

1 事业型

事业型客运服务人员有高尚的职业动机,热爱本职工作,不斤斤计较报酬和荣誉,不怕艰苦和劳累,一心只想做好本职工作,力求在事业上获取较高的成就,工作的积极性和主动性强,且稳定、持久。在这类客运服务人员的需要结构中,成就需要占主导地位,而交往需要和生理需要相对不太强烈。对事业型客运服务人员来说,客运管理工作的重点是为其创造工作条件,使其积极性和创造性得到充分的发挥。

2 自尊型

自尊型客运服务人员的职业动机处于一般水平上,谈不上献身客运服务事业,但也决不甘居他人之后。这类客运服务人员的自尊心较强,比较注重荣誉或"面子"。他们力求自己的工作符合规章的要求,不让人挑出问题和差错来。在这类客运服务人员的需要结构中,交往需要和发展需要占主导地位。他们的工作积极性常常呈现波浪式变化,当受到表扬时,劲头很足;当遇到挫折时,则容易情绪低落,甚至垂头丧气。对自尊型客运服务人员来说,客运管理工作的重点是分析其职业动机形成的原因,有针对性地对其工作中取得的成绩给予适当的表扬,表扬时要选择有其他人员在场的场合;对其错误要及时给予批评,批评时的场合视问题的严重性而定,一般性的小问题要避免其他人员在场,问题严重时,也需要当众批评,但要做到批评得力,使其心服口服。

3 服从型

服从型客运服务人员职业动机的层次不高,表现为"让我做什么,我就做什么",他们在心理上安于现状,不思进取,满足于"过得去"。在这类客运服务人员的需要结构中,生理、安全、交往等方面的需要占主导地位。他们往往在考评、评比或上级检查工作等激励因素作用下,表现出较高的工作积极性,但其工作积极性不能持久,带有"偶发性"。对服从型客运服务人员来说,客运管理工作的重点是采取适当的方法调动其工作积极性。

4 逆反型

逆反型客运服务人员,在工作中不服从指挥,不积极工作,而且会影响其他客运服务人员的工作态度。逆反型客运服务人员产生这种职业动机心理的原因有很多方面,如对客运服务工作不喜欢;在家庭生活及社会中发生了一些不愉快的事情,造成心理障碍,产生一些消极情绪,并将其带到工作中来;等等。对逆反型客运服务人员来说,客运管理工作的重点是分析其产生逆反型心理的原因,有针对性地对其进行教育,解决其心理问题;对其工作中存在的问题给予适当的批评,问题严重者停止其工作。

上述这些类型的划分是相对的,有时是相互交叉的,有时是可以相互转化的。客运管理者的任务在于对客运服务人员进行经常性思想教育,并且创造良好的情境条件,努力做好转化工作,使客运服务人员在工作实践中树立高尚的动机,帮助他们提高心理素质,促使其保持稳定而持久的工作积极性。

❷ 二 客运服务人员应具备的心理品质

(一) 情感品质

情绪和情感是指客观事物是否符合人的需要、愿望、观点而产生的态度体验和行为反应。情绪和情感通过人的表情和行为表现出来,是人的主观体验,是一个人对情绪和情感状态的自我感受。短时间内的主观体验叫情绪,如喜悦、气愤、忧愁等;长时间内与社会性需要相联系的稳定的体验叫情感,如理智感、道德感、美感等。

作为客运服务人员,尤其是一线客运服务人员,应具备很好的情感倾向,明确本职工作的性质,热爱自己的工作并能主动热情地为旅客服务。客运服务人员除了良好的感情倾向外,还要有深厚的、持久的、积极的情感。如果客运服务人员具备了良好情感,自然会热情接待旅客,微笑和周到地为旅客服务,并乐于完成旅客提出的要求。同时,在与旅客交流时,会虚心听取旅客的意见,不计较他们的语气轻重及意见是否合理。另外,客运服务人员应该学会控制自己的情绪,明确自己的社会角色,明确情感的对象是广大旅客,并理智地控制自己的言行。

(二) 意志品质

意志是指人为了达到一定的目的,自觉地组织自己的行为,并与克服困难相联系的心理过程,是意识的能动表现。意志是人行为的特征之一,它能够自觉地确立目的,能够有意识、有目的、有计划地向着一定的和事先知道的目标前进。

客运服务人员的意志品质,存在着巨大的个别差异。良好的意志品质,表现为意志的自觉性、坚定性、果断性和自制力。

(1)自觉性是指能深刻地认识行为目的的正确性和重要性,并主动地支配自己的行动使之符合该目的的意志品质。有高度自觉性的人能够按照自然界和社会发展规律,提出自己的行动目的,经常主动地使自己的行动服从于该目的,既不鲁莽行动,也不盲目附和。

(2)坚定性是指在完成艰巨任务时坚持不懈地克服困难的意志品质。有高度坚定性的人,有着顽强的毅力,充满信心地为正确的目的而奋斗,不怕困难和挫折,善于总结经验和教训,既不为无效的愿望所驱使,也不被预想的方法所束缚。

(3)果断性是善于迅速地辨明是非,迅速地确定决定和坚决地执行决定的意志品质。果断不同于轻率,它是以周密考虑和足够勇气为前提的。果断的人对自己的行为目的、行动方向和可能后果,都有深刻的认识和清醒的估计。所以,当事态发展到紧急关头时,他们能当机立断,及时行动,毫不动摇。

(4)自制性是善于控制自我的意志品质。在意志行动中,欲望的诱惑、消极的情绪等都会干扰客运服务人员作出决定和执行决定。有自制力的人能够驾驭自我,克服自己的欲望和情绪干扰,迫使自己执行已经采取的、具有充分根据的决定,或者奋力地进取,或者坚持制止某些行为。

人们的意志品质是在后天生活实践过程中逐步形成的。客运服务人员意志品质的培养也有一个过程,最关键的要战胜自己,即在克服困难中锻炼自己的意志,这些都需要客运服务人员从自身角度出发,培养自己良好的性格意志品质。

(三) 能力品质

能力是一个人顺利地完成某种活动所必须的条件,在心理特征方面的总和反映。人的能力总是与人的活动联系起来,能力实际上是个体从事活动的能力。能力表现在相应的活动中,如学习能力、认识能力、组织能力等,都是指从事相应活动的能力。能力与活动不是一一对应的关系,一种能力往往在多种活动中发挥作用。

1 能力的发展

能力发展主要是由环境、教育和实践活动所决定的。

(1)环境主要是指物质和文化环境。研究表明,物质和文化环境的改善进一步促进了能力的提高。如果没有充足的休息、科学的饮食和愉快的心情,能力的发展将会受到限制。客运服务人员由于处在一个连续的工作环境里,生理和心理都受到一定的影响。在日常生活中,客运服务人员更要注意保持一个良好的心态和有规律性的饮食和休息,丰富自己的文化生活,从而为能力的提高打下一个良好的基础。

(2)教育在能力发展中起主导作用。在教育过程中,人们在学习知识、掌握技能的同时也发展着能力。目前,铁路各级单位对职工的培训工作相当重视,已经形成了制度化。铁路客运服务工作不是一个简单的劳动,而是一门服务艺术。随着社会的发展,我们所面临的服务对象、服务环境已经发生了巨大的变化,在这种情况下,客运服务人员只有主动加强自身的学习,努力学习新技术、新技能,才能更好地满足旅客需求,提高旅客满意度。

(3)环境和教育是能力发展的外部条件,而人的能力最终还是要通过主体的积极活动才能得到发展。在工作中则表现为人的主观能动性。客运服务人员必须认识到能力是在人的活动中形成和发展起来的,一个人的能力水平与其从事活动的积极性成正比。

2 客运服务人员应具有的主要能力

一般来说,要给旅客提供良好的服务,客运服务人员在服务工作中应该具备以下基本能力。

(1)感觉与知觉能力。

感觉是一种最简单的心理现象,它是人脑对直接作用于感官的刺激物的个别属性的反映,如看到某种颜色、听到某种声音、闻到某种气味等。感觉是认识的入口和开端,没有感觉便不会有比较高级和复杂的知觉、表象和思维。知觉是客观事物直接作用于器官,在头脑中产生的对事物整体的反映。

感觉与知觉能力在客运服务人员日常工作中起着重要的作用。通过感觉与知觉,客运服务人员不仅能够认识外界环境,从而了解事物的各种属性,还能认识自己机体的各种状态,实现自我调节。因此,必须加强对客运服务人员在感觉与知觉能力方面的培养与训练。一方面给别人一个好的感官印象,另一方面为进一步了解别人造就一个好的基础。

(2)注意与观察能力。

注意是指心理活动对一定对象的指向和集中。注意有两个特点:一是指向性,指向是指人们的心理活动有选择地朝向一定对象,同时离开其余对象;二是集中性,集中是指人们的心理活动不仅指向某种事物,而且坚持在这一对象上使注意活动不断深入。客运服务人员的注意能力有以下特性:

①注意的范围性,指在同一时间内客运服务人员所注意对象的数量,这是注意在数量上的特性。

②注意的紧张性,指客运服务人员心理活动对某个事物的高度集中,而同时离开其余的一切事物,这是注意在强度上的特性。

③注意的稳定性,指服务过程中客运服务人员注意在一定事物上所能持续的时间,这是注意在时间上的特性。

④注意的分配性,指客运服务人员在一定时间内注意力指向于不同的对象或活动注意的分配是有条件的,最重要的条件是在同时进行的两种活动中有一种活动必须是非常熟练的。

⑤注意的灵活性,指客运服务人员能够灵活地分配注意力,根据需要及时将注意力迁移到新的对象上去。

观察是有目的、有计划、比较持久的知觉。在客运服务工作中,观察应该有明确的目的和任务。客运服务人员要细心观察,整理和总结观察结果,善于积累经验。通过观察及时了解旅客的需求、情绪以及旅客对铁路所提供服务的意见,从而有针对性地提供给旅客更恰当的服务。观察能力是通过培养和训练而获得的,客运服务人员通过自己的实践活动逐步形成而发展起来的。

客运服务人员要适应复杂多变的工作环境,清晰地反映旅客和工作中的情况,提高认识活动的效果,就必须具有良好的注意力和观察力。

(3)记忆与理解能力。

记忆是一个人所经历过的事物在人的大脑中的反映,是大脑积累经验的功能表现。

理解是运用已有的经验、知识去认识事物的种种联系,直至认识其本质、规律的一种逐步深入的思维活动。

在铁路客运服务工作中,客运服务人员若缺乏良好的形象记忆能力,就记不清旅客,尤其是重点旅客的相貌特征。例如,客运服务人员缺乏语义记忆或语言逻辑记忆,就记不清站名、票价、作业程序等;缺乏运动记忆,就不能很快掌握各种作业技巧;缺乏情绪记忆,人就会变得麻木。对事物的理解力是认识事物本质所必需的,在信息传递的过程中,人若缺乏对信息的理解,就不能有效地利用信息。例如,同事给一个手势,你没有理解这个手势的含义,就不能做他所指示要做的事情。因此,培养和锻炼客运服务人员良好的记忆能力和理解能力,是做好铁路运输服务工作,提高服务质量的重要基础。

(4)思维与想象能力。

思维是人脑借助于言语、表象和动作实现的对客观事物概括的、间接的反映。它揭示了事物的本质特征和内部联系,是认识的高级形式,它主要表现在人们解决问题的活动中。

想象是对头脑中已有的表象进行加工改造,创造出新形象的过程。形象性和新颖性是想象活动的基本特点。想象是在感知的基础上,改造旧表象,创造新形象的心理过程。

感觉和知觉是对客观现实的直接反映,而思维和想象是对客观现实的概括性、创造性的间接反映。客运服务人员经常和旅客交往,会碰到各种各样的问题和矛盾。因此,客运服务人员具备敏捷的思维和丰富的想象,可以灵活、妥善、创造性的处理各种矛盾和问题。

(5)表达能力。

表达能力是指客运服务人员与旅客进行交往时运用语言、表情传递有关信息的能力,包括表情与语言两个部分。表情主要是指客运服务人员的态度、手势和目光。语言主要是指客运服务人员是否使用规范的或普遍认可的语言形式。客运服务人员需要有良好的表达能力,以便更好地为旅客服务。

(6)劝说能力。

劝说能力是指在服务过程中,通过劝说使旅客态度有所改变的能力。在劝说旅客时客运服务人员应该真诚地面对旅客,富有同情心,要做到有针对性和耐心,注意劝说的场合和使用的语言,急旅客所急、想旅客所想,让旅客真正感受到铁路的人性化服务。

▶ 三 客运服务人员心理健康

心理健康是完整健康概念的组成部分。心理健康是良好心理素质的基础要求。从广义上讲,心理健康是指一种高效而满意的、持续的心理状态;从狭义上讲,心理健康是指人的基本心理活动的内容完整、协调一致,能顺应社会,与社会保持同步。

（一） 心理健康水平的判定

判断人的心理健康状况必须考虑年龄、性别、社会身份、情境等各种因素。基于对这些因素的考虑,心理学家提出的判定心理健康或心理正常与否的基本标准,是指同等条件下大多数人的心理和行为的一般模式,也是社会常态模式。学者将人的心理健康水平大致分为以下3个等级:

(1)一般常态心理者:表现为心理经常愉快,适应能力强,善于与别人相处,能较好地完成同龄人发展水平应做的活动,具有调节情绪的能力。

(2)轻度失调心理者:表现出不具有同龄人所应有的愉快,与他人相处略感困难,生活自理有些吃力。若主动调节或通过心理辅导专业人员帮助,可恢复常态。

(3)严重病态心理者:表现为严重的适应失调,不能维持正常的生活、工作。如不及时治疗就可能恶化。

（二） 客运服务人员的心理健康问题

在客运服务中,客运服务人员是居于第一线的,由于连续工作时间长,工作单调乏味,部分客运服务人员存在心理健康问题,主要表现为心理疲劳和员工倦怠、心理挫折等。

1 心理疲劳和员工倦怠

心理疲劳是指因心理、精神原因而非生理躯体原因导致无精打采、懒散无力,使反应速度、灵活性和准确度降低的心理机能消极状态。心理疲劳通常表现为自感体力不支、精力不济、反应迟钝且伴有注意力不集中、思维不敏捷、情绪低落、精神不振、活动效率降低、错误率上升,严重时还会引起头痛、眩晕、心血管和呼吸系统功能紊乱、食欲减低、消化不良以及失眠等。

员工倦怠,指的是影响到员工工作效率和工作安全的身体和心理疲劳。心理疲劳很容易使员工产生员工倦怠。

造成铁路客运服务人员的心理疲劳和倦怠的原因是多种多样的,但主要有以下两个方面的原因:

(1)由于铁路交通运输的连续工作时间较长,使得员工不得不打乱正常的生活作息时间,全天候地从事客运工作,可能出现慢性身心综合疲劳症。尤其在客运的高峰时期,要求员工加班加点,或者在工作时对员工施加过多的心理压力,或者让员工做大量简单重复的工作,等等。这样,铁路在保证客运任务完成的同时,就自觉和不自觉地忽视了员工的身心健康,造成心理疲劳。

(2)由于客运服务人员在从事繁重工作的同时,没有及时根据工作调整自己的生活作息时间。例如,有些员工有深夜看电视或上网的习惯,晚睡晚起,或吸烟喝酒过度,或饮食结构不合理,或缺少体育锻炼等,以上这些不良生活习惯除直接引起工作中的疲惫之外,还常会造成不同程度的睡眠失调,间接地造成员工在上班时的身心倦怠。

2 心理挫折

心理挫折是指个体在从事有目的的活动过程中,遇到障碍和干扰,致使个人动机不能实现,需要不能满足时的情绪状态。造成客运服务人员的心理挫折的因素主要有学习挫折、家庭挫折、人际挫折、恋爱挫折、病残挫折、情绪挫折、专业选择挫折等。

心理挫折会给客运服务人员的心理健康造成很大的负面影响,必须引起高度重视。

(三) 提高客运服务人员心理健康水平的途径

1 减少过度的心理压力

在日常生活中,人们常常承受着一定的工作压力。适当的压力是心身健康所必须具备的条件,它有助于提高人的学习生活效率,但当压力过大时就会影响身心健康。客运服务人员可以通过以下方法减少压力:

(1)通过一些心理压力测试量表来自我评价。从中发现自己在压力下反映出来的特点,并认识继续下去可能导致的后果。

(2)学会自我放松。通过自我默想,使意识范围逐渐缩小,排除外界干扰,全身松弛,纠正情绪的失衡状态,冷静地引导自己从烦恼、愤恨、紧张等消极情绪状态中解脱,达到内心的平静和安宁。

(3)在问题及后果还未引发之前将压力加以控制。其方法有:坦诚倾诉,找亲朋好友诉说;调整工作节奏,在还没有达到极度疲劳时,让工作节奏缓慢下来;调整生活节奏,经常从事体育运动,打球、散步,调节身心;学会放松,每天用一定的时间平静和安定情绪,如听音乐、看漫画、观赏花草、打太极拳、参加自律训练等。这些方法都可以通过神经与肌肉松弛而达到消除压力的目的。有的人依赖药物、酒精、烟草等方法来缓解压力是不可取的。

(4)学会分析矛盾,分解压力。有的可以分解化小然后应对;有的可以分期分批,逐步解决;有的可以有取有舍,将压力适时转化。

2 学会应对挫折

不同的人对挫折的承受能力是不一样的。承受能力是对个体产生挫折感的最小刺激量,承受能力越低,挫折感就越强。个人的抱负水平、容忍力影响着人的承受能力,其中容忍力是受到挫折时避免行为失常的能力,它受生理因素、认知因素、社会经验的影响。

人们受到挫折会产生各种行为,对于铁路客运职工来说,当受到挫折后,不论是什么原因,都不应该把愤怒、攻击、不安、冷漠等情绪上的反应带到工作中来,应该努力控制自己的情绪,通过工作缓解自己的压力。

在生命的旅程中,谁也不能担保会永远成功。相反,人们可能会经常遇到挫折和磨砺。所以要成为优秀的客运员,必须具备较高的心理耐力,在遇到挫折时,不会轻易产生悲观心理、动摇心理和畏难心理,而且能够勇敢地承受和战胜困难与挫折。即使遇到了意外打击、突如其来的灾难,也应处变不惊,泰然处之,用乐观、自信的态度和顽强的意志力去克服困难,最后走出困境。

3 适当使用挫折防卫机制

当个人受到挫折后,挫折情境对人心理上造成的压力,会使人产生紧张、愤怒、压抑或焦虑的情绪反应,并导致心理和生理活动的不平衡状态,如血压升高、汗腺分泌增多、胃液分泌减少等,因此个人为了减压或避免挫折可能带来的不愉快与痛苦,减轻挫折造成的心理压力,有意或无意中运用的种种心理防卫方式,被称为挫折的心理防卫机制(简称挫折防卫机制),对心理进行清洁,让不良情绪得到释放或转移。常见的有以下几种:

(1)合理化作用。当个人无法达成其追求的目标,或其表现的行为不符合社会的价值标准时,给自己找出适当理由来解释。这个理由未必是真正的理由,而且从第三者的角度来看往往是不合乎逻辑的,但本人却能以此说服自己,感到心安理得。

(2)逃避作用。个人不敢面对自己预感的挫折情境,而逃避到安全的地方,即逃向另一现实。

(3)压抑作用。将可能引起挫折的欲望以及与此有关的感情、思想等抑制而不承认其存在,或将其排除于意识之外。

(4)代替作用。个人对某一对象所保持的动机、感情与态度,不为社会所接受或遇到困难时,将此种感情与态度转向其他对象并取代之,称为代替作用。

(5)表同作用。个人为迎合供给需要满足的保护者(如父母、师长等),在思想上及行为上模仿他们,将自己与他们视为一体,照着他们的希望行动,如此可以减少挫折,称为表同作用。

(6)投射作用。存在于个体内部的许多动机中,有些是自己不愿意承认的,或者因为承认了之后引起内心的不安及厌恶感,因而无意识中把这些动机及与此有关的态度、习性等排除于本身之外,而加注于别人或物体上,称为投射作用。

(7)反向作用。个体为防止某些自认为不好的动机呈现于外表行为,采取与动机相反的行动,即想借助相反的态度与行为,抑制内心的某些动机。

防卫方式具有调和自己与环境间矛盾的功能。它可减低情绪冲突,从自身内在具有危险的冲动中保护自己,缓和伤感的经验,减轻失望感,消除个人内在、外在因素的冲突,协助个体保持价值观与充实感。

(四) 客运服务人员心理预防

对于铁路客运服务人员的心理状况,应根据铁路服务工作的实际情况,从个人和单位的角度采取一些有效措施加以缓解与疏导。

1 从客运员个人角度

(1)创造和谐的自然环境和社会环境,建立良好的人际关系,储备社会支持力量,提高适应社会和改造社会的能力。人际关系的实质就是人与人之间心理上的距离,即情感关系。人们通过正常的交往、沟通、参与、融合,建立起良好的人际关系,对心身健康具有重要的促进作用;反之,不协调的人际关系会造成心理失衡。

(2)锻炼体魄和培养健康的人格。预防心身疾病有赖于躯体的强壮,通过劳动、工作、学习、体育锻炼与合理营养,机体功能处于最佳状态。培养健全的人格,对于身心疾病的预防具有重要的作用。

（3）保持良好的情绪。情绪是身心联系的桥梁，保持良好的情绪反应，就是要建立良好的心理防御机制，使人在心理活动中，尤其是情绪失去平衡时，能够自觉、不自觉地以某种理由或方法去抵消、回避或否认内心所产生的紧张、不安和痛苦，从而恢复自身心理上的平衡和稳定。

（4）及早发现，及早治疗。首先，采取有效的躯体治疗，以解除症状，促使康复。其次，采取精神药物治疗，如抗抑郁、抗焦虑药物的使用等。最后，进行心理咨询与心理治疗。

2 从单位的角度

（1）调整工作安排。在日常工作中合理调整工作安排，尽量减少加班加点；对简单重复的工作，实行工作轮换制，以减少员工的精神疲劳度。在工作环境布置中，应采取科学布局，在视觉、触觉和设备布置上注意减轻员工疲劳，如保证充分照明、空气流通、尽量采用自然光等。

（2）提供健康教育和体育锻炼机会。通过定期医疗检查和咨询，帮助员工了解自身的各种健康问题，进行健康生活方式的教育，让员工知道体育锻炼、合理饮食和按时睡眠等的重要性；为夜班工人开办夜间工作健康知识讲座；在企业里提供健身器材，鼓励员工在上班前、下班后和中间休息时参加锻炼；建立员工气功、武术、长跑兴趣小组等。

（3）加强心理健康教育。在工作之余，企业需要对员工进行心理健康教育和心理干预，帮助员工正确认识自己的工作环境和在工作生活中出现的不良反应，掌握一些基本的心理学知识和心理疏解方法。

（4）员工帮助计划（EAP）。EAP 由美国人发明，最初用于解决员工酗酒、吸毒和不良药物影响带来的心理障碍，后来发展到在日常工作里，运用 EAP 来调整企业员工的心态、气态、形态和状态，实践证明它是一个相当有效的方法。

拓展阅读

研究表明，很多生理疾病是与心理因素密切相关的。冠心病和 A 型行为之间有着密切的关系。美国医学家弗里德曼和罗森曼把人的行为类型分为 A 型和 B 型。A 型的人急躁，没耐心，争强好胜，易激动，行动快，做事效率高，整天忙忙碌碌，经常感到时间不够用。B 型的人则刚好相反，悠闲自得，不好争强。结果表明，在排除了食物、年龄、吸烟等干扰因素的情况下，A 型组的冠心病发病率明显高于 B 型组，而且容易复发，死亡率也大大高于 B 型组。

我国学者认为，高血压病人大多是容易焦虑、易于激动、行为带有冲动性、求全责备、刻板主观等性格特点。现在西方学者也有人认为原发性高血压症的病人具有与冠心病人类似的性格特点，如有雄心、好高骛远、好活动、乐于竞争、因想要取得工作成绩而常常感到压力大等。

消化性溃疡的原因是多方面的，如刺激性食物、饮食无规律、遗传因素等，但不良情绪起着重要的作用。有人发现，该种病人的人格特征一般表现为不好交往，行为上总是因循守旧、被动、顺从、依赖性强、缺乏创造性、情绪不稳定，而且过分关注自己。

偏头痛是一种比较严重的慢性头痛病，这种病人的人格特征一般表现为敏感多疑、固执己见、谨小慎微，很容易烦恼，习惯于把愤怒、敌意或怨恨压抑在心里。

模拟训练4-8　测试压力状况

请选择您经常或持续出现的反应：

(1)身体压力症状。

①抵抗力下降,容易生病。

②高血糖。

③高血脂或高血压。

④非先天性心脏问题或血液循环障碍,如眩晕感。

⑤头部充血、头痛。

⑥睡眠障碍。

⑦呼吸困难(急促感)。

⑧消化机能障碍。

⑨血流不畅,如手脚冰凉、胃灼痛。

(2)精神压力症状。

①经常被激怒。

②经常尝试主导他人,实现自己的目的。

③难以做出决定。

④有学习及工作上的困难,容易控制不住自己。

⑤经常在没有外部诱因的情况下产生失败感,或在短时间内产生强烈情绪波动。

⑥经常感到害怕紧张,有不确定感或障碍感。

⑦经常感觉自己受到威胁、压制或感觉有负担。

⑧经常感到没有目标或是没有计划,并且不知该从何下手。

⑨经常觉得自己无法应付某种局面或某个人。

训练提示:看相符症状个数。

①少于3个:大可放心,你可以很好地处理压力状况。

②3~6个:尚能控制压力状况,但持续压力状况会对你造成损害。

③7个及以上:强烈建议你采用专业的方法进行自我调整,避免出现你不希望的后果。

单元微课

客运服务人员心理

本单元微课请扫描二维码11。

二维码11

单元4.3　旅客投诉心理

　　旅客的需求和客运服务往往存在差异,如果处理不当,容易引起旅客投诉。对旅客的投诉,客运服务人员应给予足够的重视,不应恐惧、厌烦或不予理睬。铁路客运部门非常重视旅客的投诉,设有铁路客户服务中心,全路统一客服电话95306(12306),负责受理旅客咨询、投诉和建议。

一　旅客投诉原因分析

旅客向铁路客运部门抱怨和投诉的原因较多,如客运服务人员对旅客不尊重、态度不好、工作不负责,车上食品价格高,设施不配套,服务项目种类少等,大致可分为两种:客观原因和主观原因。

1　客观原因

客观原因一般是指非铁路责任。例如,旅客明知列车晚点是由自然灾害造成的,同样会产生焦急、烦躁等心理变化,并会在语言上、行为上有所表现。另外,旅客会由于焦急等待在心理上产生时间上的错觉等。

2　主观原因

在全部投诉中,更多的是主观原因引起的投诉,主要集中在以下两个方面:

(1)不尊重旅客。

不尊重旅客是铁路客运服务中引起旅客不满的一个重要原因,具体表现在如下几点:

①招待旅客不主动、不热情、不周到。有的客运服务人员不主动称呼旅客,或者经常以"喂"代替;有的客运服务人员则对待旅客态度冷淡,爱理不理,或者旅客多次招呼也毫无反应;有的客运服务人员接待外国旅客热情,而接待国内旅客态度冷淡。

②不注意礼貌服务,使用不礼貌的言语冲撞旅客。

③不尊重旅客的风俗习惯。

④没有根据地胡乱猜疑旅客拿走列车上的物品。

⑤讽刺、挖苦甚至辱骂旅客。例如,有的客运服务人员对旅客评头论足,讽刺挖苦;有的客运服务人员甚至用粗俗的言语辱骂旅客。

(2)工作不负责任。

①工作不主动、不及时。

②清洁卫生工作马虎,食品、用具不洁。例如,有的客运服务人员卫生习惯不好,仪表不整;有的客运服务人员边工作边吃东西等。

③忘记或没有领会旅客的要求。

④弄脏或损坏旅客的物品。

二　旅客投诉心理分析

通常情况下,旅客在投诉时有以下四种不同的心理需要:

(1)求尊重心理。在乘车过程中,旅客感到自己未被尊重,这是投诉最主要的原因。

(2)求宣泄心理。旅客利用投诉的机会把自己的不满发泄出来,以维持其心理上的平衡。

(3)求补偿心理。旅客希望自己精神上和物质上的损失能得到补偿。

(4)求公平心理。根据"公平理论",如果旅客花了钱而没获得相应的服务,如价格不合理、服务设施不完善、服务不到位等,就会寻找一种公平的机会来满足自己的心理。

三　旅客投诉主体分析

一般来说,旅客投诉的主体可大致概括为以下四类:

（1）公务出行者,如人大代表、政协委员、政府公务员。

（2）商务出行者,如国有企业公务人员、私营企业家、个体经营者。

（3）因私出行者,如旅行结婚、旅游观光、求医治病等因私出行人员。

（4）其他出行者。

四 旅客投诉对策分析

1 正确认识旅客的投诉

要正确处理旅客的不满和投诉,首先必须能正确看待和分析旅客的不满和投诉。

（1）失误是难免的。不管一家铁路旅客运输企业的经营管理多么完善,也不论铁路客运服务人员怎样尽心尽力,在服务工作中要使每一位旅客时时处处都感到满意,恐怕也是难以做到的。事实上,列车的环境、卫生或者食品质量、服务人员的态度等,都可能会遭到旅客的投诉。当遇到旅客投诉时,客运服务人员既不必大惊小怪、惊慌失措,也不可漠然视之,而应当保持平和的心态去积极应对和解决。

（2）旅客的投诉是一把"双刃剑"。一方面旅客的投诉可能会刺激、伤害客运服务人员,使客运服务人员感到尴尬和不快;另一方面旅客的投诉对铁路旅客运输企业来说又是极其宝贵的信息来源,能给铁路旅客运输企业带来如下好处:

①旅客的投诉可以反映出铁路旅客运输企业在管理、食品及服务方面的缺点,从而促使铁路旅客运输企业改进工作、提高服务水平并进一步增强市场竞争力。

②如果旅客的投诉能够获得满意的解决,将增加旅客对铁路旅客运输企业的正面评价,减少对铁路旅客运输企业的负面影响。

因此,旅客的投诉是一把"双刃剑",解决得好会使铁路旅客运输企业获得一个改善、提高自己的大好机会;解决得不好则会使铁路旅客运输企业深受其害,形象和声誉将受到一定程度的损失。

（3）要能够区别投诉和"挑刺"。多数旅客的投诉,并不是要获得补偿,而是为了"出口气",并让铁路旅客运输企业有关人员改进工作。一般说来,旅客向铁路旅客运输企业投诉就意味着他对铁路旅客运输企业还是信任的,也存在着友好的一面。因此,铁路旅客运输企业一定要对旅客的投诉有正确的认识,不能不加分析地统统将投诉看作旅客故意"挑刺",否则会造成更大的纠纷。

2 处理旅客投诉的客运服务人员素质要求

及时、妥善地处理旅客的投诉,对客运服务人员提出了很高的要求。

（1）要树立正确的指导思想。客运服务人员必须正确认识自己在铁路客运服务工作中的定位,否则就不能有效地应对各种突发事件和旅客投诉。其实,在旅客心里,几乎都是把客运服务人员当作铁路旅客运输企业的"主人"来看待的。当旅客对食物和服务工作有意见时,总是向客运服务人员直接提出,一般都不会直接去找相关领导。在此情况下,铁路客运服务人员应当以"主人翁"的姿态认真听取旅客意见,有义务满足旅客提出的合理要求,绝对不能抱着"事不关己,高高挂起"的态度,对旅客不理不睬、敷衍搪塞或推卸责任。

衡量一个客运服务人员是否具有主人翁意识的主要标准,就是看其在实际的服务工作中,能否坚持把旅客置于首要的位置,处处为旅客着想,千方百计地为旅客做好服务工作。

（2）具备良好的职业道德和公关意识。对于客运服务人员来说，最基本也是最重要的职业道德，就是诚实谦虚、礼貌待客，以"诚招天下客"作为开展服务工作的一个核心理念。客运服务人员需要在服务工作中奉行实事求是、有错必纠、有过就改的服务原则，绝不可弄虚作假欺诈旅客，损害旅客的合法权益。

（3）掌握丰富的业务知识。作为铁路客运服务人员，必须熟练掌握与铁路客运服务有关的各种业务知识。其中，既包括铁路服务业方面的专业性知识，也包括其他方面的社会知识。铁路客运服务人员必须了解铁路服务业的各种规章制度、工作要求，掌握相应的技能技巧，懂得怎样有条不紊地做好服务工作。就社会知识来说，铁路客运服务人员必须了解不同旅客的服务需要，知道如何尊重特殊旅客的特殊习惯等。总之，只有具备丰富的专业性知识和其他相关的社会知识，才能很好地预防服务工作中可能发生的各种矛盾，并将已经发生的矛盾予以正确的处理。

（4）高超的语言艺术。语言是心灵的钥匙，也是人们相互间加深理解、加强交流的一个得力手段。优美、得体的语言，可以使人们消除误会、冰释前嫌，化干戈为玉帛。服务语言是铁路客运服务人员为旅客服务的有效工具，彬彬有礼的服务用语伴随主动、热情、耐心、体贴、周到的服务行为，可以充分彰显铁路客运服务人员良好的素质和高超的服务水准。

更重要的是，当遇到突发紧急事件和旅客抱怨时，铁路客运服务人员高超的语言艺术是化解旅客不满的有力武器。

3 处理旅客投诉的一般对策

对于旅客的投诉，铁路客运服务人员一定要慎重对待，并且必须做到：耐心倾听，弄清真相，同情旅客，诚恳道歉，恰当处理。

（1）对旅客的投诉耐心倾听，弄清真相，不急于辩解反驳或埋怨其他部门。旅客来投诉时，客运服务人员应当礼貌地接待，让旅客慢慢地讲，同时耐心地倾听。旅客心中有怨愤，让他们讲出来，发泄出来，他们心里才会舒服。耐心，有时可以使一个暴跳如雷的旅客平静下来。

（2）以诚恳的态度向旅客道歉。当旅客投诉时，铁路客运服务人员切忌置之不理或是与之发生争吵。有些客运服务人员认为旅客来投诉是他们"多事"或有意"找茬儿"，这种想法是错误的。

（3）区别不同情况，在旅客同意的情况下做出恰当的处理。对于一些明显是服务工作的错误导致的投诉，应当马上道歉，在征得旅客同意后，做出补偿等处理。征得旅客的同意是为了避免处理时不合旅客的意愿而使问题复杂化。

4 处理旅客投诉的具体步骤

（1）不要与旅客争论、辩解。无论旅客是对客运服务人员还是对其他方面进行投诉，当事人应该马上离开现场。一定不要与旅客争论不休，而是应该由铁路旅客运输企业的管理人员出面解决，以表示重视。

（2）认真聆听。客运服务人员要详细地了解旅客投诉的缘由，认真听取旅客的诉说，让旅客感到铁路旅客运输企业十分重视他提出的问题。

（3）真诚道歉。在了解了旅客投诉的缘由后，客运服务人员要表示同情和歉意。在听旅客诉说的时候，客运服务人员要温和地注视着旅客，并不时地点头，同时向旅客说："对此我们非常抱歉""我们非常理解您现在的心情"等。

（4）立刻采取措施。在明白旅客投诉的事情后,客运服务人员要立刻采取措施。铁路旅客运输企业方面负责出面解决问题的管理人员应该有权力对投诉的问题立即进行处理,同时把采取的措施与具体内容告诉旅客,让旅客知道铁路旅客运输企业方面对此事的态度,从而减轻旅客的不满程度,产生对铁路旅客运输企业的信任与感激之情。

（5）感谢旅客的批评指教。旅客无论是基于何种心理投诉,在客观上都起到了帮助铁路旅客运输企业改正缺点、改进工作、完善服务的作用,因此,客运服务人员要向旅客表示真诚的谢意,感谢他们的提醒与建议。

（6）将补救措施立即付诸行动。了解清楚旅客的投诉情况后,客运服务人员要果断采取补救措施,视情况对旅客予以补偿。

制定措施后,还要立即贯彻执行,付诸行动。拖延不决只会引起旅客更大的不满,旅客可能会认为铁路旅客运输企业缺乏诚意。补救措施实施后,客运服务人员要尽快再次征求旅客意见,询问旅客的满意程度。

（7）要落实、监督、检查对旅客投诉的具体解决措施。处理旅客投诉并获得良好的效果,其中最重要的一环便是落实、监督、检查已经采取的纠正措施。

只有良好的监督机制,才能确保正确的补救措施能得以真正的执行,否则补救措施制定得再完美,也只能流于空谈。

5 处理旅客投诉的技巧

（1）理解和尊重旅客。理解和尊重是服务工作的原则,但在沟通过程中,不仅需要原则,还需要技巧。适当的表达方式和技巧是保证沟通顺利的重要因素。

（2）加强与旅客的配合。在铁路旅客运输服务过程中,旅客的行为会影响服务质量和效果。旅客有效地参与行为是保证服务质量和满意度的必要条件和重要条件。有效的、顺利的沟通,离不开旅客的有效参与和配合。为此,必须加强与旅客的沟通和协调,以促进旅客的配合。

（3）迅速解决问题。铁路旅客运输企业对临时出现的问题,如列车延误、旅客投诉等,必须迅速、及时地解决。因为一个问题如不及时解决,就可能迅速变大或升级,从而造成极坏的影响。

（4）巧用幽默。在沟通过程中,除了一些特殊场合,人们总希望有轻松愉快的氛围,适当的幽默能引起对方的善意。要在沟通中运用好幽默,注意幽默要看对象,对象不同,对幽默的理解和感受也不同,如文化水平不同的对象对幽默的理解和感受就存在很大差异。总之,幽默要以引起对方的共鸣为度。

（5）正确使用沟通语言。语言作为沟通工具,对达到沟通目的具有重要意义。正确使用沟通语言应注意如下几点:

①掌握运用语言的规律和艺术。一般沟通中的语言是按形式逻辑的规律来运作的,因此,我们应尽量使用清晰明确的语言,并使之前后呼应,通俗易懂。同时,注意语言的生动活泼,使之具有感染力。

②尽量"纯化"语言。这主要是指,在一般的人际沟通过程中,尽量少用方言或专用术语,特别是在与不熟悉当地文化传统背景的人及本行之外的人的沟通过程中,应尽量用普通话和大众熟悉的概念,以免发生误解。

③尽量发挥语言的综合优势。从大的方面说,要尽量发挥有声语言和无声语言的综合优势,使要传达的信息准确而有力地触动对方的心灵;从小的方面说,要利用好词语、语音、语调等的综合优势,使我们的语言表达更有特点,给人留下更加深刻的印象,使沟通顺利进行。

(6)站在旅客的角度,换位思考是服务工作的法宝。

(7)分清原因,合理应对。

对于客观原因造成的投诉,铁路客运服务人员要针对相关旅客的心理,明确自己工作的性质,想旅客之所想,急旅客之所急。同时,利用自己的服务技巧做好铁路运输非正常情况下的服务,做到"旅客可以对客观原因造成的不正常不满意,但决不能使旅客对自己的服务不满意"。

对于主观原因造成的投诉,铁路客运服务人员首先应该在感情上、心理上与投诉者保持一致;然后尽快正确地判断失误的性质和责任划分,再采取合适的方式进行补救。一般来讲,可以采用以下几种主要方法:口头或书面向旅客表示道歉;承认失误,承担相应的责任,并加以改正;以合理的形式对旅客进行补偿。

事实上,旅客在心理上对铁路旅客运输企业所提供的服务往往具有较高的期望值,服务的失误会使旅客产生不满和抱怨。虽然错误不一定在铁路旅客运输企业方面,但铁路旅客运输企业必须树立"假设当前旅客正确"的观念,对旅客的不满尽量在投诉的现场采取措施进行解决,延误的时间越长则解决的效果越差,处理成本也会大幅度增加,造成的不良影响也会扩大或升级。

模拟训练4-9　旅客投诉服务

陈先生某日到瓦房店西站售票处取网订当日瓦房店西至锦州南 D31 次 2 车无座票及当日接续锦州南至天津 G1206 次学生票,学生证优惠区间为瓦房店西至天津,被瓦房店西站售票员以乘车区间不符为由要求补全票,旅客投诉给站长,认为分段购票符合条件,无须补票。站长应如何处理?

训练提示:

①遇到旅客投诉,当旅客情绪激动时,应首先安抚旅客,稳定旅客情绪。

②询问旅客事情完整经过,判断旅客投诉是否合理。

③真诚地向旅客致歉并赔偿旅客票款差价。

单元微课

旅客投诉心理

本单元微课请扫描二维码12。

二维码12

模块小结

(1)介绍了旅客乘车的共性心理与个性心理,明确了旅客乘车的个性心理类型及其特点。

（2）介绍了客运服务人员的职业动机，明确了客运服务人员应具有的主要能力。

（3）明确了提高客运服务人员心理健康水平的途径，介绍了挫折的心理防卫机制。

（4）介绍了旅客投诉的客观原因和主观原因，明确了处理旅客投诉的具体步骤和技巧。

（5）重点掌握旅客乘车的心理特点并为其提供针对性的服务。

技能实训

实训4-1　铁路客运服务工作情景剧，并分析旅客的心理和客运服务工作

由教师组织，学生自愿组成小组，每组6～8人，选择以下情景进行实训。每组选择一个模拟情景并提交一个情景剧剧本，要求对该情景剧中旅客的心理和列车乘务员服务工作进行分析，各组汇报表演，活动结束后，教师进行活动总结。

1．一个小组选1～3人模拟列车乘务员，剩余人员模拟生病旅客，列车乘务员为生病旅客服务。

2．一个小组选1～3人模拟列车乘务员，剩余人员模拟不同气质类型的旅客，列车乘务员为四种气质类型旅客服务。

3．一个小组选1～3人模拟列车乘务员，剩余人员模拟老年旅客，列车乘务员为老年旅客服务。

【模拟情景】乘务员为生病旅客服务

一天夜里，石家庄开往广州的某次列车上，一位年轻女士的哭声惊醒了车厢内熟睡的旅客，原来是她两岁的女儿突发急病，已陷入昏迷状态。紧急之下，列车乘务员叫来了值班列车长。"大家不要急！"列车长先稳定住车厢内旅客的情绪，同时，迅速布置乘警、列车乘务员在车厢内寻找医生，并抓紧时间向年轻女士了解情况，为下一步工作做好准备。前后赶到的四位医生经过紧急会诊，确诊为急腹症，需马上入院手术。可列车运行到下一个停车站长沙还需要近2小时，到时恐怕就来不及了，年轻女士一听又哭了起来。情况紧急，需特殊处理。列车长立即向列车运行所在局行车调度汇报，请求批准本次列车在前方某个市级站临时停车。在得到行车调度批准并得知调度已通知当地医院的准确消息后，年轻女士的脸上露出了笑容。列车长还没来得及松口气，发现年轻女士又低着头哭了起来，经询问，得知她只带了300元现金，怕不够。"旅客的困难就是我们的困难"，列车长掏出了100元，紧接着乘警、列车乘务员也各掏出了100元，四个医生每人也捐出了100元，其他旅客也纷纷解囊。拿着厚厚一沓人民币，年轻女士还带着泪花的脸上露出了笑容，她感谢列车长、乘警、列车乘务员，感谢在场的医生和旅客，也感谢铁路上那些未曾见面而帮助她的人。当列车停稳在站台旁时，人们见到了等候的救护车。深夜中，救护车顶上那闪烁的蓝色灯光是那样的灿烂、温馨。

旅客的心理分析：

旅客在面对昏迷状态的女儿时，是惊慌失措、非常无助的心理状态，非常希望得到别人的帮助。列车乘务员及医生的紧急救治，稳定了旅客的情绪。当医生确诊病情需要马上入院手术又不能立即下车治疗时，旅客比较着急、焦虑、不知所措，列车长果断采取临时停车措施，再次稳定了旅客的情绪，增加了旅客的满意度。列车上的捐赠活动，是用爱心拓展服务途径，满足特殊旅客的特殊需求，体现了铁路"以人为本"的服务理念。

列车乘务员服务工作分析:

(1)列车乘务员、列车长在发现旅客患病、稳定旅客情绪、应急处置、向上级汇报、后续援助等环节中,各施其责,及时果断地采取相应措施,有条不紊地控制事态向良性方面发展,既成功地救助了旅客,也为铁路旅客运输企业赢得了良好的社会声誉。

(2)事件发展过程中,列车长凭借自己良好的心理素质和过硬的业务能力,临危不乱,准确把握旅客的心理,既用适当的言语及时稳定旅客的情绪,为救助工作创造了条件,又通过合理的应急处理流程落实各项工作,从始至终,很好地掌控着局势的发展,为最后的成功救助奠定了良好的基础。

(3)尤其值得褒扬的是列车长在旅客遇到困难时,把旅客当亲人,急旅客之所急,以高度的责任心和爱心,感动了旅客,真正完成一次服务,化解一次危机,更收获一份荣誉。

实训4-2　旅客投诉处理情景剧,并分析旅客的投诉心理和客运服务工作

由教师组织,学生自愿组成小组,每组6~8人,选择以下情景进行实训。每组选择一个模拟情景并提交一个情景剧本,要求对该情景剧中旅客的投诉心理和客运服务工作进行分析。各组进行汇报表演,活动结束后,教师进行活动总结。

1.一个小组选1~3人模拟列车乘务员,剩余人员模拟旅客,列车乘务员进行投诉处理服务工作。

2.一个小组选1~3人模拟车站客运员,剩余人员模拟旅客,车站客运员进行投诉处理服务工作。

【模拟情景】列车乘务员处理旅客投诉工作

20××年7月,某次列车1号车厢前半部空调发生故障,致使车内温度一度达到29.5℃。该车厢乘坐的是某市十余所重点中小学赴外地参加桥牌比赛的学生选手及带队老师,共55人。由于车内温度较高,带队老师对列车乘务员关于空调故障的解释以及在随后给旅客发放矿泉水的过程中漏发了一些旅客的情况表示不满,情绪激动、言辞激烈,要求给予补偿、给出说法,并声称到站后不下车。

列车长接到乘务员报告后,与随车机械师立即赶到现场,一方面积极做好解释和安抚工作,另一方面对空调故障进行全力抢修,同时集中列车所有矿泉水,使用一次性纸杯,逐个送到每位旅客手中。后经客运调度员协调,又分别于列车运行前方站补充20箱冰冻矿泉水,向每位旅客发放,同时始终做好致歉、解释工作,使旅客情绪得到稳定。

整个过程中,列车长随时将车内状况及旅客情况向段派班室、车队汇报,并按行车调度要求拍发空调故障电报。当段里接到带队老师强烈表示到站不下车的信息后,相关段领导于列车到达某中间站时上车,与带队老师进行直接接触,表明诚意,沟通感情,准确说明铁路相关规定,使旅客感受到铁路旅客运输企业的诚意,增强了对铁路旅客运输企业的信任。经多方反复努力,列车到达旅客的目的站时,55名旅客全部顺利下车。

旅客的投诉心理和列车乘务员服务工作分析:

(1)在开始环节引起旅客不满的直接原因是气温较高、列车空调设备故障,属于客观原因;间接原因是列车乘务人员给予旅客的空调故障的简单解释及在发放矿泉水工作中的疏忽,属于主观原因。客观原因反映出乘务工作准备不足,并且对已发现的设备故障问题重视不够;主观原因显示出列车乘务员尊重旅客的意识不强和对工作的责任心不足。而这两种

原因相结合,造成了旅客的抱怨和不满。

(2)随着列车长和随车机械师的迅速赶到,他们进一步的解释和安抚,以及对空调的全力抢修,使旅客感到他们反映的问题有实质性进展,心理稍微宽慰,也感到自己受到了更多的重视和尊重,心理的怨气也就减弱了许多,这样就为列车乘务员更好地解决问题赢得了时间和条件。接下来列车乘务员的两个细节服务措施值得肯定:一是集中列车所有矿泉水,使用一次性纸杯,逐个送到每位旅客手中,这样就把给旅客发放整瓶矿泉水换成为每一位旅客倒上一杯水,既体现了列车乘务员对旅客的诚意,又不会再次因为漏掉哪一位旅客而引起旅客的误会,而且方便列车乘务员单独给每一位旅客真诚道歉,让旅客心里的怨气进一步得到缓和。二是积极与客运调度员协调,从前方站紧急补充冰冻矿泉水,再次向旅客发放,更加显示出列车乘务员的诚意和歉意。人非草木,孰能无情,通过列车乘务员一系列的工作,旅客的心理势必会发生很大的变化,从而为最后的解决问题打下了良好的基础。

(3)最后,相关段领导及时、主动上车,与带队老师进行直接接触,进一步表明了诚意,沟通了感情。因此,当列车到达旅客的目的站时,55名旅客全部顺利下车也就顺理成章了。至此,本次旅客的投诉终于得到了圆满解决。

(4)从本案例问题的发生、发展、解决的整个过程中,我们看到在处理旅客投诉时,列车乘务员的基本素质以及对旅客心理的把控能力、对突发情况的应急反应水平、对本职工作的敬业精神等都起着至关重要的作用。因此,加强职业培训力度,不断提高列车乘务员的综合素质,始终是铁路客运服务工作中的一项需要长期坚持而又非常重要的工作。

思考与练习

1. 填空题

(1)旅客乘车的共性心理有安全心理、_____、_____、_____、_____、_____、_____等。

(2)旅客心理特征和行为表现可归纳成_____、_____、_____和_____四种类型。

(3)从心理学角度来看,服务质量主要由_____、_____、_____、_____、_____五个方面构成。

(4)将客运服务人员的心理成熟度和职业动机结合起来,可以把客运服务人员大致分为_____、_____、_____、_____四种类型。

(5)旅客乘车最根本的需要就是安全的需要,它包括_____安全和_____安全两个方面。

2. 判断题

(1)不同的人对挫折的承受能力是不一样的。　　　　　　　　　　（　　）

(2)活泼型旅客相当于胆汁质类型。　　　　　　　　　　　　　　（　　）

(3)干部大多具有一定的乘车知识,他们突出表现出安全和顺畅的心理需要。（　　）

(4)事业型客运服务人员有高尚的职业动机。　　　　　　　　　　（　　）

(5)心理健康是完整健康概念的组成部分。　　　　　　　　　　　（　　）

3. 选择题

(1)旅客乘车心理需要的规律性表现为(　　)。

　　A. 需要的档次性　　　　　　　　　　　B. 需要的强度性

　　C. 需要的主次性　　　　　　　　　　　D. 需要的层次性

(2)通常情况下,旅客在投诉时有以下哪种心理需要? (　　)

　　A. 求尊重心理　　　B. 求宣泄心理　　　C. 求补偿心理　　　D. 求公平心理

(3)旅客按照年龄的不同,分为(　　)。

　　A. 老年旅客　　　　B. 中年旅客　　　C. 青年旅客　　　　D. 儿童旅客

4. 简答题

(1)如何对旅客进行群体心理服务?

(2)客运服务人员的职业动机是什么?

(3)提高客运服务人员心理健康水平的途径有哪些?

(4)处理旅客投诉的技巧有哪些?

(5)挫折的心理防卫机制有哪几种?

模块学习效果评价

　　通过教师考核、组间互评、个人自测的方式,对学生课堂表现、职业素养及技能训练表现等进行考核计分。

铁路客运服务礼仪规范与工作技能技巧

单元 5.1　铁路客运服务礼仪规范

在实际工作中,客运服务礼仪与技能技巧是提高铁路旅客运输服务质量的直接手段,具有立竿见影的效果,是客运服务人员必须具备的素质和基本条件。客运服务人员在为旅客提供服务的过程中,为向旅客表示友好、尊重,给旅客留下良好的印象,必须注重自身的礼仪规范。因此,每名客运服务人员都应加强修养,提高自身服务技能,为旅客提供优质服务。

一　客运服务礼仪原则

1　旅客至上的原则

随着市场经济的不断深入,面对运输市场的激烈竞争,铁路客运企业要战胜竞争对手,就必须树立"旅客至上"的理念,真正做到"以服务为宗旨,待旅客如亲人"。

世界著名"万豪"集团的创始人约翰·威拉德·马里奥特先生提出了"顾客永远是对的"这句箴言,改变了世界的服务理念。它要求铁路客运企业正视现实、解放思想、转变观念,变"以我为主"为"以客为主",真正从内心深处把旅客当成"衣食父母"。

2　用心服务的原则

铁路窗口单位每天要接待数以万计的旅客,特别是春运、节假日等特殊时期,旅客出行的人数更多。客运服务人员要想在繁杂劳累的工作中保持良好的服务礼仪,就必须从内心去感受或体会礼仪服务的重要性和必要性,养成礼仪服务的职业习惯,做到服务发自内心。

用心服务还包括通过各种方式获知旅客需求信号,主动发现服务机会,并提供及时、恰当、满意的服务,以满足旅客的高期望值。

3　持之以恒的原则

服务礼仪既然是规范化服务的重要内容之一,就表明它不会自发形成,而是需要进行系统的岗位培训,规范岗位纪律和要求。为此,客运服务人员要善于保持心理平衡,维系一种良好的服务心态,只有这样才能将职业要求逐步转化为职业习惯,持之以恒;只有保持持之以恒的服务礼仪,才能从根本上形成良好的服务规范。

⊗ 二　客运服务人员的形象礼仪

客运服务人员的形象礼仪总体要求为仪容整洁,着装统一。

(一)　客运服务人员的仪容礼仪

仪容是指一个人的外观与外貌。一个人无论长相如何,只要仪容干净、整洁、得体,就会给人留下清新、自然、健康的印象。客运服务人员在修饰与维护个人的仪容时,重心应放在面部修饰、肢体修饰、发部修饰和化妆修饰四个方面。

1　面部修饰

面部修饰时,客运服务人员应当遵守的总的指导性原则是洁净、卫生、自然。客运服务人员面部修饰要求见表5-1。

客运服务人员面部修饰要求　　　　　　　　　　表5-1

修饰部位	修饰要求
眉部	每天梳理眉毛,令其顺序井然。保持眉部清洁,防止眉部出现诸如灰尘、死皮或掉下来的眉毛等异物
眼部	注意眼部的清洁,及时除去眼角的分泌物。佩戴眼镜时,要选择适合的款式,保持镜片的清洁
耳部	每天进行耳部的除垢,及时对露出的耳毛进行修剪
鼻部	切忌当众擤鼻涕、挖鼻孔,应在无人时进行,并以手帕或纸巾辅助,定期对鼻毛进行检查、修剪
口部	注意保持口腔卫生,在工作岗位上,严禁食用有刺激性气味的食物,如葱、蒜、韭菜、腐乳、虾酱、烈酒以及香烟。 男性客运服务人员要坚持每天剃须

2　肢体修饰

客运服务人员在修饰肢体时,应当遵守的礼仪规范包括两个部位,见表5-2。

客运服务人员肢体修饰要求　　　　　　　　　　表5-2

修饰部位	修饰要求
手臂	手臂应保持清洁卫生,不留长指甲,通常指甲不宜长过指尖。不涂抹彩色指甲油,或者在指甲上进行艺术绘画。不穿着肩部暴露的服装
腿脚	勤洗脚、勤换袜子、勤换鞋;不光腿、光脚,不穿露趾的凉鞋或拖鞋

3　发部修饰

客运服务人员应当定期修剪自己的头发,保持清洁,造型美观,保持黑色或自然棕色,前发不覆额。男性客运服务人员侧发不掩耳,后发不触领。女性客运服务人员头发不宜过短,长发不过肩,超长的头发应盘起、束起或编起。

4 化妆修饰

客运服务人员在服务工作中,一般都应适当化妆,即"淡妆上岗"。客运服务人员在上岗服务前进行个人化妆,其作用有三个:一有助于表现客运服务人员的自尊自爱,二有助于表现客运服务人员的爱岗敬业精神,三有助于表现客运服务人员训练有素。

客运服务人员化妆应遵循淡雅、简洁、适度、庄重和避短的原则,见表5-3。

客运服务人员化妆修饰要求　　　　　　　　　表5-3

原则	修饰要求
淡雅	在工作时应当化淡妆,即淡雅的自然妆
简洁	化简妆,而非盛妆
适度	化妆的程度要适当,适合本职工作的实际需要
庄重	应以庄重为主要特征,不宜采用社会上流行的化妆方式
避短	扬长避短,弥补自己的不足

(二) 客运服务人员的着装礼仪

1 女性客运服务人员

(1)基本要求。衣着合体,不得随意改变制服款式;制服应洗净,熨烫平整,无污渍、斑点、皱褶、脱线、缺扣、残破、毛边等现象。制服上不得佩戴任何饰物;着制服当班时,必须佩戴职务标志。在非工作日时间,除集体活动外,不得穿制服出入公共场合和乘坐列车。

(2)夏装着装要求。连裤袜的颜色应统一为肉色或浅灰色,不得出现破洞和抽丝等现象;统一佩戴领花或丝巾;制服上装每天都须水洗;不得将笔插放在衣兜内。

(3)春秋装、冬装着装要求。外套、上衣、裙子、裤子的纽扣和拉链等应扣好、拉紧。统一佩戴领带、领花或丝巾;衬衣应束在裙子或裤子内,衬衣的衣袖不得卷起。裤装必须干净、平整、有裤线,不可有光亮感。穿着风衣、大衣时,须扣好纽扣,系好腰带。穿着外套、风衣、大衣时,必须戴工作帽。但在车厢、室内、送餐时可不戴。不得将笔插在衣服前襟。

(4)穿着围裙要求。餐饮服务人员服务时应穿着围裙。穿着围裙的时间为服务餐饮之前;脱围裙的时间为收完食品包装物后。穿、脱围裙的时间必须一致。保证围裙干净、平整、整齐,穿戴完毕后应互相整理。围裙结一律系成蝴蝶结状。

(5)佩戴职务标志要求。职务标志应别于左胸上方,与上衣第二颗纽扣平行。佩戴臂章时,臂章上缘应当于左袖肩下四指处。穿着围裙时,不可将职务标志佩戴在围裙上。

2 男性客运服务人员

(1)基本要求。衣着合体,不得随意改变制服款式。制服应洗净,熨烫平整,无污渍、斑点、皱褶、脱线、缺扣、残破、毛边等现象。制服上不得佩戴任何饰物;着制服当班时,必须佩戴职务标志。裤子的颜色应统一为深蓝色或黑色。在非工作时间,除集体活动外,不得穿制服出入公共场合和乘坐列车。

(2)夏装着装要求。统一佩戴领带,衣领上的扣环必须扣好,上衣应束于裤内。裤子必须保持干净、平整、有裤线,不可有光亮感。制服每天必须清洗。

（3）春秋装、冬装着装要求。袜子的颜色应统一为黑色或深蓝色，每天更换。外套、上衣、裤子的纽扣拉链等应扣好、拉紧。统一佩戴领带，衬衣应束于裤内，衬衣的衣袖不得卷起。穿着风衣、大衣时，须扣好纽扣，系好腰带。穿着外套、风衣、大衣时，必须戴工作帽。但在车厢、室内时可不戴。

（4）佩戴职务标志要求。职务标志应别于左胸上方，与上衣第二颗纽扣平行。佩戴臂章时，臂章上缘应当于左袖肩下四指处。列车长臂章应端正别挂在规定位置，不可用松紧带套于手臂上。

（三）客运服务人员的仪态礼仪

仪态是指人在行为中的姿态和风度。姿态是指人身体所呈现的样子，风度则属于气质方面的表露。良好的仪态礼仪不仅可以展现出客运服务人员的素质，也可以体现出客运服务人员对旅客的尊重。

1 站姿

站立是生活静力造型的动作，优美而典雅的站姿是优雅举止的基础。站姿示范如图 5-1 所示。正确的站姿要求如下：

（1）头正，双目平视，嘴唇微闭，下颌微收，面容平和自然。

（2）双肩放松，稍向下沉，身体有向上的感觉。

（3）躯干挺直，做到挺胸、收腹、立腰、两肩平衡。

（4）双臂自然下垂于身体两侧，中指贴拢裤缝。

（5）双腿立直，并拢，脚跟相靠，脚尖略向外张呈"V"字形。

为旅客服务时，客运服务人员头部可以微微侧向自己的服务对象，但一定要保持面部的微笑。手臂可以持物，也可以自然地下垂。手臂垂放时，从肩部至中指应当呈现出一条自然的垂线。小腹不宜凸出，臀部同时应当紧缩。女性客运服务人员可双手四指并拢，交叉相握，右手叠放在左手之上，自然垂于腹前；左脚靠在右脚内侧，夹角为45°，呈"丁"字形。正确的站姿会给人以挺拔笔直、舒展俊美、庄重大方、精力充沛、信心十足、积极向上

a)   b)

图 5-1　站姿示范图

的印象。站立时不要过于随便，不要探脖、塌腰、耸肩、双腿弯曲或不停地颤抖，在庄重场合，双手不可放在衣兜里或插在腰间，这些站姿会给人留下不良印象。

2 坐姿

坐是举止的主要内容之一，生活中无论是伏案学习、参加会议、会客交谈，还是娱乐休息都离不开坐。坐，作为一种举止，同样有美与丑、优雅与粗俗之分，正确的坐姿要求端正、舒展大方。坐姿示范如图 5-2 所示。

（1）入座时要轻要稳。走到座位前，转身后，轻稳地坐下。女性客运服务人员入座时，若着裙装，应用手将裙摆稍稍拢一下，不要坐下后再站起来整理衣服。

（2）嘴唇微闭，下颌微收，面容平和自然。

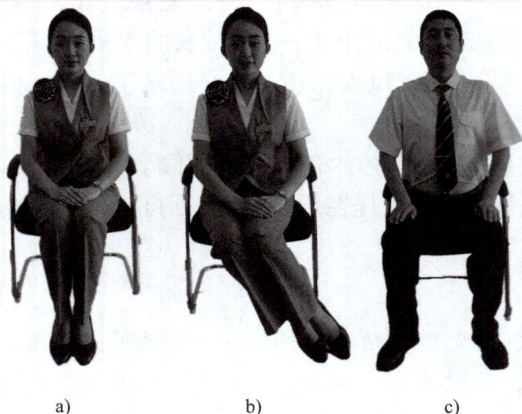

图5-2　坐姿示范图

（1）前倾后仰或歪歪扭扭。

（2）两腿过于叉开，或长长地伸开。

（3）坐下后随意挪动椅子。

（4）将大腿并拢、小腿分开，或双手放于臀下。

（5）腿脚不停地抖动。

3 走姿及步态

步态属动态美，凡是协调稳健、轻松敏捷的步态都会给人以美感，可以表现出一个人朝气蓬勃、积极向上的精神状态，会给人留下美好的印象。走姿及步态示范如图5-3所示。正确的走姿及步态要求如下：

（1）双目向前平视，微收下颌，面容平和自然。

（2）双肩平稳，双臂前后自然摆动，摆幅约30°～35°，后摆约15°为宜，手臂与身体呈10°～15°，双肩不要过于僵硬。

（3）上身挺直，头正挺胸，收腹，立腰，膝盖伸直，重心移动准确。

（4）注意步位。直线行进时，双脚前后在一条直线上（女），或双脚前后在两条平行线上（男）。

（5）步幅适当。一般应该是前脚的脚跟与后脚的脚尖相距为一脚长，但因性别不同和身高不同会有一定差异。

（6）跨出的步子应是全脚掌着地，膝和脚腕不可过于僵直。

（7）停步、拐弯、上下楼梯时，应从容不迫，控制自如。

不正确的走姿及步态：

（1）内八字和外八字，或弯腰驼背、歪肩晃膀。

（3）双肩平正放松，两臂自然弯曲放在腿上，也可放在椅子或沙发扶手上，掌心向下。

（4）立腰、挺胸，上体自然挺直。

（5）双膝自然并拢，双腿正放或侧放，双腿并拢或交叠（男士坐时可略分开）。

（6）至少坐满椅子的2/3，脊背轻靠椅背。

（7）离座时，要自然稳当，右脚向后收半步，而后站起。

（8）谈话时可以有所侧重，此时上体与腿同时转向一侧。

不良坐姿：

（1）前倾后仰或歪歪扭扭。

（2）两腿过于叉开，或长长地伸开。

（3）坐下后随意挪动椅子。

（4）将大腿并拢、小腿分开，或双手放于臀下。

（5）腿脚不停地抖动。

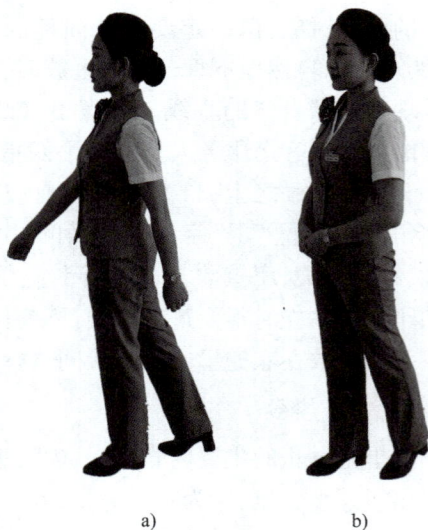

a)　　　　　b)

图5-3　走姿示范图

（2）走路大甩手，扭腰摆臀，左顾右盼。

（3）双腿过于弯曲，走路不成直线。

（4）步子过大或过小，上下颤动，脚蹭地面等。

在工作岗位上，客运服务人员应避免以下行为：

（1）横冲直撞。有的人在行走时，不懂得要尽可能地避免在人群之中穿行，却偏偏乐于在人多的地方行走，甚至在人群之中乱冲乱撞，直接碰撞他人的身体。这是一种极其失礼的做法。客运服务人员更不应该这样做。

（2）悍然抢行。懂得礼貌的人一定知道：每一个人在行走时，都要注意方便和照顾其他的人。在人多路窄之处，通过时务必讲究"先来后到"。必要的时候，为了表示对别人的尊重，应当"礼让三分"，让道于人。

（3）阻挡道路。客运服务人员行走时，一定要顾及他人的存在。为此，不仅要选择适当的行进路线，与同时行进的其他人员保持一定的距离，而且要保持一定的行进速度。客运服务人员要注意，一旦发现自己阻挡了旅客的道路，务必闪身让开，请对方先行。

（4）奔来跑去。如有急事要办，客运服务人员可以在行进时努力加快自己的步伐，最好不要在工作时进行跑动，尤其是不要当着服务对象的面，突如其来地狂奔而去。这样的做法，通常会令旅客不明真相，猜测不已，甚至还有可能使旅客产生过度的紧张情绪，或者由此而以讹传讹，引发骚乱。

（5）制造噪声。为了使自己的行走无碍于他人，客运服务人员应有意识地使行走悄然无声。要做到这一点，需要特别注意以下三点：一是走路时要轻，不要在落脚时过分用劲；二是上班时不要穿带有金属鞋跟或钉有金属鞋掌的鞋子，以防它们在接触地面时频频发出"噔噔噔"的响声；三是上班时所穿的鞋子一定要跟脚，否则走动时也会发出令人厌烦的噪声。

4 蹲姿

蹲姿示范如图 5-4 所示。上身挺直，腿部弯曲，臀部下移，双膝一高一低，一脚在前，一脚在后，身体重心落于后侧腿上。轻蹲轻起，直蹲直起，起身后及时整理衣裙。在取拾较低位置的物品时，不得弯腰，必须下蹲。蹲姿最常用于拾捡物品，设置翻板，为车厢通道两侧座位上的旅客清理餐板、地面，与小朋友交谈等。

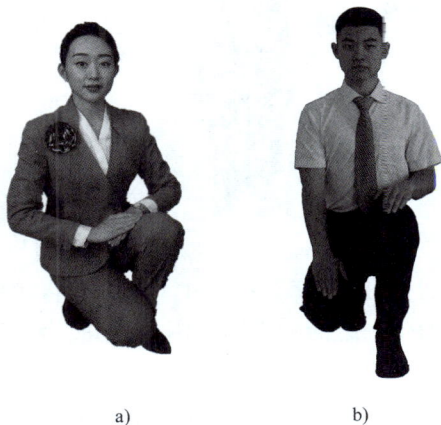

a)　　　　　　b)

图 5-4　蹲姿示范图

5 鞠躬

鞠躬示范如图 5-5 所示。鞠躬时应面带微笑，双脚并拢，脚尖略分开；双手四指并拢，交叉相握，右手叠放在左手之上，自然垂于腹前；身体向前，腰部下弯，头、颈、背自然呈一条直线；上身抬起时，要比向下弯时稍慢些，视线随着身体的移动而移动。

（1）向旅客致意时，身体鞠躬为 15°。与对方平视，有适当眼神交流，但眼光不离开对方的视线。

（2）迎送旅客和还礼时，身体鞠躬为 30°。视线的顺序是：对方的眼睛→胸部→眼睛。

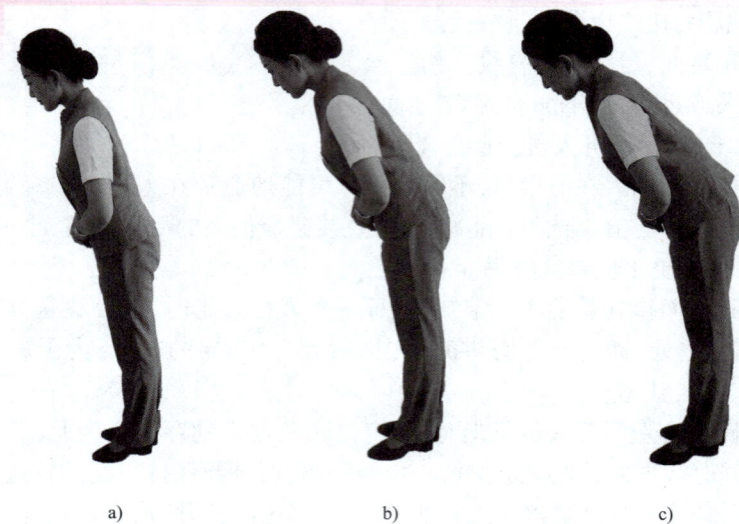

| a) | b) | c) |

图 5-5　鞠躬示范图

（3）向旅客致歉时，身体鞠躬为45°。态度要诚恳，不能面带微笑。视线的顺序是：对方的眼睛→脚尖→眼睛。

6　指示方位

指示方位时应五指并拢，小臂带动大臂，根据指示距离的远近调整手臂的高度，身体随手的方向自然转动，目光与所指示的方向一致。收回时，小臂向身体内侧略成弧线自然收回，切忌用单个手指指示方位。

指示方位示范如图5-6所示。

7　面部表情

微笑是一种健康的、文明的、令人愉悦的举止，它是无声的语言，是人际交往的润滑剂，是自信、友好、善意的表示。正像一首法国诗里所说："微笑一下并不费力，但它却能产生无穷魅力，受惠者

图 5-6　指示方位示范图

变得富有，施予者也并不贫穷。它转瞬即逝，却往往留下永久的回忆……"由于微笑可以迅速带来融洽的沟通氛围，它已成为一种基本的服务岗位礼仪规范。

（1）微笑的意义。

在日常生活中，笑有很多种，如大笑、微笑、偷笑、冷笑、嘲笑、怪笑、狞笑、狂笑等。每一种笑容都传达出不同的心理，并产生不同的感受。只有微笑，给人以平静、柔和、亲切、善意、信任之感，也成为交往中通行的礼貌举止。人际交往中，保持微笑，至少具有以下意义：

①表现心境良好。面露平和欢愉的微笑，说明心情愉快，充实满足，乐观向上，善待人生，这样的人更容易展示性格的魅力，也更容易吸引他人。

②表现充满自信。保持微笑，表明对自己的能力有充分的信心，以不卑不亢的态度与人交往，使人产生信任感，容易被别人真正接受。

③表现真诚友善。微笑反映心底坦荡，善良友好，待人真心实意，而非虚情假意，使人在与他人交往中自然放松，不知不觉地缩短了心理距离。

④表现乐于敬业。工作岗位上保持微笑,是热爱本职工作,乐于恪尽职守的表现。同时,微笑可以创造一种和谐融洽的气氛,让服务对象倍感愉快和温暖。

(2)微笑的要领。

①微笑是指嘴角上扬的浅笑,往往笑不露齿。但是,在服务接待工作中,尤其是女性客运服务人员,露出牙齿的笑容看上去更加甜美、亲切。不论露齿与否,微笑都应面含笑意,笑不作声。微笑时,先要放松自己的面部肌肉,然后让自己的嘴角两端平均地向上翘起,使嘴唇呈现弧形,表情真诚、自然。女性客运服务人员的微笑要甜美,男性客运服务人员的微笑要亲切。

②平时可以多进行微笑练习。练习时,可以站在镜子前,按照上述微笑的方法反复动作。每次微笑后,保持几秒钟的定型,对比寻找出自己感觉最美的微笑,之后重复多次这一微笑动作。闭上眼睛,继续重复刚才的微笑动作,感觉面部肌肉的位置。当最美的微笑动作熟练成自然后,就可以随时、轻松地呈现自己美丽的微笑了。

微笑示范如图5-7所示。

图5-7 微笑示范图

拓展阅读

今天,你微笑了吗?

美国希尔顿酒店创立于1919年,在不到90年的时间里,从一家酒店扩展到100多家,遍布世界五大洲的各大城市,成为全球较大规模的酒店之一。希尔顿酒店生意如此之好,财富增长如此之快,其成功的秘诀在于牢牢确立自己的企业理念并把这个理念贯彻到每一位员工的思想和行为之中。酒店创造"宾至如归"的文化氛围,注重企业员工礼仪的培养,并通过服务人员的"微笑服务"体现出来。

希尔顿总公司的董事长唐纳·希尔顿在50多年里,不断到他分设在各国的希尔顿酒店、旅馆视察业务。每到一处,他同职工说得最多的一句话是"你今天对客人微笑了吗?"即使在美国经济萧条的1930年,旅馆业80%倒闭,希尔顿旅馆同样难免厄运的情况下,他还是信念坚定地鼓舞员工振作起来,共度难关;即使是借债度日,也要坚持"对客人微笑"。他坚信困难是暂时的,"希尔顿"事业一定会步入新的繁荣时期。他向同事们郑重呼吁"万万不可把心中愁云摆在脸上。无论遭受何种困难,'希尔顿'服务员脸上的微笑永远属于顾客"。他写的《宾至如归》一书,多年来被希尔顿职工视为"圣经",而书中的核心内容就是"你对顾客微笑了吗?"希尔顿酒店就是在微笑中提供优质的综合服务。如今,"宾至如归"和微笑服务已成为希尔顿酒店的品牌和质量的象征。

8 端、拿、递、送

(1)客运服务人员在服务时面带微笑,和旅客有适当的语言交流和眼神交流。

(2)端托盘时,双手端住托盘的后半部分,大拇指握紧托盘内沿,其余四指托住托盘底部。托盘的高度应在腰间以上胸部以下,托盘端平,微向里倾斜。托盘上放置的物品不应过高,以不超过胸部为宜。

(3)拿东西时,应轻拿轻放。拿水杯时,应该一手握住水杯把(无把水杯应拿水杯的下

1/3 处），一手轻托水杯底部。

（4）递送东西时，应站在旅客的正面与之成 45°角的地方，双手递送；递送东西应到位，当对方接稳后再松手。

端、拿、递、送示范如图 5-8 所示。

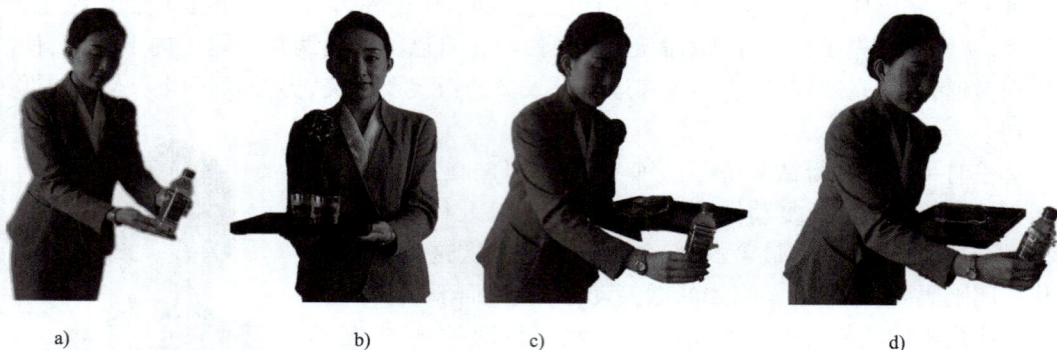

| a) | b) | c) | d) |

图 5-8　端、拿、递、送示范图

模拟训练 5-1　客运服务人员形象礼仪展示

学生每 5 人一组，分别穿着制服，展示客运服务人员的仪容仪表、着装礼仪、仪态礼仪。训练提示：

①展示仪容仪表时，重心应放在面部修饰、肢体修饰、发部修饰和化妆修饰。仪容干净、整洁、得体，给人留下清新、自然、健康的印象。

②服饰得体，遵守服饰礼仪的规则。

③展示客运服务人员的姿态和风度。

三　客运服务人员的语言礼仪

客运服务人员除了应掌握形象礼仪外，还应掌握语言礼仪，准确、清晰、礼貌的语言会让旅客感到舒适、愉悦，提升旅行的满意度。

客运服务人员在服务过程中要使用普通话，口齿清晰；服务语言表达规范、准确，使用"请""您好""谢谢""对不起""再见"等服务用语；对旅客称呼恰当，统称为"旅客们""各位旅客""旅客朋友"，单独称为"先生""女士""小朋友""同志"等。

（一）问候用语

通常，适用于客运服务人员的问候用语主要分为以下两种：

（1）标准式问候用语。在问好之前，加上适当的人称代词，或者其他尊称，如"你好""您好""各位好""先生好"等。

（2）时效式问候用语。在问好、问安之前加上具体的时间，或者在两者之前加上尊称，如"早上好""各位下午好""小姐早安"等。

（二）迎送用语

（1）欢迎用语，又叫迎客语。常用的欢迎用语如"欢迎光临""欢迎您的到来""见到您很高兴"等。

在使用欢迎用语时,通常应使用问候语,必要时还需向对方主动施以见面礼,如注目、点头、微笑、鞠躬、握手等。

(2)送别用语,又叫告别用语。常用的送别用语如"再见""慢走""走好""欢迎再来""一路平安"等。

送别用语一定不要忘记使用,千万不要在对方离去时默不作声。

(三) 致谢用语

(1)标准式致谢用语。如"谢谢"等。

(2)加强式致谢用语。有时,为了强化感谢之意,可在标准式致谢用语之前,加上某些副词。最常用的加强式致谢用语有"十分感谢""非常感谢""多谢"等。

(3)具体式致谢用语。具体式致谢用语一般用于因为某一具体事宜而向人致谢。在致谢时,致谢的原因通常一并提及,如"有劳您了""让您替我们费心了""上次给您添了不少麻烦"等。

(四) 请托用语

请托用语,通常指的是请求他人帮助时使用的专项用语。

(1)标准式请托用语。主要就是一个"请"字,如"请稍候""请让一下"等。

(2)求助式请托用语。最常用的是"劳驾""拜托""打扰""借光"等。求助式请托用语往往是在向他人提出某一具体的要求时,如请人让路、请人帮忙、打断别人的交谈,才被使用。

(3)组合式请托用语。将前两者混合在一起使用就是组合式请托用语,如"请您帮我一个忙""劳驾您替我扶一下东西"等。

(五) 征询用语

在服务过程中,客运服务人员需要以礼貌的语言向服务对象进行征询。在征询时唯有使用必要的礼貌语言才会取得良好的反馈。征询用语主要有"需要帮忙吗""您有什么事情吗""我能为您做点儿什么"等。

(六) 应答用语

应答用语特指客运服务人员在提供服务的过程中,回应服务对象的招呼,或者答复服务对象的询问时,所使用的专门用语。

(1)肯定式应答用语。它主要用于答复服务对象的请求,如"好的""好的,我明白您的意思""很高兴能为您服务"等。

(2)谦恭式应答用语。当服务对象对客运服务人员提供的服务表示满意,或者直接对客运服务人员进行口头表扬、感谢时,一般宜用此类应答语进行应答,主要有"请不必客气""这是我们应当做的""请多指教""您过奖了"等。

(3)谅解式应答用语。在服务对象因故向自己致以歉意时,应及时予以接受,并表示必要的谅解,如"不要紧""没关系"等。

(七) 赞赏用语

赞赏用语,主要适用于人际交往之中称赞或者肯定他人之时。及时而恰当的赞赏,不但可以激励他人,也可以促进和改善双方之间的人际关系。

（1）评价式赞赏用语。它主要用于客运服务人员对服务对象的所作所为，在适当之时予以评说和赞美，如"太好了""真不错""对极了""太合适了""非常出色"等。

（2）认可式评价用语。当服务对象发表某些见解之后，往往需要由客运服务人员对其是非直接做出评价。在服务对象的见解正确时，一般应对其做出认可，如"还是您懂行""看来您一定是一位内行""真是您说的那么回事""没错"等。

（3）回应旅客赞赏的用语。它主要适用于服务对象夸奖客运服务人员之后，由客运服务人员回应服务对象，如"哪里，哪里，我做得还很不够""我做得不像您说的那么好""承蒙夸奖，真是不敢当，不过能得到您的肯定，的确让我很开心"等。

（八）道歉用语

在工作中，由于种种原因而带给他人不便，或妨碍、打扰对方时，客运服务人员必须及时地向对方表达自己的歉意。最常用的道歉用语如"抱歉""对不起""请原谅""失礼了""不好意思""很是惭愧"等。

（九）售票服务用语

最常用的售票服务用语如"请问要买车票吗""请问到哪里""您要下铺吗""您要乘坐的列车有餐厅和空调""请付85元""这是您的车票和找您的钱""请您核对一下票和零钱""这是您的净退款46元""对不起，没有今天的票了，明天的行吗""请稍等，我用电脑查一下卧铺记录"等。

（十）问询服务用语

面对旅客的问询，客运服务人员应双眼正视旅客全神贯注地倾听，注意不要随便打断对方的问话，要让对方把话讲完。最常用的问询服务用语如"您需要帮助吗""您好，请讲""先生（女士），您有什么事需要我帮忙吗""对不起，请您再说一遍，好吗""不用谢，这是我应该做的"等。

（十一）候车室服务用语

最常用的候车室服务用语如给旅客让路——"您好，您先请"；旅客身体不适——"请问您哪里不舒服？我立即通知工作人员"；旅客问讯后致谢——"不客气，很高兴为您服务"；旅客对卫生提出疑问——"对不起，我马上通知工作人员，谢谢您的提醒"；禁烟宣传——"对不起，先生，请您到××处吸烟，那里设有吸烟处，吸烟后请将烟蒂放入烟灰缸，谢谢您的合作"；对带小孩的旅客——"对不起，请问这是您的小孩吗？为了安全，请您看好孩子，以免发生意外，谢谢您的合作"；卫生间周围的旅客——"先生，对不起，为了您的安全，请不要将手扶在门缝处"；安全提示——"您好，您沏水时请不要过满，以免烫伤您"；应急——"您好，您有什么事情需要我帮您解决吗"；列车晚点——"对不起，由于线路故障，铁路部门正在积极抢修，我给您倒杯水，您别着急"；等等。

（十二）站台服务用语

在站台组织旅客乘降工作时，客运服务人员应保持高度警惕性，加强站台巡视，确保旅客安全。客运服务人员讲话时应态度和蔼，表达得体准确，音量适中，以站台旅客听清楚为宜。最常用的站台服务用语如"请大家站在站台安全线以内，注意安全""请带小孩的旅客看管好自己的小孩，不要在站台上追逐嬉闹""请大家按车厢位置排好队，先下后上，不要着急""请您在车票上指定的车厢位置上车""请大家拿好随身携带的行李,注意不要碰伤他人""(在站台上)女士们,先生们:开车铃响了,请大家上车,列车马上就要开车了"等。

(十三) 检票补票服务用语

检票时,客运服务人员应着装整洁、精神饱满地站在岗位上,向旅客微笑致意。最常用的服务用语如"请您出示车票""请您按顺序排好队,一个一个来""请不要着急"等。

当发现旅客需要补票时,客运服务人员应声音平和、语气委婉地告诉其到补票处补票。最常用的服务用语如"请您到补票处补票""请出示您的证件""小朋友,叔叔(阿姨)领你去量一下身高好吗""您看,您的小孩才×岁就长这么高了,该买大人票了""先生,您看,您的包都超20kg了,应该补收运费"。如果没有超重,应及时向旅客道歉"对不起,给您添麻烦了,有人接您吗?我可以帮您叫一辆出租车"。

(十四) 迎接旅客服务用语

迎接旅客时,客运服务人员应面带微笑主动向旅客点头问好。最常用的迎接旅客服务用语如"您好,欢迎乘坐我们的列车""请出示您的车票,请大家排好队,不要拥挤,把车票拿在手上"等。不能满足旅客需要时:"非常抱歉,我们这里没有。"当旅客致谢时:"不客气,很高兴为您服务。"当旅客请求帮助时:"当然可以,让我来帮助您。"

(十五) 整理行李服务用语

整理行李时应带好垫布,挪动旅客行李时,应事先征求旅客同意。最常用的整理行李服务用语如"旅客们,为了给大家创造一个安全舒适的旅行环境,现在开始车内整容,请予以协助。谢谢""请问这是谁的行李?可以放到座位下面吗""麻烦您往旁边挪一挪,谢谢""这是谁的包?请放到行李架上(座位下面)""衣帽钩是挂衣服和帽子的,谢谢"等。

(十六) 清扫服务用语

清扫时,不得将清扫工具接触旅客及其物品,移动旅客物品时,应事先征求旅客同意,并对旅客的配合表示谢意。最常用的清扫服务用语如"请您抬抬脚,谢谢""谢谢您的配合"等。

(十七) 查验车票服务用语

查验车票最常用的服务用语如"旅客们,现在查验车票啦!请您把车票准备好,谢谢。""请出示您的车票""请收好您的车票,谢谢"等。对吸烟旅客婉言制止时最常用的服务用语如"请不要在车厢里吸烟""这是无烟车厢,请您到通过台吸烟""请您协助我们保持车内卫生"等。

(十八) 自我介绍服务用语

最常用的自我介绍服务用语如"各位旅客,您乘坐的这节车厢是××号车厢。我是本车厢的列车员,我的胸章号码是××号。我对班号码是××号,我俩将陪同您度过旅途生活。大家在旅途中有什么困难和要求,请提出来,我们将尽力帮助解决。为了广泛征求旅客们的意见,车厢两端挂有旅客意见簿,如您看到我们的工作有不足之处,请批评指正,以便我们改进工作,更好地为您服务。预祝大家旅行愉快,身体健康!"

(十九) 巡视车厢服务用语

当不能满足旅客的要求时说:"很抱歉,这是违反规定的,我们不能这样做。"接受投诉或批评时："感谢您对我们工作的支持,请接受我们的歉意。"或"我马上去查清情况,给您一个满意的答复。"旅客吸烟时："对不起,先生(女士)本次列车是无烟列车,请您不要吸烟。"旅客按了呼唤铃,客运服务人员应立即到车厢询问旅客："请问您需要什么吗?"然后按掉呼唤铃。禁止客运服务人员直接按掉呼唤铃而不询问旅客需要什么帮助,或直接质问旅客"有事吗?""按错了吧?"等不礼貌的行为或语言出现。

以上是客运服务人员在服务工作中常用的礼貌用语。在服务过程中,恰到好处地使用礼貌用语,可表现出客运服务人员的亲切、友好、和蔼与善意,并且能够传递对服务对象的尊重,有助于相互产生好感,增进友谊或互相达成谅解。

模拟训练5-2　语言礼仪展示

将学生分成若干组,每组两人,一人扮演客运服务人员,一人扮演旅客,选择不同的服务场景,恰到好处地使用所学的客运服务礼貌用语。

训练提示:

①做到礼貌用语不离口。

②根据服务场景,有选择地使用问候用语、迎送用语、致谢用语、请托用语、征询用语、应答用语、赞赏用语、道歉用语等。

单元微课

铁路客运服务的礼仪规范

本单元微课请扫描二维码13。

二维码13

单元5.2　车站服务工作技能技巧

车站旅客运输服务工作,应最大限度地满足旅客在旅途中物质和文化生活等方面的需要,要树立全心全意为旅客服务的思想,坚持"全面服务,重点照顾"的原则;要以"人民铁路为人民"的宗旨,做到"三要""四心""五主动"的优质服务,使人民放心、满意。

"三要"是指对旅客要文明礼貌、纠正违章态度要和蔼、处理问题要实事求是。

"四心"是指接待旅客热心、解答问题耐心、工作认真细心、接受意见虚心。

"五主动"是指主动迎送旅客、主动扶老携幼、主动解决旅客困难、主动介绍旅行常识、主动征求旅客意见。

一　普速铁路车站服务工作技能技巧

车站旅客运输服务技能技巧包括车站各个服务环节的技能技巧,下面着重介绍车站在售票、问讯、"三品"检查、候车、站台、出站等服务环节中基本的服务技能技巧。

(一)售票服务技能技巧

(1)售票员应勤练电脑操作技巧和掌握过硬的业务知识。售票时,售票员应用亲切、轻柔的声音向旅客问好,同时准确地为旅客售票。如遇售票高峰,应用简练的语言配合熟练的电脑操作,快捷而准确地售票,以减少旅客排队等候时间。

(2)售票时,售票员应做到热情周到。对问话啰唆、耽搁时间的旅客,不要表现出厌恶情绪或把旅客打发走了事,这样会给旅客留下极坏的印象,甚至发生口角。

(3)如果旅客听不清售票员的讲话,售票员应加大音量,稍加解释。当售票员不太明白旅客的话时,可以把纸笔递给他,让他把站名写在上面,以免误售、误购。

(4)客流量较大、票额紧张、某车次车票已售完时,可以向旅客推荐其他车次,如"对不起,××车次已售完,但去北京方向的还有××车次,时间都差不多,您可以考虑"。

(5)注意增加售票延伸服务。例如,提供"送票上门"服务;对用票量较大的单位,可采取"订送票协议"服务;偏远地区设"代办点"服务;充分发挥联网售票优势,在市区内设"联网售票点"服务;也可推出"送票上门、专车接站、送客到家"等一条龙服务。

模拟训练5-3 售票作业

一旅客在排长队后到窗口买票,可是由于票额紧张,他没能买到卧铺票,买到的是无座票,结果该旅客在售票大厅谩骂售票员,无理取闹。对此,售票员该如何处理?

训练提示:

①售票员视旅客情绪,可耐心解释或更换其他车次或退票,观察旅客反应,再做进一步处理。

②如果遇到明显无理取闹的旅客,售票员可以进行合理解释后表示抱歉和理解,给对方发泄不满的时间。对严重扰乱工作秩序的旅客应请求公安人员协助处理。

③处理时语言应少而精,不宜多说;宜多听,但不宜微笑。

模拟训练5-4 售票作业

请两名学生模拟售票作业,分别扮演旅客和售票员。旅客要求买北京到锦州的车票,结果售票员给他的是北京到金州的车票,旅客与售票员发生争执。对此,售票员该如何处理?

训练提示:

①售票员遇到容易混淆的车站名时应向旅客强调,确认好站名再售票。

②遇到口音重、发音分辨不清的旅客,可提供纸笔让其手写站名,方便正确售票。

③遇到焦急、脾气暴躁的旅客,应先安抚其情绪,发生误售车票后,马上收回原票,换发新票。

(二) 问讯服务技能技巧

1 一般问讯服务技能技巧

(1)当旅客前来问讯时,客运服务人员应面带微笑地正视他,并彬彬有礼地问"您需要帮助吗?"这样很快就会消除旅客的焦虑和不安的情绪,双方可在融洽的氛围中交流。

(2)当旅客询问时,客运服务人员应热情回答他的提问。在路上遇到有人问讯时,应停下脚步关切地问"先生(女士),您有什么事需要我帮忙?"以示诚恳和亲切。

(3)解答旅客问讯时,不知道的事或拿不准的事不要信口开河,敷衍应付旅客。应把旅客带到问讯处或有关岗位去咨询，直到旅客满意为止，力求做到问讯工作的善始善终。

（4）当旅客问路时，如果知道他所问的地方，应清楚详细地告诉他怎么走，必要时可以画一张路线图；若不知道，可以说"对不起，先生（女士），您说的这个地方我也不太清楚，不过您可以到车站问讯处，让那儿的工作人员帮您查一下地图，好吗？"然后马上带他到问讯处，或清楚地指示他怎么走才能到问讯处。

（5）在问讯服务中，应尽量做到百问不厌、百问不倒。应积累丰富的知识，包括熟练掌握本岗位业务基础知识，多总结、积累、了解其他相关岗位业务知识。对交通、旅游、购物、餐饮、住宿、医疗等相关延伸知识也应多收集、了解，这样才能避免在旅客面前尴尬，急旅客之所急。

2　问讯处服务技能技巧

（1）问讯处是旅客求助的中心，应为旅客提供整洁明亮的问询环境和技术先进的问讯设备。设备尽量采取"开放式"，让旅客与客运服务人员面对面进行微机和联网查询。有条件的车站还应安装触摸式电子查询设备，以供旅客查询；提供丰富的问讯资料，以供旅客翻阅。

（2）面对旅客的询问，问讯处服务人员应双眼正视旅客全神贯注地倾听，注意不要随便打断对方的问话，要让对方把话讲完。需要插话时，应当在对方讲话告一段落后再进行。不要直接否定对方的讲话，更不要"抬杠"。如果没有听清旅客的问话应说"对不起，请您再说一遍，好吗？"

（3）问讯处服务人员回答询问时要站立端正，使用普通话，声音大小适中，语气要温和、耐心、愉快、准确地回答。同时，应注意对旅客一视同仁，不以貌取人，以丰富的业务知识，用自己的热情、真诚来赢得每位旅客的信任。当旅客表示感谢时，应微笑谦逊地回答"不用谢，这是我应该做的"。

（4）如果有众多旅客询问时，要从容不迫地一一作答，不能只顾一位旅客，冷落了其他旅客。凡是答应旅客随后再做答复的事，一定要守信用，适时做出答复。

"'问不倒'是努力的方向，'问不恼'是职责标准"，问讯处服务人员对问讯工作给出了很好的解释。

模拟训练5-5　问讯处服务

一旅客在沈阳北车站问讯处咨询：10:00左右有无到北京的列车？几点从沈阳北站出发？几点到北京站？列车时刻表见表5-4。问讯处服务人员该如何处理？

列车时刻表　　　　　　　　　　表5-4

车次	始发站	终到站	列车类型	发站	发时	到站	到时	站台	历时	硬座	软座	硬卧上/中/下	硬卧上/下
K1302	满洲里	北京	空调快速	沈阳北	09:48	北京	21:18	5	11小时30分钟	112	—	194/200/208	301/315
D28	哈尔滨西	北京	空调动车	沈阳北	10:03	北京	14:51	4	4小时48分钟	206	247	—	—

训练提示：

①问讯处服务人员应熟记该车站始发、到达、中转的各次列车的时刻表。

②正确、迅速、主动、热情、耐心地解答旅客提出的问题，使旅客在购票、托运和提取行李、上车及中转换车等方面得到便利。

③解答旅客问讯的方法可分为口头解答（包括电话问讯、广播通知、电视问讯）和文字解答（包括文字张贴、揭示牌揭示）。

④口头解答问讯时要做到"有问必答、答必正确、百问不厌",让旅客满意。

模拟训练5-6 问讯处服务

一家长送孩子去读大学,父亲拿着一张孩子的车票在北京车站问讯处要求买4张站台票,理由是父母、爷爷、奶奶想一起送孩子进站。对此问讯处服务人员该如何处理?

训练提示:

①遇到要求多买站台票送站的人员,问讯处服务人员首先要态度和蔼地向其解释一张车票只能买一张站台票,然后根据对方的反应来做进一步处理。

②如果对方能够接受,问讯处服务人员要感谢对方的理解和支持。

③如果对方不能接受,态度比较缓和时,问讯处服务人员可以进一步探问对方为何要多人送站,待对方讲出理由后,问讯处服务人员视情况做进一步处理。

④如果被送站旅客能够自理,可以探问对方的担心,并明确表示铁路可以帮助他解除担忧,请他放心。

(三) "三品"检查服务技能技巧

(1)检查前,安检员应主动说"谢谢您的合作",并主动伸手帮旅客把包放到检测仪上或抬到桌上进行例行检查。如果旅客较多,应手脚利索地协助旅客进行检查,同时提醒后面的旅客做好准备,以加快速度。

(2)检查中,安检员对旅客携带物品有疑问时,最好不要当着其他旅客的面检查包内的违禁品,应把包拿到一旁,协助公安值勤人员开包检查。发现违禁品后,安检员应保持平和的心态,向旅客详细指出哪些物品属于违禁品,严禁带进站、带上车,同时没收违禁品。若未发现违禁品,安检员应当立即向旅客道歉,以示诚意。

(3)检查后,安检员应向旅客表示感谢:"对不起,给您添麻烦了,祝您旅行愉快,再见。"

模拟训练5-7 行李安检服务

一旅客携带一个大旅行包过机检查,行李安检机发出警报,安检员要求旅客配合开包检查,遭到旅客拒绝,并发生争执。对此安检员该如何处理?

训练提示:

①安检员应耐心地向旅客解释铁路对旅客携带品的安全规定,希望旅客配合检查,保证旅行安全。

②注意语言技巧,减少对周围旅客的影响,不扰乱其他旅客正常的进站秩序,必要时可带该旅客到值班室进行沟通。

③对于不听工作人员劝阻,辱骂工作人员的旅客,应及时报告值班站长,由值班站长决定是否需要车站公安人员协助。

(四) 候车室服务技能技巧

候车室应保持整洁明快、清新高雅的良好卫生环境。为此,应讲究卫生宣传艺术,要注意语言艺术,让旅客自觉维护环境卫生。

1 卫生宣传

（1）礼貌的语言不仅能表示对他人的尊重，而且会让不讲卫生者自己觉得不好意思，主动改正。比如，在劝阻旅客吸烟时，可和颜悦色地说"对不起，先生，我们这是无烟候车室，请您到吸烟室去，好吗？"然后再告诉他吸烟室在什么地方，那么这位旅客会很自觉地把烟熄灭。

（2）广播宣传时，忌用生硬的语气，如"根据××部门的规定，一不准……二不准……否则罚款"等。这种生硬的语气让人听后感觉很不舒服，甚至会使旅客产生逆反心理。

（3）在候车室中，布置通俗、醒目、富有文化品味的"禁烟"标志，保持卫生的宣传栏以及简洁明快的候车布局、条理分明的座椅摆设和一尘不染的窗户地面，都会无声地提醒旅客"这是一个文明的场所"，让旅客受到心灵的启迪，自觉维持环境卫生。

2 清扫卫生

（1）应把握好清扫时机，不能不分时间、场合，随意清扫。可选择旅客清醒、闲聊时或用餐后进行清扫，以便及时地把果皮、剩饭菜等清理干净。不可在检票前进行清扫，这样会影响旅客检票的秩序，造成混乱。可选择在列车检票结束后进行清扫，既没有干扰又可彻底地清扫。

（2）清扫卫生时要注意干净利索，不要盲目图快，更不能毛手毛脚，敷衍了事，以免灰尘四起，乌烟瘴气。此外，还要注意尽量不发出声响，以保持候车环境的安静舒适。可划分责任区，做到"日常保洁，随脏随扫"。

（3）清扫时服务态度应热情，语言表达上应该更多地体现出相互尊重、友好相处的意愿。比如，扫地需要旅客配合时，可以轻轻地说"对不起，先生，请您抬一下脚。"或者说"劳驾，请您抬一下脚，免得碰着您。"扫地结束后，要感谢旅客的配合，及时说一声"谢谢"。切忌用训斥、命令、过激的语言，如"抬抬脚，听见没有？"或者"你躲开，躲远点，碰你身上我不管"。

（4）候车室面积大，旅客较多，卫生工作难保持。可在座椅间隙多摆设一些果皮盘，在候车室适当位置增设一定数量的果皮箱，方便旅客随手投放垃圾，而不至于无处可扔，随手抛弃，也可以有效地保持地面干净，降低工作强度。

（5）洗手间卫生清洁。洗手间应指定专人清扫。做到勤打扫、勤冲刷，洁具保持常新、干净，适时地开窗通风，保持地面干燥，洗手池、台面、镜面不留水迹。

3 旅客候车

（1）进行候车服务引导时，可利用广播、电子指示牌等，及时告知、引导旅客提前到达指定的候车检票地点。如能适时地站在候车室门口或走到旅客身边，主动迎候旅客，随时为他们提供服务，指出他们确切的候车地点，更会让旅客感到客运服务人员训练有素、值得信赖。

（2）可按照列车时刻表的先后顺序提前安排好各次列车候车区域，并设置引导牌。旅客进入候车室以后，应先从检票口开始，指引旅客按先后顺序依次落座候车。旅客落座以后，要避免经常调换，给旅客带来不便。旅客携带行李物品应放在自己前面，并依顺序排列。

（3）候车室中，由于旅客较多，为便于排队检票，应把握"三条线"，即两边椅子上的旅客成两条线，中间过道上行李摆放成一条线，给人整齐划一、井然有序的感觉。

4 检票

（1）掌握好检票时间。一般情况下，始发列车应在开车前40分钟开始检票，过路车在列车到站前 20 分钟开始检票。

（2）宣传好列车运行情况。积极配合广播室及时、准确、清楚地通告列车运行情况，让旅客做到心中有数而不会慌忙奔跑。

（3）检票时应组织好检票秩序。提前在检票口挂出指示牌，并通过电子引导装置不间断显示。可采取提前检票、分段检票、分行检票等方式组织检票，让整个候车室始终保持检票秩序的井然有序、安静文明。

（4）检票时，应做到"一看二唱三下剪"，干净利落，有条不紊地进行操作。与旅客对话时，检票员要注意微笑着面对旅客。说话语气要平和，吐字要清楚，态度要和蔼。例如，面带微笑地向旅客点点头，说一声"您好！"或者说"您好，先生（女士），请您把车票打开。"

（5）检票后，检票员应主动把车票递到旅客手中，不要等旅客到手中来取。交还车票时可说："祝您旅途愉快！"或者说"请您走好，再见"等。

（6）如果发现有个别旅客扰乱秩序，检票员应该用和蔼的语气劝阻他"对不起，这位先生（女士），请您按先后顺序检票。"切忌大声呼喊训斥或推搡旅客，这会引起周围旅客的反感。检票员可以用手或身体非常文雅地挡在他的前边，态度严肃、语气坚定地说"对不起，这位先生（女士），请问您的车票呢？"或者说"对不起，先生（女士），这趟车是对号入座，您必须凭票上车。"还可以说"先生（女士），请您先补张车票，再进站好吗？"

（7）如果几个旅客的票全由一个人拿着，而这个人又走在最后面，检票员可委婉地说"请问你们几位的车票在谁那儿？别着急，让我先核对一下车票再走，好吗？"

（8）当看到不是本次列车的旅客来检票时，检票员可对他说"对不起，先生（女士），您的车票不是这趟车的。"或者说"对不起，先生（女士），现在检票的是××次，而您的车票却是××次，请您到××候车室去检票。"

（9）检票停止后再有旅客赶来时，检票员应该制止他进站。同时，用和蔼亲切的语气耐心地安慰他，并帮旅客出主意"先生（女士），您别着急，您改乘××次列车同样可以到达。您可去售票处办理改签手续。如果您需要的话，我可以帮您去办理，您看可以吗？"切不可对旅客刻薄生硬地埋怨、粗暴地阻挡。

🖐 模拟训练5-8　候车室服务作业

候车室客运服务人员在进行巡视时发现一旅客携带 25kg 超重物品，还随身携带一个大尺寸的液晶电视，此时客运服务人员该如何处理？

训练提示：

①向旅客说明铁路关于携带品的规定，即每位旅客携带品的重量应小于 20kg，外部尺寸长、宽、高之和不能超过 160cm。

②发现有携带超大或超重物品的旅客，应及时进行耐心劝解，让其办理托运手续。

③如果旅客办理托运手续影响乘车时间，应耐心向其解释车票可以在开车后 2 小时内办理改签手续。

④如果遇到明显无理取闹的旅客，可以进行合理解释后表示抱歉和理解，给对方发泄不满的时间。对严重扰乱工作秩序的旅客应请求公安人员协助处理。

模拟训练5-9　候车室服务作业

有一旅客在候车椅上睡着了(没有同行人)，经提醒后发现丢失了一个包，候车室客运服务人员该如何处理？

训练提示：

①先要从情绪上呼应对方，立即询问有关情况。

②必要时拿出便签簿边听边记录有关信息，让对方感觉你和他一样着急，并且在积极准备下一步工作。

③当面用通信工具和公安人员联系，公安人员如能到场，则陪伴对方直到公安人员到场。

④如公安人员不能到场，在时间容许的情况下，尽快带对方找到公安人员。

⑤如自己因工作不能离开岗位，可以当着旅客的面与公安或其他人员联系，确定接待地点，然后尽可能详细地给对方指明路线，忌让对方感觉你在敷衍。

模拟训练5-10　候车室检票服务作业

车站停检车票后，一旅客持北京到上海的车票强烈要求进站上车，候车室客运服务人员该如何处理？

训练提示：

①视旅客情绪，耐心向其解释可以改签或退票，观察旅客反应，再做进一步处理。

②如旅客继续争取进站，首先表示理解对方的心情，然后再礼貌相劝，争取让对方理解你在为他的安全着想。

③如果旅客情绪非常激动，在进行耐心、合理的解释后表示理解，给旅客发泄不满的时间，但决不能迁就地放行。

（五）出站服务技能技巧

1 出站引导

（1）多数旅客刚下车时，很难辨别方位，应通过广播适时宣传引导。在站台、地下通道、出站口等处设置完善的引导装置，通过电子指示牌，"无声"地引导旅客出站。同时，客运服务人员应服务在刚下车的旅客身边，随时为旅客指明正确的出站方向。

（2）随时保持地下通道的宽敞、明亮和站台的平坦、干净。积极疏导出站队伍，对一些携物较多或行走不便的旅客，客运服务人员应主动帮助、扶持，以保证队伍能井然有序、快捷出站。

2 检票

检票时，检票员应着装整洁、精神饱满地站在岗位上，向旅客微笑致意，同时主动伸手接车票，认真查看票面内容。不要等旅客把票递到你胸前你再去接或干脆让旅客举到你面前让你查验，这样做是对旅客的怠慢和不尊重。

3 补票(补费)

(1)当发现旅客没有车票想混出车站时,客运服务人员不应大喊大叫、尖酸刻薄地训斥、挖苦,也不要用力拉拽或推攘旅客。可以用手或身体礼貌地挡住他,声音平和、语气委婉地告诉他到补票处去补票。

(2)当看到旅客拿的包很重很大、携带吃力有可能超重时,客运服务人员不能生拉硬拽地让他去补费,而应主动走上前去帮忙,唠家常式地说"先生,您从哪里来呀?就你自己拿这个大包,可够重的。"然后,再切入主题"先生,您拿的这包好像有点超重了,上车时怎么没去托运呢?我帮您拿去称下重量,好吗?"如果确实超重,客运服务人员应及时向旅客指出"先生,您看,您的包都超10kg了,应该补收运费。"如果没有超重,应及时向旅客道歉"对不起,给您添麻烦了,有人接您吗?我可以帮您叫一辆出租车。"

(3)遇见小孩超高补票的情况,应注意一定要量过以后才能确定小孩是否超高。有家长在身边,一定要先说服家长,不要自行拉着小孩去补票。如看见带小孩的旅客时,客运服务人员可以主动走到他们身旁,弯下腰关切地问小孩"你叫什么名字?今年多大了?从哪里来呀?"以消除小孩害怕和紧张情绪,让他感到你很亲切。然后,再问他的家长"这小孩有多高?几岁了?"如果家长不愿意说,你可以拉着小孩的手说"小朋友,叔叔(阿姨)领你去量一下身高好吗?"如果小孩确实超高了,就应跟他的家长说:"您看,您的小孩才××岁就长这么高了,该买大人票了。"

(4)补费时,客运服务人员应和颜悦色地用通俗易懂的语言描述相关的补费规定,并准确地说出应补费用,不能含糊其词。

(5)旅客没钱补票或不愿意补票时,客运服务人员应注意避免与旅客争吵,更不能拿旅客的物品做抵押或接受旅客的赠品,对确实没钱补票的旅客按国家相关规定办理。遇到蛮不讲理的旅客,可把他请到值班室,耐心和蔼地向他解释,等到他心平气和时再补票。必要时可由公安值勤人员出面,尽量避免与旅客产生摩擦,以免激化矛盾。

模拟训练5-11 出站服务作业

一旅客带着一个1.3m的小孩出站,查票时发现小孩无票,出站口客运服务人员该如何处理?

训练提示:

①向旅客宣传儿童乘车规定,身高在1.2~1.5m的儿童乘车时,需购买半价客票、加快票和相应的空调票。

②务必测量以后才能确定小孩是否超高。

③有家长在身边,一定要先说服家长,不要自行拉着小孩去补票。

④与小孩交谈时,应注意方法,消除小孩害怕和紧张情绪,让他感到你很亲切。

二 高速铁路车站服务二作技能技巧

旅客运输的服务对象是来自四面八方的旅客,不仅有国内的,也有国外的,同一个国家有不同民族的旅客。不同的旅客有着不同的性格脾气、风俗习惯。在旅途中有可能发生各种非正常情况，巧妙处理旅客旅途中的各种问题，是体现"旅客至上"服务理念的重要环节。一切从旅客出发，做到人性化服务。面对各种特殊情况，客运服务人员应灵活运用客运服务工作技能技巧，最大限度地满足不同旅客的合理需求。

（一）问讯服务作业技能技巧

高速铁路开通带来了方方面面的调整和变化，特别是对新设高速铁路车站，旅客很陌生，因此问讯处就显得非常重要。

高速铁路车站问讯处应设在旅客比较集中的站前广场、广厅、售票厅、候车室等地，服务人员要正确、迅速、主动、热情、耐心地解答旅客提出的问题，为旅客提供电话订票、网络订票的换票、咨询服务，使旅客在购票、上车及中转换乘等方面得到便利。

问讯处服务人员要能够使用英语为外籍旅客提供咨询服务。同时，对一些特殊的旅客可采用手语服务，真正做到"以人为本，旅客至上"，优化服务作业的流程。

模拟训练5-12　问讯处服务

上午9:15，一外籍旅客持G317次车票（列车时刻表见表5-5）在大连北车站问讯处焦急地询问该趟车在几站台上车，问讯处服务人员应如何处理？

列车时刻表　　　　　　　　　　　　　表5-5

车次	始发站	终到站	列车类型	发站	发时	到站	到时	站台	历时	硬座	软座
G317	大连北	哈尔滨西	高速动车	大连北	12:48	哈尔滨西	17:10	2	4小时22分钟	403.5	645.5

训练提示：
①问讯处服务人员应能与旅客进行英语对话，了解旅客的需求。
②正确、迅速地解答旅客提出的问题，使旅客准时到达站台上车。
③如果口头解答有困难，可采取文字解答，要求旅客把所问的问题用文字表达出来。

模拟训练5-13　问讯处服务

14:00，一对母女持G317次车票（列车时刻表见表5-6）在大连北车站问讯处询问。由于这趟车是14:20始发，两人没赶上车，问讯处服务人员该如何处理？

列车时刻表　　　　　　　　　　　　　表5-6

车次	始发站	终到站	列车类型	发站	发时	到站	到时	站台	历时	硬座	软座
G319	大连北	哈尔滨西	高速动车	大连北	14:20	哈尔滨西	18:41	2	4小时21分钟	403.5	645.5

训练提示：
①问讯处服务人员首先应安抚旅客的情绪，并告知车票可以改签。
②缓解旅客紧张情绪后，告知14:00后从大连北—哈尔滨西的其他车次时刻。
③引导旅客持车票到售票窗口改签。

（二）售票服务作业技能技巧

高速铁路车站在旅客进出站流线上设置自动售票机，并辅之以分散在站内各处的售票窗口向旅客提供更加便捷的票务服务，旅客可以根据需要选择购票方式。随着高铁车票实名制的执行,旅客可在自动售票机上录入身份证信息,轻松购买到所需车票。为方便旅客购票,自动售票机还可使用银行卡刷卡,或提前在网上买好车票。

在车站售票厅内,客运服务人员要做好引导旅客正确使用自动售票机的工作,耐心接受旅客的咨询,若遇到机器故障、车票与屏幕信息显示不同时,要及时采取应急处理措施。

高速铁路车站在售票大厅安排指导旅客使用自动售票机的客运服务人员,对第一次使用自动售票机的旅客,要进行详细介绍,遇到问题及时帮助解决,使旅客能迅速、准确买到车票。

🎮 模拟训练 5-14　售票服务

一旅客在使用自动售票机购票时,发现售票机在收了票款后,却不出车票,旅客十分着急,不停用脚踹售票机,胡乱按售票机显示屏上的按键,客运服务人员应如何处理?

训练提示:

①客运服务人员应及时制止旅客的过激行为,问清情况后,第一时间通知维修人员来检查自动售票机,维修机器。

②缓解旅客紧张情绪后,若旅客着急买票,可在维修机器的同时引导旅客到人工售票窗口购票,待机器恢复后再如数退还旅客票款。

③可以在进行合理解释后表示抱歉和理解,给对方发泄不满的时间。对严重扰乱工作秩序的旅客应请求公安人员协助处理。

🎮 模拟训练 5-15　售票服务

一旅客持身份证在自动售票机首购买动车票,结果显示屏显示证件无效,旅客一分焦急,到人工售票窗口咨询,售票员该如何处理?

训练提示:

①应先缓解旅客紧张情绪,了解情况(发现是该旅客身份证消磁)。

②手工输入旅客身份证号,出售车票。

③提醒旅客带磁条的卡不要叠放在一起,以防消磁。

(三)候车服务作业技能技巧

高铁车站候车室本着"以人为本"的服务理念,向旅客提供"便捷、舒适、优质"的服务。候车室内还分设候车区域,对高铁商务座、观光座旅客设有专门的 VIP 候车区,其他旅客可到候车大厅候车。无论是一等座还是二等座,旅客都要按照车票上标注的检票口信息就近候车。

1　儿童旅客服务注意事项

(1)有成人陪伴的儿童。

①提醒家长看好小孩,不宜随意追逐嬉闹,在饮水器旁注意不要烫伤。

②根据实际情况,可提供儿童读物、玩具,并提醒儿童不要在候车室玩耍、奔跑,以免受伤及妨碍他人。

(2)无成人陪伴的儿童("车递儿童")。

①为儿童旅客提供玩具、儿童图书及扑克牌、象棋、跳棋等文化娱乐用品。

②指派专人服务,随时关注并帮助儿童旅客。

③上车需与列车乘务员做好交接工作。

2 孕妇旅客服务注意事项

（1）由于身体原因，孕妇旅客可能会经常起身去洗手间，需要安排靠近走道的座位以方便其进出。

（2）需要时，客运服务人员应委婉地引导孕妇旅客。

（3）卫生间应保持清洁干净，地面整洁，避免孕妇旅客滑倒摔伤。

（4）为孕妇旅客多提供几个清洁袋，主动询问其候车感受，随时给予照顾。

（5）上车时，客运服务人员可协助孕妇旅客提取行李，并送至车门口。

3 老年旅客服务注意事项

（1）与老年旅客谈话时，声音要略大些，速度要慢，语言简练、柔和，要有耐心。

（2）提供茶水时，为了避免烫伤旅客，可在杯子下面垫盘之间垫张纸巾。

（3）主动搀扶老年旅客候车检票，必要时用轮椅送老年旅客上车。

（4）如老年旅客坐轮椅去洗手间有困难，应主动、细心给予照顾。

（5）遇老年旅客候车时需主动上前搀扶并协助其提拿行李。

（6）老年旅客腿部容易怕冷，应主动提供毛毯；帮助其盖毛毯时应注意把脚、腿盖上，或适当垫高下肢。

（7）由于老年旅客听觉较差，对广播经常听不清楚，客运服务人员应主动告知广播内容和介绍候车室服务设备、洗手间的位置。

（8）为老年旅客提供饮料时，客运服务人员应主动介绍饮料品种，提醒旅客哪种饮料含糖分；老年旅客需要橙汁时，客运服务人员应主动提醒旅客橙汁是微酸的。

（9）主动帮助老年旅客填写意见卡等。

（10）放行时提醒老年旅客别忘记所携带的物品，搀扶其上车，与送站人员做好交接。

4 带婴儿的旅客服务注意事项

（1）客运服务人员应主动询问旅客是否需要摇篮，如果需要，可协助旅客安放摇篮，垫上毛毯，放好小枕头，让婴儿平躺在摇篮里（摇篮承重为15kg）。

（2）客运服务人员应主动向旅客了解婴儿何时需要热奶或食品加热，需要时应帮忙兑奶或加热食品。

（3）需要时，可给婴儿提供玩具。

（4）开始检票时，请旅客抱好婴儿，收回摇篮；同时帮助旅客整理手提物品，穿好衣服。

5 VIP旅客服务注意事项

（1）了解VIP旅客职务、服务喜好等信息，提供个性化服务。尤其是北京、天津等精品线路，某些部门或集团的领导可能是常客。对这些经常乘坐动车组列车的领导、公务人员，客运服务人员应将他们的生活、饮食习惯做一个总结，建立专门服务档案，将他们的乘车习惯记录在案。例如，某一旅客腰不好，客运服务人员就主动递一条毛毯；另一旅客喜欢喝不加糖的红茶，客运服务人员就直接送上他喜欢的饮品等。这样的服务更科学，更个性化，更有针对性，让旅客感觉更亲切。

（2）当旅客候车时，及时为旅客挂好衣物、注明座位号。

（3）值班员代表班组向旅客致欢迎词，表示为其服务深感荣幸，并竭诚为其服务。

（4）主动询问随行人员了解VIP旅客的乘车情况。

（5）在候车中，尽量减少对旅客的不必要打扰，如旅客不需要提供服务，客运服务人员之间应做好交接工作，避免重复询问。

（6）送客时帮助旅客提拿行李交接给随行人员，并真诚道别，期待以后能够继续为其服务。

（7）与VIP旅客聊天时，避免涉及商业机密或政治方面的话题。

📞 模拟训练5-16 候车服务

两名旅客在候车室候车时，由于候车人数较多，为争座位发生争执，并大打出手，候车室客运服务人员该如何处理？

训练提示：

①应先安抚旅客并简单了解事情的起因，同时报告站长。

②尽可能为旅客调整座位，协助旅客妥善放置随身物品，调解、缓解旅客间的矛盾时，要注意语言技巧，减少对周围旅客的影响。

③对于不听劝阻，争执行为过激引发打架斗殴，并经调解仍无法平息矛盾的旅客，客运服务人员应及时报告值班站长，由值班站长决定是否需要车站公安人员协助解决。

📞 模拟训练5-17 候车室特殊旅客服务

模拟高铁客运站候车室的旅客服务，分别有成人陪伴的儿童旅客、孕妇旅客、老年旅客、带婴儿的旅客、VIP等特殊旅客，客运服务人员需根据其不同要求做好服务工作。

训练提示：

对特殊旅客的服务是体现客运服务人员服务水平的一个重要方面，做好特殊旅客的服务需要更多的细心和耐心。

📞 模拟训练5-18 候车室检票服务

一旅客将身份证放入自动检票机进站，结果不能识别车票信息，影响其他旅客正常检票进站的秩序，客运服务人员该如何处理？

训练提示：

①客运服务人员发现旅客不能正常使用身份证检票进站时，应及时引导旅客到旁边人工检票口检票进站。

②安抚其他排队旅客的情绪，及时恢复正常的检票秩序。

（四）站台服务作业技能技巧

（1）客运服务人员应负责引导旅客安全进出站的相关服务工作，为列车正常运行提供有效保障。

（2）做好车门验票上车工作。

（3）解决和协调旅客现场存在的问题，并及时逐级汇报。

（4）及时配合公安人员清理闲杂人员，维持好站内安全秩序。

（5）负责协助值班员做好晚点列车的处置。

（6）负责做好旅客乘降工作，确保安全。

（7）协助值班员做好站车交接工作及突发事件的应急处理。

（8）完成上级交办的事项。

模拟训练5-19　站台服务

一旅客在站台安全线以外拿摄像机拍摄车站，站台客运服务人员该如何处理？

训练提示：

①及时制止旅客，组织旅客站在安全线内，向旅客说明选择安全且候车人数较少的位置进行拍摄。

②做好站台安全宣传和防护工作。

③随时注意旅客动态，防止旅客钻车、爬车及横越股道。

模拟训练5-20　站台服务

一旅客推着坐轮椅的另一旅客在站台上焦急地寻找对应的车厢，由于站台人多，看不清站台地面上的车厢位置标记，站台客运服务人员该如何处理？

训练提示：

①对于重点旅客应重点照顾，疏散人群，带领旅客在第一时间找到车厢位置。

②维持站台秩序，安排其他旅客排好队，先下后上。

③帮助特殊旅客拿行李或辅助其顺利上车。

（五）出站服务作业技能技巧

（1）负责出站旅客验票工作，发现旅客违章乘车时，应按章补票。

（2）做好晚点列车的通告工作。

（3）做好旅客到站后的安全宣传工作，保证旅客安全有序出站。

（4）协助客运值班员做好突发事件的应急处理。

（5）及时配合公安人员清理闲杂人员，维持好站内安全秩序。

（6）监督保洁人员做好站区卫生清洁工作。

（7）完成上级交办的事项。

模拟训练5-21　出站服务

一旅客持中铁银通卡检票出站时，无法验票出站，由于后面排队的旅客较多，引起很多旅客的不满，严重影响验票出站的秩序，出站口客运服务人员应如何处理？

训练提示：

①出站口客运服务人员应查明情况，如为自动检票机故障，则应引导旅客到人工验票口验票出站。

②如发现旅客所持中铁银通卡为无效车票，则应先安抚其他旅客情绪，再带领该旅客到补票处补票。

③与旅客或其他沟通对象交流时,客运服务人员一定要注意语气、语言,有些问题本身很简单,如果态度不好,可能会变得复杂起来。

模拟训练5-22　出站服务

出站口客运服务人员验票时发现一旅客无票,该旅客声称是铁路职工,却无法提供有效证件证明,态度恶劣,与客运服务人员发生争执,不配合工作,出站口客运服务人员该如何处理?

训练提示:

①出站口客运服务人员应查明旅客是否冒充铁路工作人员无票乘车。

②遇个别比较蛮横的旅客无理纠缠,需要公安人员出面时,最好不要当着旅客的面进行通信联系。

③待旅客情绪平复后,带其到补票处进行补票。

拓展阅读

为了充分贯彻落实"人民铁路为人民"这一服务宗旨,方便老、幼、病、残、孕及其他需要重点服务的旅客,铁路客运部门在各大车站设置了重点旅客预约服务,竭诚为广大有需要的旅客提供贴心服务。广大旅客可以通过以下5种方式进行预约服务:一是打开铁路12306 App,点击"全部"选择"重点旅客",阅读同意后,填写并提交预约重点旅客服务信息;二是在铁路12306官方网站首页点击"重点旅客预约",填写信息并提交;三是通过铁路12306微信公众号预约重点旅客服务;四是到车站服务台现场提出需要重点旅客服务有关需求;五是拨打铁路12306客服电话,直接与客服人员联系,并说明重点旅客所乘坐的车次、时间、车站、联系方式及所需要服务的内容等相关信息。在预约重点旅客服务提交完成后,铁路工作人员将不晚于乘车前2个小时与旅客联系,如特殊情况未接到铁路工作人员电话,可直接拨打铁路12306客服电话进行确认。需要注意的是,旅客身份信息与车票身份信息不一致,不符合重点旅客预约服务条件的,铁路部门有权拒绝受理,受理于乘车前12~72小时的依靠轮椅、担架等辅助器具旅行的老年、伤病残疾等已购车票旅客的重点旅客预约服务需求,铁路相关部门将尽力为其提供轮椅、担架等辅助器具,并且提供优先进站、协助乘降、便利出站等服务,但不办理代购车票等其他业务。

单元微课

车站服务工作技能技巧

本单元微课请扫描二维码14。

二维码14

单元5.3　列车服务工作技能技巧

一　普速旅客列车服务工作技能技巧

普速旅客列车服务技能技巧,主要包括车门迎接服务技能技巧、列车上的服务技能技巧和立岗送别服务技能技巧等。

（一）车门迎接服务技能技巧

（1）在车门立岗迎接旅客时，列车乘务员态度要诚恳、热情、礼貌、周到，目光应关注旅客，并用亲切的语言表示欢迎，如"您好，欢迎乘车！请出示车票。"同时，按先后顺序快速查验车票。

（2）在车门口发生拥挤现象时，列车乘务员应按先后顺序维持排队秩序，及时提醒旅客看管好自己的行李物品。遇到老人、小孩和行动不便的旅客要主动搀扶、给予帮助。

模拟训练5-23 迎接旅客

按照作业要求，完成组织旅客上车的各项工作。

训练提示：

工作重点：验票上车，防止旅客上错车；安全宣传，防止旅客摔伤；引导帮助重点旅客找座位，安放行李。在此项工作中列车乘务员应面带微笑，运用好服务用语。

（二）列车上的服务技能技巧

1 致迎宾词

（1）致迎宾词时，应看着旅客，沉着自信，面带微笑，语言清晰，用词恰当、规范。音量以确保绝大多数旅客都能听到为宜。

（2）软席车厢的旅客层次相对较高，致辞声音不要太大，尽量做到甜美柔和。若有外国旅客，应用英语重复一遍。

2 车厢整容

（1）旅客上车后，通常忙于寻找座位和放置行李，列车乘务员应提醒旅客保管好乘车凭证以免丢失，放稳行李以免坠落伤人。

（2）硬座车人员多，秩序容易乱，对乘车经验少的旅客、老弱病残旅客以及行李较多的旅客，列车乘务员应主动引导，尽快帮他们找到座位，把他们安顿好，使车内秩序尽快稳定下来。

（3）引导中要提醒旅客注意对号入座，如果该座位坐有其他旅客，应请其离座。当旅客主动离座时，应说"谢谢您的合作！"碰到少数拒绝让座的旅客，切忌用诸如"没座位活该！"等生硬语言刺激旅客，应积极寻找空座位，缓解矛盾。

（4）整理行李架时，列车乘务员应主动向旅客解释，以取得旅客的配合，如"旅客们，为了给大家创造安全舒适的环境，现在开始整理车厢，请予合作，谢谢！"

（5）整理毛巾时，列车乘务员先做示范，由旅客效仿，避免不必要的矛盾。

3 供应茶水

（1）任何旅客列车在始发和运行途中都要坚持给旅客送开水。有电茶炉的优质优价车，还要给旅客讲清楚茶炉的位置。对车厢里的老弱病残旅客，应坚持送水到位。随时为卧铺车厢里的暖水瓶续水。

（2）送水时列车乘务员应注意别烫伤自己和旅客。提着水壶和水桶过通道时要走稳，并不时提醒旅客"劳驾,请让一下!"站立时,可朝着列车前进的方向,向车窗稍微侧身,两脚自然分开站稳。如果在旅客较多的硬座车厢,不妨找一个站稳的支点,适当靠一下座椅。

(3)接旅客的杯子时,手要握着杯子的中下部。如果是送带把的杯子,要让杯子把朝外,方便旅客接回杯子。倒完水后,应把杯子放回原位。

(4)倒水时,一手拿杯子,壶嘴贴近杯子,缓缓倒入,不能太满。如杯子里有存水,应征求旅客意见是否倒掉。若不小心把水溅到旅客身上或其物品上,则应马上帮旅客擦干净。

(5)喝水旅客较多时,要表现出耐心,一般先为靠近车窗的旅客倒水,然后逐个向外。倒水的同时,应提醒其他旅客"准备好您的杯子和茶叶,请稍候",以缓解其他旅客等待的焦虑。

(6)给包房里的旅客送水时,要注意礼节,应先征得旅客同意后才能进去。

(7)如果水没有开,旅客需要时,列车乘务员可微笑着给旅客做好解释"对不起,水还没有开,请您稍等,水开了我马上给您送来。"

4 清扫卫生

(1)清扫卫生前应首先宣传"旅客们,为了给大家创造良好的旅行环境,我开始打扫卫生,请大家给予协助,谢谢!"

(2)清扫时,动作要轻,需要旅客帮忙时要说"劳驾,请您抬一抬脚""麻烦挪一挪您的包,免得弄脏""打扰了,请把茶杯拿一下,我给您清理一下茶几"。清扫后,要把旅客物品或行李放回原处摆放好。

(3)清扫厕所,旅客正在使用时,不要敲门催喊,要耐心等待其使用完毕后再清扫。

(4)当清扫工具碰脏了旅客或其物品时,列车乘务员要主动道歉,并想办法帮旅客擦干净。

(5)当旅客对车厢卫生状况不满意时,列车乘务员要及时清扫和整理,并主动说明原因:"抱歉,今天超员,打扫卫生不方便,请您谅解,我会尽力清扫干净。"

(6)清扫干净后,要及时整理车厢两端的垃圾袋,装满以后及时收取换新;还要不断地收集茶几和果盘里的垃圾,清理软卧车厢里的垃圾桶;对团体旅客,可为他们专门准备垃圾袋和果盘。

(7)注意随时提醒旅客讲究卫生,见有人随地扔果皮、纸张,可轻声提醒他"请把杂物放在茶几上好吗?我马上过来清理。"见有人往地上倒茶水,应劝告他"请不要把茶水洒在地上,免得滑倒他人。"或不妨屈身帮他拣起乱扔的果皮、纸屑,或用拖布拖干净茶水。卫生状况不好的车厢中旅客乱扔垃圾的频率大,卫生清洁的车厢里旅客很少乱扔垃圾,因此要做到不厌其烦地随脏随扫,细心照顾需要帮助的旅客,使"互动服务"架起与旅客沟通的桥梁,用优美的环境约束旅客,营造文明舒适的车厢环境。

5 列车验票

(1)列车验票前,列车乘务员要事先做好广播或口头宣传,如"旅客们,现在开始验票(核对乘车凭证),请大家把乘车凭证准备好,谢谢!"

(2)验票时,列车乘务员应亲切客气地对旅客说"请出示您的乘车凭证。"认真仔细查验完毕后,要有礼貌地将乘车凭证还给旅客,同时说"请收好您的乘车凭证,谢谢!"切忌使用"查票啦,把乘车凭证拿出来""为什么不买票""补票去"等生硬、冷漠的语言对待旅客。

(3)碰上不理不睬、不予配合的旅客,无论其出于什么原因,都不能计较,列车乘务员可略提高音量,态度和蔼地说"先生(女士),请出示您的乘车凭证,如果您没来得及买票,可以办理补票手续。"

(4)对无票乘车或是以身无分文等各种托词不愿补票的旅客,列车乘务员可在乘警的协助下向他指出"先生(女士),如您实在无法补票,列车将按章编制客运记录,请您在前方大站下车,由车站协助当地政府为您解决困难。"变"查票"为"验票",变换一下客运服务人员和旅客的角色,体现以人为本的人文关怀,体现铁路为旅客服务的思想,更容易让旅客接受。

6 对重点旅客的服务

(1)对各类残疾旅客和老年旅客,应主动介绍列车设施及作用,尽可能地为他们提供方便,做到帮拿行李、搀扶其上下车、帮助安排卧铺或找座位、联系三餐、端茶送水、协助上厕所等。

(2)儿童旅客好动,列车乘务员发现其有危险举动时,要及时制止,提醒其父母看好自己的孩子;同时,注意观察他们是否还有类似的危险举动。

(3)孕妇旅客易疲劳,行动不方便。可安排一个方便走动的下铺或座位,动员周围旅客轻走动、轻交谈,给她们创造一个安全、良好的休息环境。

(4)发现有突发性精神病的旅客,列车乘务员可及时给旅客创造一个相对隔离、安静的环境。通过广播找医生以药物控制病情,指定专人看护,多对旅客说些宽慰的话,播放一些节奏舒缓、旋律优美的音乐,尽量减轻旅客的压力,转移旅客的注意力,以助旅客恢复平静的心情。

(5)对气短脸红、患有心脏病的旅客,列车乘务员应引起警惕,及时关注,了解其心脏急救药品放在什么地方,并委托其同伴或周围旅客及时予以关照,避免发生不测。

(6)对刚动过手术或患有糖尿病的旅客,应及时主动和他们联系,关心他们的起居饮食;需要的话,可请餐车做特殊的"病号饭"。

(7)为外宾服务时,列车乘务员应举止得体,谈吐彬彬有礼,不卑不亢,并适当学习、掌握一些简短的列车常用外语以及国外的风俗习惯、宗教知识、生活禁忌、礼貌礼节等。对外宾的称呼要合适,可根据不同性别、年龄,称为"先生""女士""夫人""小姐"。若外宾有无理要求时,列车乘务员应委婉拒绝。

7 列车广播

(1)广播员应具备清晰标准的发音和吐字、抑扬顿挫的语调、适当变化的语言节奏等语言基本功。播音时,语言要生动形象、悦耳动听。语气应亲切自然,做到口语化播音,不能就稿论稿,就句论句,语言干瘪、贫乏、浅薄。

(2)不同的列车应设计不同的广播风格。例如,优质优价列车广播最好能格调高雅,突出文化品位;普通旅客快车可追求雅俗共赏,老少皆宜;普通旅客慢车应贴近旅客需求,力求朴实真诚。

(3)节目应根据不同旅客成分、不同旅行目的、不同文化层次以及旅客旅行的心理特点有针对性地编排。例如,午间用餐时,可放一些轻松、优雅的背景音乐,以营造高雅的列车环境;对知识型旅客,可安排"音乐赏析""文学专题"等节目;对年轻旅客,可安排流行音乐等。

(4)广告节目编排要适度,要讲究艺术性,最好选择旅客情绪相对稳定,周围环境趋于平和时播放;每次播放时间不宜过长,同一内容的广告每一单程播出次数不宜过多。

8 餐车服务

（1）餐桌台布应色彩明快，令人赏心悦目。每一张餐桌上摆设的压台酒、酱醋壶、烟灰缸等器皿，要做到"形状、大小、花色"一致并定位摆放。

（2）旅客就餐时，要及时齐全地摆放茶杯、汤匙、食碟、筷子、餐巾纸等餐具。筷子要用纸包装，餐巾纸摆放于碟中，汤配汤匙，食碟齐全，对有豁口、裂纹的餐具要及时调换，不要上桌。

（3）服务时，应着装雅致、整洁卫生。主动询问就餐旅客的基本口味要求，通知厨师做出符合客人口味的饭菜。上菜时，要做到饭菜汤"三同到"，并报出菜名。上齐后，要轻声询问"先生（女士），菜已上齐，您还需要什么吗？"旅客进餐时，应敏锐观察旅客的一举一动，随时满足需要。旅客就餐完毕，要迅速撤掉碗筷，擦净餐桌，让新入座的旅客尽快就餐。

9 终到服务

（1）列车终到前，进行车内保洁。在保洁时列车乘务员要面带微笑，动作轻快而不忙乱地倾倒果皮盘和小茶桌上的杂物。倾倒茶水时要征询旅客同意后再倒掉，同时注意提醒旅客将小茶桌、铺位、座位上的小件物品收好。

（2）清洁地板时，可辅以"请让一下""请抬一下脚"等话语，让旅客有所准备。遇有行包挡住时，不妨说"可以移动一下吗？"以请旅客配合。地板清洁后要提示旅客"行走小心，注意安全"。对带小孩或年龄较大的旅客则请他们等地面稍干后再行走，以免摔倒。

（3）临近终点站，卧铺车厢列车乘务员应到铺位上、包房里提示旅客即将到站，并适当向旅客介绍终到站的中转换车、市内交通、住宿等情况，遇有初次出门的旅客或老年旅客要提醒他们注意保管好乘车凭证以便出站时验票。

（4）卧具不能提前收取。对于深夜或清晨到达的列车，即使旅客没有在铺上休息，也不能收取卧具，以免影响其他旅客的休息。对于白天或晚间到达的列车，旅客没有在铺上休息的，可以适当整理卧具，以保持车内整洁。整理卧具时，尽量做到静悄悄、轻手轻脚，少影响干扰旅客。

🖌 模拟训练 5-24　处理旅客纠纷

模拟旅客上车后因抢占座位发生争执，列车乘务员应如何调解？

训练提示：

①列车乘务员应先安抚旅客，并了解事情的起因，同时报告列车长和乘警。

②尽可能为旅客调整座位，协助旅客妥善放置随身物品，调解、缓解旅客间的矛盾，注意语言技巧，减少对周围旅客的影响。

③在运行途中，列车乘务员要加强监控，以避免矛盾的再次激化。

④应提供优质服务，比照重点旅客照顾，消除旅客不愉快的记忆，缓解矛盾。

🖌 模拟训练 5-25　车厢空调发生故障

模拟列车在运行途中，因车厢空调发生故障，旅客意见很大，情绪激动，列车乘务员应如何处理？

训练提示：

①做好旅客的安抚解释工作。

②立即报告列车长和列检,尽快修复。

③无法修复时,尽量把旅客安排到其他车厢,并做好服务工作。

④由此产生的票价差,由列车长编制客运记录交旅客到站退款;若人数较多,列车长应先向旅客到站拍发电报。

模拟训练5-26　列车上验票旅客不理解

模拟列车上验票,旅客不理解不配合,列车乘务员应如何处理?

训练提示:

①列车乘务员要注意宣传用语:"为了了解旅客的去向,更好地为旅客服务,现在开始核对席位",并对旅客的配合表示感谢。

②个别旅客不理解时,列车乘务员要注意站在旅客的立场上解释:"先生,您讲的是对的,席位核实是为了我们了解您的乘车信息,方便为您提供更准确的提示服务,请您理解和配合,谢谢!"

③如个别旅客不理解,并且不能确定其有票,在解释无效的情况下,列车乘务员应请乘警和列车长亲自来查验。

（三）立岗送别服务技能技巧

(1)到站后,车门立岗的列车乘务员应以饱满的热情、整洁的形象、标准的姿势以及亲切的态度和话语,有礼貌地向旅客道别,如"请慢走""感谢你乘坐本次列车""欢迎下次再来""下次再见"等。

(2)对下车旅客,列车乘务员应根据实际情况给予适当帮助,如帮助带较大行李的旅客提一下行李,帮助带小孩的旅客抱一抱小孩,搀扶老年旅客和病、残等行动不便的旅客下车,冬天在冻滑的梯子上垫块小方布等。

二　动车组列车服务工作技能技巧

动车组列车的服务对象是来自四面八方的旅客,不仅有国内的,也有国外的,同一个国家又有不同民族的旅客。不同的旅客有着不同的性格脾气、风俗习惯。动车组列车乘务员在服务过程中解决旅客旅途中的各种问题,是体现"旅客至上"服务理念的重要环节。一切从旅客出发,做到人性化服务。面对旅客的不同要求,列车乘务员运用服务工作的技能技巧,最大限度地满足不同旅客的合理需求。

动车组列车上要备有《全国地图册》《中国高速列车时刻表》及家居小用品、常用药品。

（一）始发准备作业技能技巧

1　二等车

(1)在带有书报杂志架的列车上,整齐摆放各类报刊。

(2)检查洗手液是否注满,喷头是否拧开。

(3)检查空调设备。

(4)将车厢内电源插座外盖扣好。

（5）旅客上车前应对服务间、乘务员座椅进行清理，保持座椅、地面、台面整洁。

（6）如果车厢空气不够清新，在旅客上车前列车乘务员可在座椅侧面、帘子上喷洒少许香水，车厢内喷洒少许空气清新剂；洗手间内除喷洒香水外，还可将固体香水取下直接对准通风口，能有效起到清除异味的作用。

（7）列车乘务员的行李物品尽量不要占用旅客行李架。

（8）及时擦净行李架、壁板等处的污迹。

（9）合理分配各车厢服务用具、车供品、清洁用品。

（10）清除车厢过道及所有无法固定的障碍物品。

2 一等车

（1）检查洗手液是否注满，喷头是否拧开。

（2）放置冰镇啤酒、香槟、干白、干红等时，为了防止商标遇水破烂或字迹模糊，可用塑料袋包裹后冰镇；食用的冰块必须用塑料袋包装，置于饮料上冰镇，避免污染。

（3）在服务间内要放少量清洁袋备用。

（4）提前掌握列车乘务员、VIP 旅客的座位分布。

（5）在旅客上车前检查电视荧屏、旅客的座位、小桌板、脚踏板是否干净；枕头摆放整齐，徽标正对旅客。

（6）旅客上车前应清理服务间，对列车乘务员座椅进行清理，保持座椅、地面、台面整洁。

（7）保证每个一等车座位口袋里配备的杂志种类齐全，摆放顺序一致。

（8）遇到列车晚点、等待时列车乘务员要及时当面说明原因，表示歉意并询问需求。

（9）喷洒空气清新剂和香水，保持车厢、洗手间空气清新。

（10）一等车行李架避免放置车组行李物品，保证旅客有足够的行李存放空间。

（11）提前为 VIP 旅客准备好干净的被褥，放在服务间内。VIP 旅客需要时，可以马上提供。

🧹 模拟训练 5-27　始发准备

按始发准备要求，完成准备任务。

训练提示：

①检查各种设施设备是否齐全、作用是否良好。

②检查车内是否干净、整洁。

（二）始发站作业技能技巧

1 迎客

（1）二等车。

①迎客前，再次整理好个人仪容仪表。

②迎客前封锁洗手间，避免把旅客餐食、行李箱等放入洗手间内。

③主动问候旅客，遇老人等特殊旅客上车时列车乘务员应主动上前搀扶，协助提拿行李；遇儿童旅客上车时弯腰问候，可亢摸儿童头部或肩部表达对儿童的关爱。

④及时提醒旅客座位号位于行李架边缘，要求旅客对号入座，同时向旅客介绍扶手内小

桌板的使用方法。

⑤委婉提醒旅客找到座位后将过道让开，以便后面旅客通过，但不得吆喝、推攘旅客，随时注意自身在疏通过道或协助旅客安放行李时是否堵住过道。

⑥提醒旅客将大件物品存放在大件行李架上，小件物品（如水果、小推车）及放不下的物品可放前排座椅底下。

⑦及时整理旅客行李架，加快旅客行李放置速度。

⑧协助老弱病残及手提行李过多、过重的旅客安放行李。

⑨当发现旅客自带旅行茶杯时，应主动询问旅客是否需要添加茶水。当旅客正在食用自带的食品（含药片）时，可询问是否需要帮助。

⑩安全检查需从上至下，按照"行李架→衣帽钩→座椅靠背→小桌板→车厢通道"顺序，不漏检。

⑪列车运行前禁止旅客使用洗手间，特殊情况必须使用时，应有专人看守。

⑫仔细观察旅客，对神色异常、感觉不舒服的旅客及时给予关心和帮助。

⑬吧台服务员在吧台值守，时刻准备为旅客服务。

⑭提前安排好守口站位和退场秩序，正常鞠躬度数为30°；列车晚点致歉时为45°。

（2）一等车。

①旅客上车时列车乘务员应委婉确认旅客座位号码，安排入座。

②向列车长汇报旅客是否完全按座位号码就座，是否有改变座位的旅客。

③主动为旅客安排行李，脱下的衣服需及时挂于衣帽钩上。

④向车站接待员了解一等车厢VIP旅客在车站（或目的地）用餐情况。

⑤使用姓氏尊称服务，列车乘务员简单致迎宾词，做自我介绍，事先通报列车运行时间、预计到达时间、途经主要城市和风景名胜的预计时间，以及列车上的一些基本设备，并祝旅客旅途愉快。

模拟训练5-28　自我介绍

分组完成开车后的迎宾词，并做自我介绍。

训练提示：

①致迎宾词时，列车乘务员应看着旅客，沉着自信，面带微笑，语言清晰，音量以确保绝大多数旅客都能听到为宜。

②一等车厢的旅客层次相对较高，致辞声音不要太大，尽量做到甜美柔和。

③若有外国旅客，应用英语重复一遍。

模拟训练5-29　迎客时有旅客提出其他服务

模拟旅客上车后向动车组列车乘务员提出为其看管大件行李的要求，列车乘务员应如何处理？

训练提示：

①加强服务意识，动车组列车乘务员应该站在旅客角度考虑旅客需求的重要性；提高服务技巧，当旅客提出特殊需求，尽可能立即处理。

②列车乘务员如有其他原因不能及时处理,应立即在记事本上记录,或委托其他列车乘务员及时处理(也可委托他人提醒自己处理),并及时跟踪处理情况。

③如果因客观条件无法及时处理,应先向旅客说明理由,做好解释工作,并稍后处理。

2 座位安排

(1)尽量为座位不在一起的朋友或家人调换座位。

(2)在保障安全、不违反政策的前提下,适当为特殊旅客、身材高大的旅客、常客和宾客调整舒适的座位。

(3)列车开动前如旅客尚未就座,应上前提醒。

🖊 模拟训练5-30　安排重座旅客

20××年2月1日D6次(沈阳北—北京)动车组旅客列车,沈阳北站上车的两名旅客持当日当次车票,座位号均是5车3D,列车乘务员应如何处理?

训练提示:

①遇到重号的旅客,列车乘务员应认真核对乘车凭证。如果确认是重复的座位号码,列车乘务员应先向旅客致歉,听取旅客的意见,观察哪一名旅客有想要调换其他座位的意向。

②动车组列车乘务员应及时报告列车长,列车长根据旅客人数判断同等级车厢是否有空座,安排旅客尽快就座,并委婉地告诉旅客如果有其他旅客就座的话,我们再协助他调整其他座位,不要让旅客自行在车厢内找空位就座,以免造成旅客座位号码再次重复而引起不满,甚至导致投诉等。

③遇到满员情况,动车组列车乘务员可以帮助重号旅客(或后到的重号旅客)提拿行李,等全部旅客上齐后,让重号旅客在相同车厢等级的基础上,选择空余座位入座。

④在旅客人数不是很多的情况下,列车乘务员可询问旅客喜欢坐靠过道还是靠窗口的座位,尽量满足旅客的需求。

3 行李安排

(1)二等车。

①将特殊旅客的行李安排在他们可以看见或方便提取的位置。

②提醒旅客不要把容易滴洒的液体放在行李架上,密码箱不可在一起放置。

③在旅客人数较多时,乘务组可取下车组行李,存放在衣帽间或服务间可固定的位置。

④提醒旅客保管好笔记本电脑等贵重物品或易碎物品。

⑤在帮旅客摆放行李时,要先经旅客同意,并轻拿轻放。

⑥尽量不要替旅客保管物品,如特殊情况需要保管,应提醒旅客取出贵重、易碎物品,并让旅客亲自确认行李存放位置,提醒下车时不要忘记拿取。

⑦及时整理行李架,加快旅客行李放置速度。

⑧洗手间内及车厢连接处禁止堆放行李物品。

⑨大件行李较多,行李架放置不下时及时向列车长汇报,并说服、协助旅客将大件行李放到大件行李架内。

⑩当旅客座位上方行李架已满时,列车乘务员可与旅客协商将行李放在其他行李架上,

并让旅客确认存放位置,提醒旅客提取贵重物品,下车时不要忘记拿取。避免将行李存放在离旅客座位过远的行李架上,尤其是老年旅客的行李,要尽量放置在其座位上方或前排座椅下,避免因本人无法照看而造成不安。

⑪列车乘务员在检查行李架时,应注意物品不得超过规定的尺寸,以免滑落。

⑫当发现旅客座椅前放置的行李物品过大影响就座时,列车乘务员可主动协助旅客安放行李或调整旅客座位。

（2）一等车。

①如座椅后需要放置行李物品,必须保证前排座椅靠背能自由调节。

②需主动协助一等车厢旅客或 VIP 旅客安排行李,轻拿轻放。

③列车乘务员有责任对一等车厢旅客的行李进行托管,提醒旅客取出贵重物品,并妥善保管,防止弄脏和破损。

4 报纸服务

（1）二等车。

①为防止弄脏列车乘务员衣服,可在报纸底下垫上干净防滑纸。整理书报杂志时需戴一次性手套。

②主动介绍报纸品种,用眼神浏览,并征询每位旅客的意见。

③报纸数量不足时应委婉地向旅客做好解释工作,要求相互传阅。

④发报纸避免走形式。发完后勤洗手,避免污染其他物品。

⑤检查报刊日期,避免发放过期报刊。

⑥发现对中国高铁有负面影响的报纸立即停止发放,并通知上级停止对该报纸的配发。

⑦列车乘务员在车厢中走动时动作要轻,避免碰撞正在阅读报纸杂志或休息的旅客。拉帘子动作要轻、要规范。

（2）一等车。

①准备 10 份完整的中文报纸和 2 份英文报纸。

②在旅客人数较多时可整齐插于其报刊杂物袋里;在旅客人数较少时可单独提供,同样告诉旅客插于其前排座椅口袋里。

③注意观察旅客身份国籍,及时提供外文报纸杂志。

④检查报刊日期,避免发放过期报刊。

⑤所有一等车厢座位报刊品种需保持一致。

5 发拖鞋（一等车）

如果旅客需要,可为旅客提供拖鞋。

（1）列车乘务员需用手发送拖鞋,禁止将拖鞋插于前排座椅口袋内,禁止用大、小托盘送拖鞋;送拖鞋时一次最多拿 4 双,无须备份一双。

（2）列车乘务员在送拖鞋时需要在旅客面前打开,放置在旅客过道侧的脚边。

（3）列车乘务员应蹲下,用手撑开拖鞋鞋面并将拖鞋整齐摆放在旅客过道侧的脚边。

6 播放录像

（1）二等车。

①提前安排好录像播放顺序,并做好充分准备。

②列车乘务员随时在车厢感受音量大小,并做适当调整。

③随时观察播放情况,播完后立即更换。

④在节目更换期间和电影节目中间可穿插播放指定内容。

⑤车厢设备介绍等要有声播放。

⑥广播内容要与列车乘务员实际工作保持一致。

(2)一等车。

①观察旅客对录像节目的反应,及时更换不受欢迎的节目。

②观察旅客对个人电视的使用情况,及时进行指导。

③为休息的旅客收起电视屏幕。

(三) 途中作业技能技巧

1 饮料服务(一等车)

(1)主动协助旅客打开小桌板。

(2)在旅客喝咖啡单独放糖包、奶包时,及时清理用完的包装袋。

(3)热饮在旅客放行前送至一等车厢。

(4)需添加咖啡时,应将杯子擦拭干净或更换咖啡杯。

(5)铺完餐巾布后仍需垫杯垫。

(6)提供饮料时需检查并确认餐食饮料的质量以及用具是否干净,使用一等车厢玻璃器皿时,应用餐巾纸拿取,避免留下手印。

(7)不要等到饮料全部喝完后再为旅客添加。

(8)热饮需保持一定的温度,禁止为旅客提供"温吞水",热饮提供时间过长发生变冷或沉淀现象时,需主动为旅客更换。

(9)提供茶水、咖啡、米饭或汤时,为了避免烫着旅客,可在杯子、饭碗、汤碗与下面垫盘之间垫张纸巾。

(10)旅客饮用完牛奶后如提出需要柠檬红茶,应提醒旅客不宜混饮。

(11)为一等车厢旅客送茶和咖啡时,杯托上无须垫杯垫或餐巾纸,杯垫仅垫在玻璃杯下。

(12)为一等车厢旅客送水果时应提供刀叉。

(13)在提供餐饮前,对于存放在座椅扶手内的小桌板或位于车厢壁板上的小桌板,列车乘务员在征得旅客同意后,将其全部打开放平,再统一提供餐饮服务。注意随时观察一等车厢的旅客,使服务能够在旅客提出需求之前提供,如旅客杯中饮料快喝完时应主动询问是否需要添加。

2 餐食服务

(1)二等车。

①旅客预定的特殊餐食要优先提供。

②为特殊旅客(如老人、盲人等行动不便的旅客)提供餐食服务时,要征求旅客意见,确认是否需要为其打开刀叉包。

③为旅客冲泡奶粉时,需同时送上餐巾纸或湿纸巾。

④如果旅客的小桌板在座椅扶手里,为旅客提供餐饮服务时要主动协助旅客取出小桌板。

⑤送热食、热饮时提醒旅客小心烫手。

⑥如果有旅客在餐饮服务时提出其他需求，列车乘务员要尽可能及时满足。如果当时无法满足，为了避免遗忘，列车乘务员应将旅客的需求及座位号记录下来，并尽快满足。

⑦禁止将餐饮或杂物从旅客头顶上方掠过，旁边旅客协助递送时需及时向旅客致谢。

⑧协助旅客打开小桌板后再递送餐饮，遇到前排旅客放下座椅靠背，后排旅客位置很小不方便用餐时，主动提醒前排旅客调直椅背并表示谢意。

⑨服务过程中需及时提醒旅客注意安全，阻止儿童在过道上或座椅上玩耍。

⑩收餐时可在餐车的抽屉内备份一些餐巾纸和清洁袋，以及干净的湿毛巾，随时擦拭旅客小桌板上的汤汁。

⑪注意礼貌用语，对旅客提出的需求尽可能满足，确实无法满足时应委婉向旅客说明原因，取得旅客的谅解。

⑫掌握好服务节奏，减少旅客等待时间。

（2）一等车。

①一等车厢餐具需提前预热，热食必须保持一定的温度。

②主动介绍餐食品种，汤的温度过高时及时提醒旅客。

③随时监控一等车厢旅客用餐情况，确保餐食供应及时。

④主动协助旅客打开刀叉包，铺好餐巾布。

⑤旅客使用后的清洁袋应及时更换，如果遇到旅客需要使用，主动为其将封口打开。

⑥列车变速阶段，要固定饮料车和餐车内的服务用具、储物格，整理餐具餐盘等，避免发出较大的声响以及减少餐具的磨损。

模拟训练5-31　动车组列车乘务员损坏或弄脏旅客衣物

模拟列车在运行途中，列车乘务员弄脏旅客的衣物，旅客情绪激动，列车乘务员应如何面对？

训练提示：

①动车组列车乘务员在服务过程中，由于自身或其他原因损坏或弄脏旅客的衣物，应马上向旅客致歉（态度要诚恳，语言要亲切，语气充满关心），尽量帮助旅客做整理、清洗等弥补工作，将损失降到最低。

②对于弄脏的衣物，动车组列车乘务员应主动提出帮助旅客清洗，如果在车上无法清洗，应将旅客的联系方式留下，待衣物清洗干净后，以邮寄等方式送还旅客。

③对于损坏程度较大，需要赔偿的衣物，动车组列车乘务员应酌情给予赔偿（原则：尽量平息旅客的怒气，以尽快解决问题为首要），并向单位主管部门汇报。

④如损坏或弄脏的衣物是由不可抗拒的原因引起，动车组列车乘务员应向旅客解释并由单位有关人员协调解决。

模拟训练5-32　旅客物品丢失

模拟列车在运行途中，一旅客声称放在公文包内的iPad丢失，列车乘务员应如何处理？

训练提示：

①得知旅客丢失物品的消息后，列车乘务员首先应及时向列车长和乘警报告，配合乘警

询问旅客是否确定物品在列车上丢失。

②了解丢失物品的基本特征,积极配合旅客寻找丢失物品。

③记录丢失物品的名称、型号、形状、颜色、大小,包括旅客的姓名、联系地址、电话等详细信息。

④根据需要通知车站公安人员协助寻找。

模拟训练5-33 旅客物品被盗

模拟列车在运行途中,一旅客放在大件行李处的一件行李被盗,列车乘务员应如何处理?

训练提示:

①旅客物品被盗后,列车乘务员要在第一时间将事件报告乘警及列车长,并密切配合、分工明确、稳而不乱。

②列车长、乘警要迅速做出判断,果断处理,请公安部门进行调查,做好车上其他旅客的安抚工作。

③嫌疑对象确定后,配合公安部门处理。

3 回收杂物

(1)二等车。

①餐车上备份一些清洁袋,提供给有需要的旅客。

②清理垃圾时应戴一次性手套。

③主动擦拭旅客小桌板上的污渍,清理地面杂物。

④回收杂物时应使用礼貌用语。

⑤旅客丢弃在车厢通道上的杂物,即使是非常小的牙签、碎纸屑等也要及时清理干净。

⑥随时清理车厢中旅客阅读过的报纸。

⑦随时清理车厢通道或者旅客座椅上的杂物。

⑧主动擦拭弄脏的壁板、行李架、小桌板等。

(2)一等车。

①监控旅客用餐情况,及时回收旅客用完的餐盘,避免将餐食汤汁或碎末溅落在旅客身上。

②主动协助旅客收起小桌板。

③及时更换旅客座椅口袋中的清洁袋。

4 盖毛毯(一等车)

(1)检查被子、毛毯是否干净整洁,在服务间取下包装袋。

(2)根据车厢温度,主动为旅客盖上棉被或毛毯。

(3)毛毯上的动车组标志应正面朝上,盖到旅客腰腹部为宜,被子上部对折,旅客可根据需要自行拉至肩部。

(4)动作轻缓,避免打扰旅客休息。

5 为睡觉旅客服务

(1)二等车。

①协助旅客关闭阅读灯、窗帘。

②根据车内温度,给旅客轻轻盖上毛毯。

③根据旅客休息情况调暗车厢灯光,告知列车长适当将车厢温度调高一些。

④列车乘务员在车厢中走动时动作要轻,避免碰撞正在阅读报刊或休息的旅客,拉窗帘的动作要轻。

⑤当旅客躺卧休息时,列车乘务员应主动提醒旅客头朝窗户方向,避免餐车或行人碰撞其头部。

⑥当旅客休息时,列车乘务员应及时收走小桌板或座椅口袋中的杂物,避免影响旅客休息;对于有水的水杯应及时收走以避免弄倒,等旅客醒后再为其提供。

⑦给旅客发放报纸时,如遇到一排旅客睡觉无应答,列车乘务员可将报纸插在 C、D 座口袋内各一份,供旅客醒后阅读。

⑧当旅客睡觉时,实行"零干扰"服务。列车乘务员主动在旅客座椅前方贴上"休息卡",随时关注该旅客,待旅客醒后,及时询问旅客的需求。

⑨对于旅客睡着时未食用的餐食,列车乘务员需要将其先拿回服务间,做好标记之后放置在烤箱中保温,为该旅客贴上休息卡,列车乘务员之间要做好信息沟通。当旅客睡醒后问及餐食去向时,列车乘务员需要向旅客做好解释并及时提供餐饮服务。

（2）一等车。

①根据车厢温度,为旅客轻轻盖上毛毯。

②在不影响旅客的情况下整理好地面、桌面及前排座椅口袋中的物品,并收走旅客饮料杯,防止洒落。

③随时观察旅客是否醒来,旅客睡醒后,列车乘务员应马上为其提供热毛巾及一杯矿泉水,然后再问其需要喝什么饮料。

④根据旅客休息情况调暗车内灯光、关闭车厢音乐。

⑤实行"零干扰"服务,委婉阻止二等车厢旅客去一等车厢。避免列车乘务员及餐车频繁进出一等车厢。列车乘务员说话、动作要轻,避免碰撞休息旅客。

⑥旅客用洗手间时及时迅速地整理旅客的座位,枕头、毛毯放整齐,待其用完洗手间后主动送上热毛巾。

⑦打扫洗手间时需关上洗手间的门,避免冲水的噪声打扰旅客休息。

⑧列车乘务员在单独回答一等车厢旅客问询时,可以采取蹲式服务,音量以不影响其他旅客休息为宜;委婉地提醒大声交谈的一等车厢旅客,避免影响其他旅客休息。

⑨避免光线干扰。当旅客休息时,列车乘务员要及时拉上旅客旁的窗帘,不留缝隙,避免服务间光线过亮影响旅客休息。

⑩避免异味干扰。列车乘务员需保持口腔清新,避免口腔异味,可携带口香糖(禁止在车厢中咀嚼口香糖)。保持洗手间卫生,打开通风口,及时喷洒香水,如部分车厢马桶异味较大,需及时盖好马桶盖。

⑪避免碰撞旅客。巡视车厢时避免碰撞看报或休息的一等车厢旅客,如果不小心碰撞到旅客,列车乘务员应及时真诚地道歉;加强服务规范性,避免饮料、餐食等物品洒落旅客身上。禁止在一等车厢旅客身上递送物品。列车乘务员为旅客拉窗帘、盖毛毯等时动作要轻柔,避免碰撞旅客。

6 巡视车厢

（1）二等车。

①遇旅客排队上洗手间或旅客把报纸伸出过道阅读时，列车乘务员经过时应委婉要求旅客把过道让开，并及时向旅客道谢。

②根据列车运行时间的长短，列车乘务员在巡视车厢时应准备几杯水，提供给旅客。

③委婉提醒大声喧哗的旅客，保持车厢安静。

④加强与旅客的沟通交流。通过与旅客交谈，发放"旅客征询意见表"等表格，消除旅途寂寞，更多发展动车组常客。发放表格时，除简明介绍外，为旅客打开阅读灯，提供圆珠笔。

⑤等待部分旅客上车时，车厢始终保持有列车乘务员巡视，询问阅读书报杂志的旅客是否需要打开阅读灯。

⑥当洗手间洗手设备出现故障时，列车乘务员应主动为旅客提供湿纸巾。

⑦为旅客准备一些方便袋，供旅客放置未使用的餐盒及其他物品。

⑧在车上供旅客使用的服务设施出现故障时，列车乘务员可以提前在出现故障的位置贴上一些有提示性并表示歉意语言的粘贴纸。

⑨尽量满足旅客的合理需求。

⑩及时处理旅客呼叫。

⑪列车乘务员在车厢服务时应使用礼貌用语。

⑫列车乘务员应及时问候常客，表示感谢，提供准确、及时的相关信息服务。

⑬保持良好的精神风貌和训练有素的举止。

⑭耐心倾听旅客的各种抱怨，力所能及地满足他们的要求。

⑮避免谈论有争议的话题。避免与旅客长谈。

（2）一等车。

①目光始终不离开一等车厢的旅客，做到旅客开口前服务。

②当旅客上洗手间时，列车乘务员应主动整理好报纸、毛毯、枕头、座椅口袋、鞋子、过道等，始终保持整洁的车厢环境。

③在不影响旅客休息或办公的情况下，列车乘务员可加强与旅客的沟通与交流，满足旅客的心理需求，加深对列车服务的印象。

④在进行到站广播之前，列车乘务员应及时将到达地的时间、天气、温度告知一等车厢旅客。如果旅客正在休息，醒来后需为其单独预报。

⑤注意开关阅读灯、通风孔、窗帘，帮助调节座椅靠背及脚踏板，及时提供毛毯。

⑥尽量避免二等车厢旅客到一等车厢用洗手间，并注意进出服务间时拉门帘的动作要轻，列车乘务员服务时动作要轻、说话声音要轻，禁止列车乘务员在服务间或一等车厢大声喧哗。

⑦旅客不用的毛毯，列车乘务员应及时折叠整齐放在其座椅边缘；看完的报纸及时收走，未看的报纸及时插在旅客座椅前面口袋里。

⑧为一等车厢旅客准备《旅行小管家》上所列各种家居小用品，增加眼罩、耳塞，使旅途用品更为完善。

⑨若发现旅客眼镜片、鞋子等物品较脏时，主动为其擦拭干净。

⑩到站时，提醒旅客手机、眼镜等小件物品注意放好。

⑪从列车乘务员座椅起身时应用手轻轻按压座椅，避免座椅猛烈弹起发出声响。

模拟训练5-34　拒绝拍摄

由学生分别扮演旅客和列车乘务员,旅客对列车乘务员进行摄像、拍照,被列车乘务员发现,列车乘务员应该如何处理?

训练提示:

①列车乘务员应适当采取回避的态度,避免正对镜头。

②委婉地提示旅客除对列车乘务员进行拍摄外,可自由在车厢内进行拍摄留念,列车乘务员服务工作结束后,有时间的话可以与其合影。

③列车乘务员在做好自我防护的同时应注意讲话方式和态度,有礼有节,不得强夺旅客摄像器材进行删除或曝光。

模拟训练5-35　二等车旅客打扰一等车旅客

由学生分别扮演旅客和列车乘务员,为避免二等座旅客打扰一等座旅客,列车乘务员应该如何处理?

训练提示:

①一等车列车乘务员随时监控一等车,防止无关人员进入。

②列车乘务员发现有二等车旅客就座一等车时,在确定是二等车旅客后,可以友善地询问:"请问您是想办理升级手续吗?"处理过程中尽量不要影响一等车旅客的休息。

③有一等车旅客就座时,列车乘务员应委婉阻止旅客在一等车参观;无一等车旅客就座时,可允许旅客在一等车做短暂停留,需灵活掌握时机,提示旅客及时回原座位。

三　终到站及折返站作业服务技能技巧

1　归还衣物

(1)二等车。

及时归还旅客寄存的衣物,严禁错拿错还。

(2)一等车。

①在服务间取下衣物,逐件归还,严禁错拿错还。

②如果到达站天气炎热,列车乘务员可征求旅客意见,确认大衣、外套等衣物是否可以折叠好后装入干净的毛毯袋中,或协助旅客装入随身行李袋中。

③列车乘务员根据外部天气状况,提醒旅客更换衣物。

2　送客

(1)二等车。

①旅客下车时,列车乘务员主动为个别手拿行李、物品的旅客提供毛毯袋,方便提取。

②主动搀扶老弱病残旅客下车,并与车站做好交接工作。

③提醒旅客携带好随身物品。

④旅客提取塑料兜下车时,列车乘务员应主动提供毛巾,避免旅客勒手。

⑤在送客时,对行李较多的旅客列车乘务员应提供适当的帮助。当其堵住车厢通道时,

主动迎上前帮助提拿行李,若旅客的小包肩带掉落,应帮忙扶好。

(2)一等车。

列车乘务员应提醒旅客带齐所有的行李和随身物品,主动协助旅客提取行李物品。

▶ 四 重点旅客服务技能技巧

1 VIP 旅客

(1)了解 VIP 旅客职务、服务喜好等信息,提供个性化服务。

(2)旅客上车时,列车乘务员及时为旅客挂好衣物,注明座位号、到达站。

(3)列车长代表车组向旅客致欢迎词,表示为其服务深感荣幸,并竭诚为其服务。

(4)主动询问随行人员,了解 VIP 旅客饮食喜好及用餐情况。

(5)主动介绍供餐程序和餐食品种,征求旅客意见,确定用餐时间。

(6)在旅客需要休息时,列车乘务员应主动提供帮助。旅客睡醒后,列车乘务员要及时送上热毛巾和茶水。

(7)在乘车中,尽量减少对旅客的不必要打扰。如果旅客不需要提供服务,列车乘务员之间应做好交接工作,避免重复询问。

(8)对就座二等车厢的 VIP 旅客,列车乘务员仍应提供服务,主动提供热毛巾、报纸及告知到达站的信息。

(9)送客时,列车乘务员应帮助旅客提拿行李,交接给接站人员或随行人员,并真诚道别,期待以后能够继续为其服务。

(10)与 VIP 旅客聊天时,避免涉及商业机密或政治方面的话题。

2 VIP 旅客随行人员

(1)不要忽视 VIP 旅客随行人员,其各项服务应优先于普通旅客。

(2)随行人员为与 VIP 旅客关系密切的人时,征得列车长同意,有空座的情况下可征求 VIP 旅客意见,安排其在一等车厢就座。

(3)主动为随行人员提供报纸、饮料等服务。

(4)随时与随行人员沟通,适时为其提供相应的服务。

(5)列车长及列车乘务员需随时观察和询问随行人员对列车服务质量的满意度。

(6)VIP 旅客随行人员下车时列车长也需主动与接站人员做好交接工作。

3 孕妇旅客

(1)遇孕妇旅客上车时,列车乘务员主动帮助提拿、安放随身携带物品,注意调节通风口。

(2)提供毛毯垫在小腹下,应多提供几个清洁袋,主动询问孕妇旅客乘车感受,随时给予照顾。

(3)下车时,列车乘务员可协助孕妇旅客提取行李,并送至车门口。

4 儿童(5~12岁)旅客及带婴儿的旅客

(1)儿童旅客上车时列车乘务员需弯腰,表示欢迎及爱护,对于首次乘车的儿童旅客,要告知其陪同人员在列车运行期间不要让孩子随便跑动,以免发生危险。

(2)根据车上现有条件提供一些儿童喜欢和感兴趣的读物、玩具等。

（3）主动为婴儿提供枕头,关闭通风孔防止吹风。

（4）主动帮助带婴儿的旅客提拿随身携带物品并安放(事先提示旅客把婴儿要用的物品取出,放在便于拿取的位置)。

（5）用餐时,提醒旅客注意小桌板上的饮料(尤其是热饮),避免洒到婴儿身上。同时,主动询问旅客是否需要为婴儿准备食物,需不需要冲奶粉,什么时候冲,有无特殊要求等;用小毛巾或餐巾纸将冲好奶粉的奶瓶包好,递给旅客。

（6）提供饮料服务时需将饮料递给陪同人员后再转给儿童或婴儿,冷饮服务需同时提供吸管。

（7）带婴儿的旅客需要列车乘务员的时刻关注,但除非旅客请列车乘务员帮忙,否则列车乘务员不要主动去抱婴儿。

（8）帮助旅客在洗手间给婴儿换尿布,如果没有婴儿护理台可以在坐椅上换。为了不影响其他旅客,可在列车乘务员座椅上铺上毛毯,准备好清洁袋。换完后请旅客洗手或用热毛巾擦手。

（9）到站后,帮助带婴儿的旅客和儿童的陪同人员整理好随身携带物品并帮助提拿送下列车。

5　老年旅客

（1）老年旅客上车时,列车乘务员需主动上前搀扶并送到座位上。

（2）老年旅客腿部容易怕冷,列车乘务员应主动提供毛毯,帮助盖毛毯时应注意把脚、腿盖上或适当垫高下肢。

（3）由于老年旅客听觉较差,对广播经常听不清楚,列车乘务员应主动告知广播内容和介绍车厢服务设备、洗手间的位置。

（4）列车乘务员为老年旅客提供饮料时,应适当提高声音,主动介绍饮料品种,提醒旅客哪种饮料含糖分。老年旅客需要橙汁时,列车乘务员应主动提醒旅客橙汁是微酸的。

（5）老年旅客在用餐时,列车乘务员应主动为其打开餐盒及刀叉包。

（6）旅途中,列车乘务员应经常看望老年旅客,主动问寒问暖。工作空余时列车乘务员应多与老年旅客交谈,消除他们的寂寞。

（7）主动帮助老年旅客填写意见卡等。

（8）到达目的地,提醒老年旅客别忘记所携带的物品,搀扶其下车,与接站人员做好交接。

（9）如果老年旅客需要用洗手间,列车乘务员应及时满足并帮助放好马桶垫纸。

6　肥胖旅客

（1）上车时安排肥胖旅客先入座,列车乘务员主动协助安放行李。

（2）在条件允许的情况下,列车乘务员主动为肥胖旅客调换比较宽松的座位。

（3）肥胖旅客一般比较怕热,列车乘务员需主动调节车厢通风孔,提供湿毛巾或冰水,降低其体温。

（4）尽量避免安排肥胖旅客在靠近过道的座位,以免影响周围旅客进出。

7　伤残旅客

（1）将伤残旅客安排在离车门口较近的位置,列车乘务员应主动搀扶协助其坐好。

（2）伤残旅客就座后,列车乘务员应主动送上枕头或毛毯,垫在其胳膊下。

（3）对于有脚伤、腿伤以及其他下肢伤残的旅客,就座时列车乘务员应及时用小纸箱等物品协助垫高下肢,尽量使其感觉舒适。

(4)列车员在为伤残旅客(特别是刚受伤的旅客)服务时应保持正常的心态,以免伤其自尊心,可通过同行的旅客来了解其需要。

(5)在供应饮料和餐食时,帮助旅客放好小桌板,在征得旅客同意后,主动帮助将肉食、水果等切成小块,让其用叉子吃。

(6)旅客用洗手间时应主动搀扶。

(7)询问旅客下车是否需要轮椅,协助旅客下车并交接给接站人员。

8 晕车旅客

(1)列车乘务员轻声询问旅客乘车前后的情况及有无晕车史,并加以安慰。

(2)列车乘务员主动提供热毛巾、温水(漱口)及清洁袋,建议解开过紧的领带或衣领扣。

(3)下车时,列车乘务员主动帮助提拿行李并搀扶下车。

9 聋哑旅客

(1)了解旅客到达站,到目的地时,及时提醒旅客,并将目的地车站名称、到达时间、换乘车次及时间等信息通过手势或文字告诉旅客。

(2)将车上设备使用方法、洗手间位置、餐饮品种等内容用手势或文字告诉旅客。

(3)随时了解旅客需求,适时为旅客提供服务。

10 初次乘车旅客

(1)主动介绍车上设备、洗手间等的位置及使用方法。

(2)旅途中随时了解并询问需求,适时提供帮助。

(3)在为旅客提供餐饮时,告知旅客餐具是在餐盒里的。

11 无人陪伴儿童旅客

(1)为儿童旅客提供玩具、儿童图书及扑克牌、象棋、跳棋等文化娱乐用品。

(2)指派专人服务,随时关注并帮助儿童旅客。

(3)到站时,叫醒正在睡觉的儿童旅客并妥善照料。

(4)帮助提取儿童旅客的行李物品,下车时需与接站人员做好交接工作。

12 使用拐杖的旅客

列车乘务员要留意观察使用拐杖的旅客,当发现旅客要站立行走或上洗手间时,应尽快将拐杖递给他并热情搀扶引导。

13 生日旅客

如果旅客提出要在列车上过生日,可为其致祝福广播,点播《祝你生日快乐》歌曲。

模拟训练5-36 回答旅客提问

由学生分别扮演旅客和列车乘务员,旅客对列车乘务员进行提问,列车乘务员该如何回答?

训练提示:

在乘务工作中,列车乘务员经常遇到旅客提问,列车乘务员回答旅客提问时要站稳,面向旅客,耐心而热情,语言简洁准确,注意礼貌、得体,讲究回答技巧,切忌给人一种不友好、不平等、不耐烦的感觉。

模拟训练5-37　劝告与说服旅客

由学生分别扮演旅客和列车乘务员,遇到一些持不同意见的旅客,列车乘务员该如何对待?

训练提示:

动车组列车乘务员面对的旅客来自各行各业,难免遇到一些持不同意见的旅客,这就需要劝导或说服旅客。列车乘务员在劝导时要换位思考,了解旅客的心理状态,明了旅客的心思,采取立足旅客的劝说方法,尽量把列车乘务员的大度、诚意和善意说到旅客的心坎,达到增强理解的目的。否则会无法说服旅客,甚至会因曲解而产生误会和矛盾。

模拟训练5-38　接待投诉的旅客

由学生分别扮演旅客和列车乘务员,面对旅客的投诉,列车乘务员该如何处理?

训练提示:

①认真倾听并表示感谢。

②说明感谢的理由。

③马上真诚地道歉,立即复述并认同。

④做出承诺,立刻改进。

⑤采纳旅客的合理意见。

⑥确认旅客的满意度。

模拟训练5-39　重点旅客的服务

模拟列车在运行过程中,分别有老年旅客、孕妇旅客、带小孩的旅客、VIP旅客、晕车旅客等重点旅客,列车乘务员需根据不同的要求做好服务工作。

训练提示:

要做好重点旅客的服务工作,列车乘务员应付出更多的细心和耐心。

单元微课

列车服务工作技能技巧

本单元微课请扫描二维码15。

二维码15

单元5.4　铁路客户服务工作技能技巧

2011年1月19日,中国铁路客户服务中心正式面向社会公众提供服务。铁路客户服务中心按国铁集团所辖铁路局集团公司设置18个区域性中心,以各铁路局集团公司所在城市名称命名,分别为哈尔滨、沈阳、北京、太原、呼和浩特、郑州、武汉、西安、济南、上海、南昌、广州、南宁、成都、昆明、兰州、乌鲁木齐、西宁铁路客户服务中心。

一 铁路客户服务中心的业务职责

目前,铁路客户服务中心通过电话语音查询、人工在线服务、铁路 12306 网站、95306 网站以及铁路 12306 公众号为客户提供解答咨询、受理投诉、受理表扬、反馈建议、应急救助等五个方面的服务职能。

1 解答咨询

准确解答客户提出的关于客货运业务等的各类问题,并根据问题类型,定期汇总、分析客户最关注的问题,及时通报给相关领导和部门,提出改进建议,为生产一线提供基础信息。

2 受理投诉

及时受理与客货运业务相关的各类客户投诉问题,对问题进行调查、追踪、处理、回访,并根据问题类型,定期汇总、分析各工作环节的服务漏洞和薄弱项点,对暴露出的突出、重点问题及时通报,警示全员,发挥承上启下的作用。

3 受理表扬

对客户的表扬信息进行登记、转发,成为客户表达心意的桥梁。

4 反馈建议

对客户提出的各类意见和建议进行汇总分类、定期回访,通过与客户互动表明铁路部门对社会公众的态度,热情地接受社会各界监督。

5 应急救助

发挥信息平台和网络资源优势,对遇到突发疾病、遗失物品等现实困难的客户提供应急救助,成为客户出行的依赖和伴侣。

铁路客户服务中心采用交互式语音应答系统提供自助语音服务,并按照客户需要设计了语音层级导航,客户通过拨打铁路客户服务中心电话 12306,首先进入语音导航模式,然后根据自身需求选择需要的服务,若选择人工服务则转接人工台,由客户服务员为客户进行语音服务。

二 铁路客户服务员职业介绍

在铁路客户服务中心工作的服务人员工种名称为"铁路客户服务员"。2015 年 7 月,经国家职业分类大典修订工作委员会审议,"铁路客户服务员"作为铁道行业特有工种纳入 2015 版《中华人民共和国职业分类大典》。

1 铁路客户服务员

铁路客户服务员(以下简称"铁路客服人员")是指从事铁路客货运相关业务咨询、信息查询,受理需求、投诉、建议等的信息服务及处理人员。

2 铁路客服人员的职业能力特征

(1)铁路客服人员应具备较强的倾听、表达、沟通能力。
(2)具备较好的理解归纳、分析判断和解决问题的能力。
(3)具备良好的信息处理和协调合作的能力。

（4）心理素质好，抗压能力强。

（5）计算机操作熟练。

（6）口齿清晰，普通话标准，听力、辨色力正常，双眼矫正视力不低于5.0。

3 铁路客服人员的职业道德

（1）铁路客服人员应遵守纪律、法规和有关规定。

（2）爱岗敬业，具有高度的责任心和良好的团队合作精神。

（3）文明服务，尊重客户。

（4）严格执行作业标准、工作规范、安全操作规程和相关保密规定。

（5）刻苦学习，钻研业务，努力提高技术文化素质。

（6）着装整齐，保持工作环境清洁有序，爱护设备设施、备品。

三 普通话发声技巧

铁路客服人员应具备准确规范的普通话语言表达能力，即声母、韵母发音准确规范，避免出现因平翘舌不分把"四元"说成"十元"，因"f""h"不分把"福州"说成"湖州"等语言不清的情况。因此，要提升服务质量，保持良好的声音状态，铁路客服人员需经常进行普通话发声技巧训练。

（一）呼吸技巧

1 胸腹联合式呼吸法

气息和声音的关系非常密切，"气动则声发"，说明每个人开口说话都离不开气息的运用。有的人说话底气十足、声音洪亮，有的人说话有气无力、气喘吁吁。因此，学会自如地控制呼吸非常重要，这样发出来的声音坚实有力，音质优美，而且传送较远。

呼吸技巧有胸式呼吸、腹式呼吸、胸腹联合式呼吸三种方法。理想的呼吸方法是胸腹联合式呼吸法，它的特点是胸腔、腹腔都配合呼吸进行收缩或扩张，尤其要注意横膈膜的运动，这样发出的声音圆润悦耳、平稳持久。

2 宜气缓声柔，忌气重声粗

在客服交谈中，要注意情、气、声要统一和谐。情感是气息的源泉，气息是声音的依托，声音是情感的流露。情感与气息、声音有对应关系，如：

喜——气满声高	悲——气沉声缓
爱——气缓声柔	憎——气足声硬
怒——气重声粗	疑——气舒声缓
急——气短声促	静——气舒声细
冷——气少声淡	惧——气提声抖

因此，客服交谈中，宜气缓声柔，忌气重声粗；宜气舒声细，忌气短声促；宜气满声高，忌气少声淡。

（二）共鸣技巧

人们发声的时候，气流通过声门，振动声带发出音波，经过口腔或鼻腔的共鸣，形成不同的音色。改变口腔或鼻腔的条件,音色就会大不相同。例如,舌位靠前,共鸣腔浅,可使声音清脆;舌位靠后,共鸣腔深,可使声音洪亮。所以,在客服交谈中,要注意调节共鸣,这是使音色柔和响亮、动听的重要技巧。

共鸣技巧主要体现在鼻、口、胸三腔共鸣的艺术发声处理。说话时应以口腔共鸣为主,以胸腔共鸣为基础,同时略带鼻腔共鸣,这样发出的声音深沉、厚重、清晰有力。若只有口腔和咽腔共鸣,则声音单薄、干涩,既没有磁性,也没有穿透力,长时间讲话还会口干舌燥,声带疲损。

(三) 吐字归音技巧

"吐字归音"原是中国说唱艺术在咬字方面的一个术语,它把一个音节分为出字、立字、归音三个阶段。每个阶段都有明确的要求,如果能够达到这些要求,吐出的字就会显得清晰、饱满、有弹性。"吐字归音"的基本要求如下:

> 每字出口要有情,气随情和音势行。
> 字头阻气定型难,猛力除阻才发声。
> 字腹音色要纯净,声音响亮又集中。
> 字尾归音要圆满,字音结束气方松。
> 音素过渡要连贯,声调准确语意明。

(四) 节律技巧

1 语调训练

语音语调的变化会影响语义,不同语调会使语义有所不同。

模拟训练5-40 节律技巧训练

试用不同语调读出下面的句子:
◇我没说是你偷了他的钱包。
训练提示:
(1)平直调:平和语气表陈述事实。
(2)降调:肯定语气表解释。
(3)升调:烦躁语气表辩解。
(4)曲调:反问语气表嘲讽。

在客服交谈中,铁路客服人员适宜用平直调来客观陈述说明,用降调来解释问题或礼貌问候,尽可能少用个人主观情感强烈的升调和曲调。

2 停连训练

停顿和连读的变化会影响语义,停连的位置不同会使语义有所不同。

模拟训练5-41 停连训练

试用不同的停连位置读出下面的句子:
◇他说不下去了。
训练提示:

"他"后停顿表示他无法继续表达；"他说"后停顿表示转述"他不下去了"的决定；"他说"及"不"后都"停顿"，表示向"他"问询第三者的去向,他确定已"下去了"。

在客服交谈中,铁路客服人员适宜用平和舒缓、连贯顺畅的语言表达,但传达专业性较强的关键信息时,要适当运用停顿让客户理解消化所传递的内容。

3 语速训练

语速的不同变化会影响语义,不同语速会使语义有所不同。

模拟训练5-42 语速训练

试用不同语速读出下面的句子：
◇我不见了。
训练提示：
快速表戏谑玩笑,中速表陈述事实,慢速表遗憾无奈。

在客服交谈中,铁路客服人员适宜用中速耐心细致地服务客户,面对老年旅客或普通话听力不好的旅客要慢速表达,以达到有效沟通的目的。

4 重音训练

重音是指那些在表情达意上起重要作用和在朗读过程中要加以特别强调的字、词或短语。重音是通过声音的强调来突出意义的,它能给色彩鲜明、形象生动的词增加分量。

重音可分为词重音和语句重音两种情况。词重音有重轻、重中、中重三种类型,如"快了、快乐、快来"分别是以上三种类型对应的词语形式；语句重音有语法重音、强调重音等。语句重音的选择标准为：突出表意目的的中心词,体现逻辑关系的对应词,点燃感情关系的关键词。

模拟训练5-43 重音训练

试读以下句子：
◇我买2月5日去武汉的票,高铁,一张。
训练提示：
旅行时间"2月5日"、目的地"武汉"和火车票类型、数量这些关键信息要重音强调。

虽然在日常表达中重音的表达未必是通过加大音量和音强来体现,但客服工作中还是要注意重点内容和关键词语用加重语气的重音方式强调,同时伴以减缓语速和重复关键词的表达方式。

四 易混站名及姓氏听音辨析技巧

铁路线名及车站站名与地域历史文化有着紧密的联系,因此,熟悉和熟记各省名称、简称及大中城市的名称等是铁路客服人员必备的一项基本业务素质。

一些铁路客服人员因缺乏基本的地理常识而不能与客户很好地沟通,如不能区分省名和站名,当客户询问时,无法在系统中查询相关信息。因此,铁路客服人员应该熟知各省的基本方位、客运运价里程接算站示意图及货运营业站示意图中各铁路线路的途经站及走向,只有这样才能更好地为客户解答相关问题。

(一) 容易混淆的铁路车站站名及辨别方法

一些车站采用"城市名"命名,或采用"城市名 + 方位"命名,如北京就有五个办理客运业务的车站,除北京站以城市名命名外,其他几个车站均以"城市名 + 方位"命名,分别为北京东站、北京西站、北京南站、北京北站。我国地域辽阔,难免有名称相同的城市,这样就容易造成铁路车站名称的混淆,为铁路客服人员的工作带来困扰。因此,能够正确辨别和区分易混站名是铁路客服人员必备的业务技能。

模拟训练5-44 铁路车站站名及辨别方法训练

铁路客服人员如何对客户说出的站名"沧州"和"乾安"进行听音辨析?

训练提示:

①组词法。例如,"沧州—常州"的听音辨析,就可询问客户:是"经常"的"常"还是"沧海"的"沧"?

②隶属省份法。例如,"沧州—常州"的听音辨析,就可询问客户:是河北的"沧州"还是江苏的"常州"?

③扩展地域法。例如,"迁安—乾安"的听音辨析,就可询问客户:是河北唐山市的"迁安"还是吉林松原市的"乾安"?

(二) 常见易错姓名读音及辨别方法

中国的姓氏比较多,有些姓氏的读法比较特别,容易产生差错,因此,铁路客服人员应该熟悉那些读音特殊的姓氏。

(1)记住多音字作姓氏时的独特发音,如"那"读阴平,"宓"读 fú 或 mì 两音。

(2)细心区分形近字的读音,如"储、褚、堵、诸",分别读为"chǔ、chǔ、dǔ、zhū"。

(3)记住生僻姓氏的读音,如"叕(shū)、厍(shè)、阚(kàn)、乜(niè)、蒯(kuǎi)、缑(gōu)"。

五 电话沟通技巧

拥有一个亲切柔美的声音,让客户通过声音感觉到你能帮助他,是铁路客服人员做好电话沟通的基础。除此之外,有效地利用倾听和提问技巧,是铁路客服人员做好电话沟通的关键。

(一) 沟通中的倾听技巧

铁路客服人员由于工作性质每天会接待很多不同的客户,可能养成职业习惯,只是机械地听客户说的话,直接进行记录,没有专心倾听客户的心理,而客户服务中一个重要技巧就是倾听技巧。

1 站在客户的立场倾听

铁路客服人员应站在客户的立场倾听,体察客户的感觉。一个人的感觉往往比他的思想更能引导他的行为,越不注意人的感觉,就越不会进行有效的沟通。如果客户一开始就情绪激动,必然导致无法把事情说清楚,这时就需要运用同理心来处理。比如,客户遗失了贵重物品,非常着急,无法清楚地表达,这时铁路客服人员可以说"您着急的心情我非常能理解""我的心情和您一样"等语句,以拉近彼此距离,安抚客户情绪,使接下来的倾听更有效率。

铁路客服人员只有站在客户的立场上,专注地倾听,才能明白客户的难处以及客户的真正需求,更有效率地帮助客户解决问题,从而提高客户的满意度。

2 及时回应客户

沟通是相互的,在不打断客户说话的前提下,铁路客服人员需要适时表达自己的观点,给客户一些积极的回应,既可以让客户感受到自己是在认真倾听,也有利于跟上客户的思维,避免走神。

倾听不是简单地听客户说话的过程,铁路客服人员的一言一行,客户从电话中都能够听得出来。在电话沟通中,如果客户在讲话,铁路客服人员有时默不作声,有时敷衍地"嗯"两声,甚至忘记客户说的问题,那么客户会觉得铁路客服人员很不懂礼貌,最后可能会投诉。而当铁路客服人员表现出专注、认真地聆听客户说话并积极回应的时候,客户就会觉得铁路客服人员认真对待他的问题,觉得自己受到了尊重,也会愿意主动地述说他的需求,积极配合。铁路客服人员回应客户时,尽量不要一直用"对""是的""啊"等词汇机械回复,而要激励客户在轻松友好的氛围中把他能想到的内容都表达出来,如"我明白,您请继续"等。

3 摘要核对客户的话意

在倾听客户对事情的描述之后,铁路客服人员需要进行归纳总结,把客户要表达的意思归纳为几个要点,再征求客户意见,如"您的意思是……,您看我的理解是否正确,是否还有需要补充的地方。"这样做可以将客户杂乱的表述总结归纳起来,逻辑清晰,避免产生误解。

铁路客服人员也可以复述客户的原话,给其肯定的回应,让客户产生认同感,这对沟通非常有利。铁路客服人员应养成在倾听客户的叙述后摘要核对的习惯,待得到客户肯定后,再提出解决方案。摘要核对时,铁路客服人员一定要抓住重点,不要被细枝末节干扰,语言要简洁明了。

4 倾听客户语言的内涵和外延

铁路客服人员应注意跟客户说话的口吻。例如,客户带着嘲讽的口吻提问:"我想问一下,你们12306是怎么为客户服务的?"如果铁路客服人员完全没有注意到客户的语气态度,一本正经地给客户解答:"我们的服务范围是……"会使自己非常尴尬,也让铁路部门的服务在客户心中一落千丈。因此,铁路客服人员一旦听出客户语气中的不善,应马上安抚客户,表示歉意并询问客户发生了什么不愉快的事情,而不是盲目地、机械地回答客户的问题。

铁路客服人员在沟通时,如果只听事实,不顾客户的情绪是无法使客户满意的。客户购买的不仅仅是运输产品,还有情绪上的满足。

5 做好重点记录并确认

在通话中,有的内容重要,有的内容不重要,所以铁路客服人员在倾听的同时,需要将一些比较重要的信息记录下来,在接下来的电话沟通中将重点信息与客户确认,这样既可以提高自己的工作效率,更精准地把握客户需求,又能让客户感受到被重视。

（二）沟通中的提问技巧

在电话沟通的最后阶段,铁路客服人员需要很专业、很得体地提出引导性问题,帮助客户解决倾听过程中没能解决的问题,同时帮助自己获得更加详细的客户信息,最终锁定客户真正的需求,得到自己需要的结果。

在客户服务过程中,很多提问的目的都不是得到答案,而是洞察当时客户的问题,给客户提供一种发泄的渠道而已。通过提问,铁路客服人员可以尽快找到客户想要的答案,了解客户的真正需求和想法;可以厘清自己的思路;可以让愤怒的客户逐渐变得理智起来。

1 针对性问题

针对性问题的作用是让铁路客服人员获得细节,当不知道客户的答案是什么的时候才使用,通过提出有针对性的问题,就这些问题进行了解。比如,客户投诉说车票不能改签,也不能退票。那么,铁路客服人员就会问:"您是哪天的、什么时间的车票? 在哪个车站不能办理改签和退票?"这个问题就是针对性问题。

2 选择性问题

选择性问题是封闭式问题的一种,就是客户只能回答"是"或者"不是"。这种提问用来澄清事实和发现问题,主要目的是澄清事实,如铁路客服人员说:"您的车票是找不到了吗?"客户只能回答"是"或者"不是"。

3 了解性问题

了解性问题是指用来了解客户信息的一些提问,要注意有的客户会比较反感提这种问题。比如,铁路客服人员说:"请您说一下姓名、电话、身份证号。"这些涉及个人隐私的信息对铁路客服人员是很有用的,可是客户有的时候不愿意回答,因此在提出了解性问题的时候,一定要说明原因,如"请您留下姓名、电话,因为要做登记,方便过后给您回访"。

4 澄清性问题

澄清性问题是为了正确了解客户所说的问题是什么。比如,客户夸大其词地说"你们铁路的服务太差了!"铁路客服人员可以问:"您说的服务太差是指哪方面呢? 是设备还是人员? 请您说一下具体经过好吗?"

5 征询性问题

征询性问题是告知客户问题的初步解决方案,如铁路客服人员说:"您所说的我都已经记录,我马上转给相关单位进行核实处理,稍后会给您做回访,您看这样行吗?"

6 服务性问题

服务性问题是客户服务中非常专业的一种问题。这种问题一般用在客户服务远程结束时,其作用是提高客户的满意度,如"您还有什么需要我为您做的吗?"服务性问题的提出是体现客户服务是否优质的一个标准。

7 开放式问题

开放式问题是用来引导客户讲述事实的,如"您能说说当时的具体情况吗?"

8 关闭式问题

关闭式问题就是对客户的问题做一个重点的复述,是用来结束提问的。例如,当客户描述完问题后,铁路客服人员会说:"您的意思是……,是这样吗?"

六 情绪管理及压力缓解技巧

(一) 情绪管理

1 情绪

情绪是个体对外界刺激的主观意识的体验和感受,具有心理和生理反应的特征。

情绪是身体对行为成功的可能性乃至必然性,在生理反应上的评价和体验,包括喜、怒、忧、思、悲、恐、惊七种。情绪在身体动作上表现得越强就说明情绪越强,如喜会手舞足蹈、怒会咬牙切齿、忧会茶饭不思、悲会痛心疾首等就是情绪在身体动作上的反应。情绪是信心这一整体中的一部分,它与信心中的外向认知、外在意识具有协调一致性,是信心在生理上的一种暂时的较剧烈的生理评价和体验。

2 情绪管理

情绪管理是指用对的方法和正确的方式探索自己的情绪,然后调整、理解、放松自己的情绪。

铁路客服人员情绪的变化不仅影响着客户感知,还带动客服中心 KPI 指标的变化,直接关系着服务质量的优劣,因此情绪管理在客服中心的现场管理中十分重要。

3 铁路客服人员情绪管理的几种方法

(1)自我暗示:遇到态度恶劣的客户出言不逊时,对客户要忍耐与宽容,要立刻心中默念"不生气,不跟这种人生气"。

(2)自我安慰:铁路客服人员要懂得客户发脾气并不是真的针对自己。

(3)暂时停顿法:如果实在控制不住要发火,在心里倒数 8 秒。

(4)适度发泄:挂断电话后,通过倾诉,把不良情绪释放出来。

(5)幽默法:多看些幽默的文章,多和幽默的人聊天,同时学会从自己的生活和工作中寻找趣事。

(二) 压力缓解技巧

铁路客服人员每天的工作量是很大的,本着"服务为本,客户至上"的宗旨为客户服务。但有时铁路客服人员却得不到客户的理解,有的客户甚至口出恶言、肆意谩骂,此时铁路客服人员难免心里会有怨气,觉得委屈,如果这些不良的情绪管理不好,将严重影响铁路客服人员的身心健康、工作和生活。

铁路客服人员一定要学会调节自己的心理压力,只有管理好自己的情绪,正确调节压力,才能够保证正常的工作和自己的身心健康。压力缓解技巧有很多,下面介绍几种常用的方法。

1 运动解压

运动可以让身体产生的腓肽效应能愉悦神经。腓肽是身体的一种激素,被称作"快乐因子"。腓肽效应让人感觉到高兴和满足,消除压力和不愉快。所以,运动是一个很好的缓解压力,让人保持良性的、平和的心态的方法。

（1）学会如何运动。

运动解压也需要一定的方法,如果方法不对,不但对解压没有帮助,反而可能会导致压力更大。可以先参加一些缓和的、运动量小的运动,使心情平静下来,再逐渐过渡到大运动量的运动;可以参加一些集体运动,如篮球、排球等,在这些运动中,可以体会到合作的愉快。

（2）运动环境的选择。

运动环境对解压有关键性的影响,一个好的环境可以让解压效果更加明显。

如经常在室内运动的人,到户外云爬山,到小树林里去跑步,会感觉更加轻松与愉快。在安静的地方,闭目养神几分钟,做几次深呼吸,也可以达到很好的放松、减压的效果。

2 冥想解压

可以想象自己喜爱的地方,如大海、高山等,放松大脑,并把思绪集中在想象物的"看、闻、听"上,让自己进入想象之中,享受心灵上的放松。

3 饮食解压

饮食解压也是一个不错的选择。如果你心理压力大,不妨多吃一些以下食物:

（1）菠萝。

菠萝中含有丰富的维生素 B、C,它们都具有消除疲劳、释放压力的功效。除此之外,菠萝中还含有酵素成分,它能帮助蛋白质进行充分的消化以及分解,从而减轻肠胃的负担。

（2）瓜子。

瓜子同样具有很好的消除疲劳的作用,这是由于瓜子中含有丰富的不饱和脂肪酸、维生素等营养物质。特别是其中的锌,还能安抚情绪、消除疲劳。同时,嗑瓜子还能放松大脑,让自己从不良情绪与心理压力中摆脱出来。

4 按摩解压

当你的压力过大时,可以试着做一做按摩。我们知道,身体上的紧张与压抑,也会导致心理上的紧张与压抑。当你的身体通过按摩放松后,你的心理压力也会跟着一起放松。

除了以上方法以外,合理饮食、远离不良生活习惯、保证充足的睡眠、注意锻炼身体等都是缓解压力和调节情绪的好方法。

单元微课

铁路客户服务工作技能技巧

二维码16

本单元微课请扫描二维码16。

模块小结

（1）介绍了客运服务礼仪原则,明确了客运服务人员的形象礼仪和语言礼仪。

（2）介绍了车站服务工作技能技巧、列车服务工作技能技巧、铁路客户服务工作技能技巧,明确了如何运用客运服务工作技能技巧服务旅客。

（3）重点掌握铁路旅客运输服务工作技能技巧。

技能实训

实训 5-1　遇到麻烦，热情相助

由教师组织，学生自愿组成小组，每组 6～8 人，选择以下模拟情景进行实训。每组提交一个情景剧剧本并汇报表演铁路客运服务工作技能技巧。活动结束后，教师进行活动总结。

【模拟情景】20××年 7 月 22 日，小张和往常一样，负责检票口的工作，晚上六点多钟的时候天已经黑了，外面狂风暴雨，候车大厅里却是暖意洋洋，每个赶车的旅客都是匆匆忙忙地跑进候车大厅。G7352 次列车马上就要开始检票了，小张已经在岗位上做好了准备。列车开检的时候，旅客都自觉地排队检票。这时一位年过七旬的老人跟在一名年轻人后面要闯过闸机，小张不假思索地拦下了他。这位老人很着急地告诉他要上车补票……。请根据此情景，模拟客运服务工作。

【情景再现】车站有明确规定，没有车票的旅客是不能进站上车的，所以小张拒绝了老人的要求。当时，老人非常激动，带着哭腔说："同志，求求你，放我进去吧！我真的要上车补票，我要回家。"小张马上意识到这位老人可能遇到了麻烦，经过耐心询问得知这位老人本来要去义乌站，结果在杭州南站乘错了车，到了余杭站，出站后才发现自己乘错了车。后来有旅客告诉他余杭站六点多钟有一趟到义乌的列车，他就来到了候车室，刚好看见有列车检票，就理所当然地认为是开往义乌方向的。小张听完老人的诉说，耐心地解释道："大爷，我们是开往上海虹桥的 G7352 次列车，您说的那趟车现在已经取消了。"老人听了小张的话眼泪都要流下来了，他激动地说："同志，求求你帮我想个办法，随便找个车能把我送回去就行，我老伴还在家里等着我呢，现在肯定急坏了，无论如何我今天是一定要回去的。"小张让这位老人先到值班室休息，等他将这趟车的检票任务完成后再来帮他想办法，并且通知了值班员。G7352 次列车检票完毕后，小张来到值班室，查询了列车时刻表，得知将老人送回义乌站最快捷的方式是先乘车到杭州站，然后由杭州站转车去义乌。在征得老人同意后，小张打电话联系了杭州站客运值班室，说明了事情原委以及老人乘车车次和中转列车，杭州站客运值班员答应在杭州站安排人员直接将老人送上去往义乌的中转列车。小张将这一安排告诉老人，老人感动地说道："你们是好人，给我留个电话，我回去后一定要谢谢你们！"小张微笑着回答："这是我们应该做的，能帮助您我们也感到很开心。"小张亲自将老人送上了开往杭州站的列车，并与车长办理了交接。老人上车后还不停地说"谢谢"。列车缓缓起动了，老人带着会心的笑容，开始了他的旅程。

实训 5-2　守望心灵之约，自觉服务旅客

由教师组织，学生自愿组成小组，每组 6～8 人，选择以下模拟情景进行实训。每组提交一个情景剧剧本并汇报表演铁路客运服务工作技能技巧。活动结束后，教师进行活动总结。

【模拟情景】小徐在赵红卫服务总台工作，这天有两位旅客陪同一位残疾旅客到服务总台寻求帮助，小徐接待了他们。他们要乘坐 G52 次列车到南京南站，由于当时离开车时间尚早，小徐便写好重点旅客联系单，带他们先到第一候车室休息，等列车抵达站台前，她再安排人员将他们送上列车。列车到达站台后，小徐正准备送他们下站台时，那位残疾旅客的陪护人急匆匆地跑到服务台说他们有一人的身份证找不到了……。请根据此情景，模拟客运服务工作。

【情景再现】小徐听了心里不禁着急起来，立即和残疾旅客的陪护人一起寻找，随身携带

的小包、衣服口袋和卫生间、售票大厅、候车室等所有能想到的地方都找了一遍，就是没有找到。眼看着列车已经开始检票了，为了不耽误旅客行程，小徐提议先上车后再派人去寻找。在征得旅客的同意后，小徐立即将他们送下站台，与值乘列车长办理了交接，并将他们送上了列车。小徐回到服务总台，不禁感到有些遗憾，这时有位旅客交过来一张捡来的身份证，恰好是那位残疾旅客丢失的身份证，此刻离开车还剩5分钟。小徐拿起身份证就向通往G52次列车站台的通道跑去，跑到9号站台时离开车只剩1分钟了。当时小徐所在位置是8号车厢，而残疾旅客在4号车厢，直接送过去估计时间来不及，小徐立即将身份证交给8号车厢列车员，请求其转交给4号车厢的残疾旅客。8号车厢列车员通过对讲机告知了4号车厢列车员，让4号车厢列车员先告知旅客，等开车后再将身份证送过去。一切交接妥当后，列车慢慢起动了。当4号车厢经过小徐时，小徐透过车窗看到残疾旅客在车厢内正不停地向他挥手……

实训5-3 以情感人，调换座位

由教师组织，学生自愿组成小组，每组6～8人，选择以下模拟情景进行实训。每组提交一个情景剧剧本并汇报表演铁路客运服务工作技能技巧。活动结束后，教师进行活动总结。

【模拟情景】20××年12月19日，G261次列车疾驶如飞，3号车厢有一位乘坐轮椅的旅客，这是位二十出头的姑娘，她的母亲一直陪在她的旁边。母女俩买的是一等座车票，到合肥下车。母亲正吃力地扶着女儿入座……请根据此情景，模拟客运服务工作。

【情景再现】列车员小严看到残疾姑娘的母亲正吃力地扶着她入座，连忙走上前问："阿姨，需要我帮助吗？"残疾姑娘的母亲说："我女儿腿脚不方便，到合肥要4个多小时，用厕所可能不太方便，轮椅也不知道放哪儿合适。""我来替你们想办法，您不用着急。"小严安慰道。他说完走到4号车厢，看到残疾人座位上有一位持票男旅客，也是合肥下车，便和他说明了情况请求配合。男旅客很乐意配合，主动提出调换座位。当得知还有一位母亲同行时，一旁的一位女士也同意调换座位，这使小严很感动。很快，小严安排好了母女俩的座位。残疾人座位有捆绑带，可以将轮椅妥帖地摆放在旁边，离残疾人厕所也很近，残疾姑娘的母亲对小严的安排十分满意，连连表示感谢。途中，小严常过去询问母女二人的需求，及时提供帮助。列车到达合肥站后，小严推着轮椅一直将残疾姑娘送到站台上。

实训5-4 以情动人，以理服人

由教师组织，学生自愿组成小组，每组6～8人，选择以下模拟情景进行实训。每组提交一个情景剧剧本并汇报表演铁路客运服务工作技能技巧。活动结束后，教师进行活动总结。

【模拟情景】G1272次列车从沈阳南站始发，列车长小林在车门外立岗，迎接旅客上车。一位旅客拿着车票，醉醺醺地要上车……请根据此情景，模拟客运服务工作。

【情景再现】小林赶紧上前扶住他："先生，您是要去哪儿？请把您的票给我看一下好吗？"这位旅客口中散发着酒气，不耐烦地说："怎么老是检票，还有完没完了啊！"小林耐心跟他解释："先生，不好意思，核对车次是我们的工作，怕您乘错了车。"这位旅客板着脸不耐烦地把票递给小林看，这是到山海关站的二等座车票。小林告诉了他车厢号和座位号，又觉得不放心，便把他搀扶过去。把他扶到座位上后，他倒在椅子上便呼呼大睡。小林看着他喝醉的样子，无奈地摇摇头。列车开出后，小林给他送了一瓶矿泉水，他连声说谢谢，说他正需要，仰起头咕噜咕噜几大口下肚后，仰倒继续睡。每次巡视车厢的时候，小林总会走过去看看这位旅客的状态，并及时提供帮助。列车很快就要到山海关站了，到站广播提示响起来了，这位旅客完全不知情,还在呼呼大睡。小林轻轻推醒他:"先生,山海关站马上就要到了,您起来收拾下行李准备下车吧。"这位旅客起身后边收拾行李边说:"小姑娘谢谢你,之前我态度不好,请你原谅。我到这里有很重要的事情,非常感谢你提醒我,要不然我坐过站了那可就要耽误事情了。"细微之处见真情。真诚的帮助和礼貌的态度最终能打动旅客,温暖旅客。

实训5-5　做好解释,用心服务

由教师组织,学生自愿组成小组,每组6~8人,选择以下模拟情景进行实训。每组提交一个情景剧剧本并汇报表演铁路客运服务工作技能技巧。活动结束后,教师进行活动总结。

【模拟情景】20××年4月16日,G161次列车正点从北京南站开出。列车长小蔡巡视至14号车厢时,一位旅客突然叫住她,问她要投诉电话……。请根据此情景,模拟客运服务工作。

【情景再现】小蔡立即意识到这位旅客对列车的服务工作可能有不满意的地方,于是轻声问道:"这位先生,有什么需要我帮忙的吗?""你不要问我,我只要投诉电话,你到底给不给?""我是本次列车的列车长,您要投诉电话我会马上给您。但是您投诉后客服中心还是会将您的投诉意见反馈给我,由我来负责处理。与其您大费周折打投诉电话,不如直接告诉我,如果我处理不好,您再投诉,好吗?""我是第一次乘坐京沪高铁,乘车前听同事说京沪高铁列车设备先进、服务一流,可是我现在乘坐的感受很不好,还不如普通列车,车厢内连列车员都没看到。""原来是这样啊,我们京沪高铁每四节车厢配一个列车员和一名保洁,每隔半个小时巡视一次车厢,为了不打扰旅客的休息,我们实行的是有需求有服务、无需求无干扰的模式。刚才列车始发后,列车员已经巡视过车厢了,可能您没有注意。""哦……原来是这样啊。"列车长小蔡关照负责13~16号车厢的列车员在巡视时重点关注这位旅客,及时提供服务。列车终到前,列车长进行回访,该旅客对列车的服务表示满意。

思考与练习

1. 填空题

(1) 铁路旅客运输服务礼仪的原则包括_____原则、_____原则和持之以恒原则。

(2) 客运服务人员的仪容礼仪重心应放在_____、_____、_____和化妆修饰四个方面。

(3) 客运服务人员向旅客致意时,身体鞠躬为_____,迎送旅客和还礼时,身体鞠躬为_____,向旅客致歉时,身体鞠躬为_____。

(4) 车站服务工作要树立_____的思想,坚持_____的原则;要以"_____"的宗旨,做到"_____"的优质服务,使人民放心、满意。

2. 判断题

(1) 客运服务人员的形象礼仪总体要求为仪容整洁,着装统一。　　　　　　(　　)

(2) 仪容是指一个人的外观与外貌。　　　　　　　　　　　　　　　　　　(　　)

(3) 男性客运服务人员侧发不掩耳,后发不触领。　　　　　　　　　　　　(　　)

(4) 客运服务人员化妆应遵循淡雅、简洁、适度、庄重和避短的原则。　　　(　　)

(5) 仪态是指人在行为中的姿态和风度。　　　　　　　　　　　　　　　　(　　)

3. 选择题

(1) 以下对客运服务人员着装礼仪的说法中,不正确的是(　　　　)。

A. 着制服当班时，必须佩戴职务标志

B. 职务标志应别于左胸上方，与上衣第二颗纽扣平行

C. 衣着不合体时，可以改变制服款式

D. 服务人员的化妆，应以庄重为主要特征

(2)以下对客运服务人员站姿的说法中，不正确的是(　　　)。

A. 头正，双目平视，嘴唇微闭，下颌微收，面容平和自然

B. 躯干挺直，做到挺胸、收腹、立腰、两肩平衡

C. 双臂自然下垂于身体两侧，中指贴拢裤缝

D. 双腿立直，并拢，脚跟相靠，脚尖与脚跟平行

(3)当旅客在售票窗口买票问话啰唆、耽搁时间时，售票员正确的做法是(　　　)。

A. 应做到热情周到，不要表现出厌恶情绪

B. 让旅客去问讯处问清楚再来买票

C. 如果旅客听不清自己的讲话，应加大一点音量，稍加解释

D. 注意增加售票延伸服务

(4)发现旅客出站没有车票想混出车站时，客运服务人员正确的做法是(　　　)。

A. 大喊大叫，尖酸刻薄地训斥、挖苦

B. 用力拉拽或推搡旅客

C. 用手或身体礼貌地挡住他，声音平和、语气委婉地告诉他到补票处去补票

D. 怠慢和不尊重旅客

(5)下列动车组列车客运服务人员对重点旅客服务的技能技巧说法中，错误的是(　　　)。

A. 孕妇旅客上车时，主动帮助提拿、安放随身携带物品，注意调节通风口

B. 针对儿童旅客，根据车上现有条件提供一些儿童喜欢和感兴趣的读物、玩具等

C. 将伤残旅客安排在离车门较远的位置

D. 为老年旅客提供服务时，应适当提高声音

4. 简答题

(1)简述客运服务人员的形象礼仪。

(2)简述客运服务人员的常用礼貌用语。

(3)简述铁路旅客运输服务"三要""四心""五主动"的含义。

(4)简述普速车站客运服务人员售票服务技能技巧。

(5)简述高铁车站客运服务人员候车服务技能技巧。

(6)简述普速列车上的服务技能技巧。

(7)简述动车组列车上重点旅客服务技能技巧。

(8)简述铁路客户服务工作的电话沟通技巧。

📊 模块学习效果评价

通过教师考核、组间互评、个人自测的方式，对学生课堂表现、职业素养及技能训练表现等进行考核计分。

模块 6

铁路旅客运输应急服务

知识目标

1. 了解铁路应急组织。
2. 掌握车站突发事件的应急处理。
3. 掌握车站系统故障的应急处理。
4. 掌握列车突发事件的应急处理。
5. 掌握列车设备故障的应急处理。

能力目标

1. 具备车站客运应急处理的基本能力。
2. 具备列车客运应急处理的基本能力。

单元 6.1　铁路应急组织

一　铁路应急组织原则

铁路部门应坚持"以人为本、安全第一、预防为主、统一领导、集中指挥、归口负责、分级管理、分工协作、快速反应、紧急处置"的原则,不断提高对客运突发事件的应急处置能力,保证旅客运输安全有序。

二　铁路应急响应级别

铁路应急响应级别原则上分为Ⅰ、Ⅱ、Ⅲ、Ⅳ级,分别对应特别重大、重大、较大、一般四个等级。

1　Ⅰ级应急响应

出现以下情况之一时,启动Ⅰ级应急响应:

(1)造成30人及以上死亡或者100人及以上重伤。

(2)铁路直接经济损失1亿元及以上。

(3)中断铁路行车48小时及以上。

(4)其他需要启动Ⅰ级应急响应的事件。

2 Ⅱ级应急响应

出现以下情况之一时,启动Ⅱ级应急响应:

(1)造成 10 人以上 30 人以下死亡或者 50 人以上 100 人以下重伤。

(2)铁路直接经济损失 5000 万元以上 1 亿元以下。

(3)中断铁路行车 12 小时以上 48 小时以下。

(4)其他需要启动Ⅱ级应急响应的事件。

3 Ⅲ级应急响应

出现以下情况之一时,启动Ⅲ级应急响应:

(1)造成 3 人以上 10 人以下死亡或者 10 人以上 50 人以下重伤。

(2)铁路直接经济损失 1000 万元以上 5000 万元以下。

(3)中断铁路行车 6 小时以上 12 小时以下。

(4)其他需要启动Ⅲ级应急响应的事件。

4 Ⅳ级应急响应

出现以下情况之一时,启动Ⅳ级应急响应:

(1)造成 3 人以下死亡或者 10 人以下重伤。

(2)铁路直接经济损失 1000 万元以下。

(3)中断铁路行车 1 小时以上 6 小时以下。

(4)其他需要启动Ⅳ级应急响应的事件。

三 铁路应急响应启动

当发生突发事件时,由相应部门启动应急预案,做出相应级别的应急响应。

1 Ⅰ级应急响应

(1)Ⅰ级应急响应由国铁集团报请国务院,由国务院或国务院授权国铁集团启动。铁路局集团公司同时启动应急响应。

(2)国铁集团接到事故报告后,立即报告国务院,同时根据事故情况,通知国务院应急救援领导小组有关成员,组成国家处置铁路行车事故应急救援领导小组。

(3)开通与国务院有关部门、事发地省级应急救援指挥机构及现场救援指挥部的通信联系通道,随时掌握事故进展情况。

(4)通知有关专家对应急救援方案提供咨询。

(5)国铁集团根据专家的建议及国务院其他部门的意见提出建议,国务院应急救援领导小组确定事故救援的支援和协调方案。

(6)派出有关人员和专家,赶赴现场参加、指导现场应急救援。

(7)协调事故现场救援指挥部提出的其他支援请求。

2 Ⅱ级应急响应

(1)Ⅱ级应急响应由国铁集团负责启动,铁路局集团公司及以下各级相关单位启动相应级别的应急响应,铁路局集团公司立即启动事故灾害指挥,采取事故灾害应急行动。铁路局集团公司应急领导小组实施对管内应急工作的统一领导。

（2）国铁集团行车事故灾难应急协调办公室立即通知国铁集团应急指挥小组有关成员前往指挥地点，并根据事故具体情况通知有关专家参加。

（3）应急指挥小组根据事故情况设立行车指挥、事故救援、事故调查、医疗救护、后勤保障、善后处理、宣传报道、治安保卫等应急协调组和现场救援指挥部。

（4）开通与事发地铁路旅客运输企业应急救援指挥机构、事故现场救援指挥部、各应急协调组的通信联系通道，随时掌握事故进展情况。

（5）根据专家和各应急协调组的建议，应急指挥小组确定事故救援的支援和协调方案。

（6）派出有关人员和专家，赶赴现场参加、指导现场应急救援工作。

（7）协调事故现场救援指挥部提出的支援请求。

（8）向国务院报告有关事故情况。

（9）超出本级应急救援处置能力时，及时报告国务院。

3 Ⅲ级和Ⅳ级应急响应

Ⅲ、Ⅳ级应急响应由铁路局集团公司负责启动，铁路局集团公司及以下各级相关单位同时启动应急响应。铁路局集团公司应急领导小组实施对管内应急工作的统一领导。

拓展阅读

2021年5月22日02:04，青海省果洛藏族自治州玛多县发生7.4级地震。震中距中国铁路青藏集团有限公司茶卡站261km，距海东西站350km。

地震发生后，中国铁路青藏集团有限公司立即启动应急预案，通知相关车站扣停正在运行的17趟列车，并要求各车站做好站内保留车的防溜工作，要求各基础设备站段迅速进行动静态检查，同时组织设备管理单位专业人员对受到影响的线路进行全面检查。

地震所涉及铁路区段的铁路一线干部职工仅用10余分钟就完成了准备和集合工作。按照应急处置流程，他们在行车室进行防护和协调联络，乘坐轨道车添乘检查行车设备，驱车前往变电所、信号机械室、通信基站等处所开展重点检查。供电工作人员认真查看接触网立柱状态；工务工作人员透过车窗紧盯前方线路，认真记录公里数和线路状况；电务工作人员及时查看线路两侧的高矮柱信号机和各类标识。

同时，因地震而被扣停的列车通过广播的方式，向旅客告知了地震情况。乘务员及时对旅客进行安抚，讲清列车上需要注意的防险避险措施，并准备好口哨、应急灯等物品，随时应对突发情况。

当天，上千名铁路工作人员对兰青铁路海石湾至西宁西区段、青藏铁路西宁西至刚察区段、兰新高铁民和南至浩门区段及双湟支线近800km的铁路线路和行车设备进行了全面检查，没有发现问题隐患。随后受到影响的线路已恢复运行。

模拟训练6-1 收集应急响应案例

把学生分为若干组，运用所学的知识收集关于铁路应急响应案例的相关资料和视频，分析案例所属的铁路应急响应级别。

训练提示：

①根据造成的伤亡人数、铁路经济损失、中断铁路行车时间及其他需要启动应急响应的

事件来确定应急响应级别。

②教师对每组的案例进行归纳和总结。

单元微课

铁路应急组织

本单元微课请扫描二维码17。

二维码17

单元 6.2 车站应急处置程序

一 车站突发事件的应急处置

（一）车站旅客应急乘降方案

应急乘降方案是针对外部环境发生突变的情况制订的，在运输生产的关键时刻，往往起到重要作用。

1 始发列车晚点

由外部原因造成列车始发晚点时，要尽量减少拉队情况的发生，同时宣传、解释、疏导要到位，用真诚的语言赢得旅客的理解和配合。当放行有困难时，可采取两端放行，拉队到中央检票厅的措施。如果晚点时间较长，影响其他列车放行的，可安排在大厅候车并在大厅就地检票。在大厅排队时，放置好方向牌，并由专人盯好队头队尾。放行地点发生变化时，原检票地点要留人坚守岗位，随时接应后续到达的旅客。

2 列车集中晚点或发生紧急情况

列车集中晚点或发生紧急情况时，请示站长，利用站前广场组织排队，专用通道迂回进站。队头队尾分别放置方向牌设专人看队。放行时加强宣传引导，保证安全。

3 出站口因特殊情况列车晚点集中到达

出站口因特殊情况列车晚点集中到达时，利用专用通道出站，以减少出站口的压力，并实行以放行为主、以堵漏保收为辅的措施，确保旅客出站安全。

4 应急乘降方案的实施

应急乘降方案的实施必须有相应的要求加以保障，如应急情况下的员工日常培训、人员的及时调整和公安干警的大力配合等。对于应急乘降方案的安排，要组织车站职工认真学习，责任落实到人，一旦发生异常情况，要能及时到岗到位，使每一位铁路旅客都能走得了、走得好，使铁路运营企业在市场竞争中立于不败之地。

（二）发生行车中断时车站对滞留旅客的组织处置程序

如图 6-1 所示，发生旅客列车大面积晚点、线路中断，直达特快列车晚点时间超过 30 分钟，其他旅客列车晚点时间超过 1 小时，致使旅客滞留车站、列车上的旅客反应强烈时，车站应做好客运组织工作。

（1）车站值班员应迅速报告车站站长。

（2）站长应迅速启动预案，组织全体人员迅速到岗，维持好秩序。

图6-1　旅客滞留车站情景

（3）站长应迅速将旅客滞留和列车滞留情况向上级报告，同时将滞留原因及时通告相关列车。当情况紧急时，向地方政府报告，请求救援。

（4）积极做好旅客的饮水及食品供应工作。对站内旅客大量集结的情况，要合理有序安排候车能力，留好通道。

（5）加强广播宣传及列车运行信息公告，积极有序地组织旅客按照《铁路旅客运输规程》的规定办理退票、车票改签。

（6）积极配合滞留站内的列车维持好车内秩序，必要时配合列车组织旅客疏散到车站安全地带候车。

（7）受阻旅客列车在站停留期间，车站主要负责人等有关人员要坚守岗位，加强与列车长和上级有关部门的联系，及时处理解决现场发生的一切问题。保证信息渠道畅通，做到上情下达，下情上传。

（8）当旅客列车受阻不能运行或停运时，车站应向旅客公告，并做好宣传解释工作，取得旅客的谅解。对折返发站和停运的旅客列车，沿途停车站要增派人力，备足周转金，快速为旅客办理退票、改签等手续。

（三）由天气不良或其他原因造成列车晚点时车站的应急处置程序

（1）由天气不良或其他原因造成旅客列车晚点时，候车室或专用候车区要利用广播做好解释和疏导工作。对晚点时间较长的列车，要安排好旅客。旅客列车晚点1小时以内的，车站依据调度阶段计划，旅客列车依据实际情况，向旅客通报列车晚点时间。列车晚点超过30分钟的，站长应代表铁路旅客运输企业向旅客道歉。向旅客通报时，车站广播每次间隔不超过30分钟，有条件的车站应提供实时信息查询。

通报内容包括列车当前晚点时间、晚点原因；发生线路中断时，还应通报预计恢复通车（继续晚点）时间和列车退行、绕行、停运等调整列车运行方案的信息。

（2）当晚点列车较多，候车室或专用候车区放行有困难时，车站要组织专人带队到检票口放行，以确保旅客有序乘车。

（3）由特殊原因造成列车停运时，车站要向旅客做好宣传解释工作，组织旅客办理退票手续。售票部门要提前准备好退票窗口和零钱，方便旅客在最短时间内办理退票手续。

（4）车站广播室在列车晚点时，要按照规定播放站长的道歉广播词，如"列车晚点耽误了您的旅行，我代表列车全体工作人员向您表示诚挚的歉意！"车站各部门要积极协调，为乘坐列车的旅客提供信息。

（四）遇台风、暴雨等恶劣天气时车站的应急处置程序（图6-2）

（1）车站接到台风、暴雨等恶劣天气预报后，站长要及时组织工作人员迅速到岗，加强站场巡视，检查客运服务场所的揭示牌、广告牌、挂钟等服务设施是否牢固，并安排人员准备沙袋等防洪设备。

（2）遇台风、暴雨等恶劣天气时，车站要及时向铁路局集团公司值班室、客运部汇报受灾情况以及旅客滞留情况。

（3）当候车室、地道等区域出现浸水时，车站要组织力量及时采取堆垒沙袋设防等方式，防止雨水灌入。保洁人员应及时清理积水，并在候车室、天桥、地道等区域设置防滑警示标志，加强宣传，防止旅客滑倒摔伤。

（4）暴雨天气导致候车室、地道内积水时，车站应及时采取积水强排措施。

（5）台风、暴雨等恶劣天气造成列车停运、晚点时，车站应迅速将列车停运原因、恢复运行时间等信息及时通过广播、揭示向旅客宣传，安抚稳定旅客情绪，并备足现金，增开退票窗口，积极有序组织旅客办理退票、改签手续。

图 6-2　车站遇台风、暴雨情景

（6）车站要积极做好旅客的食品、饮水供应工作。必要时，及时与地方交通部门联系，做好旅客分流疏散工作。

（五）车站突然停电的应急处置程序

（1）稳定情绪。车站突然停电时，客运人员应及时赶到候车室，进行口头宣传，稳定旅客恐慌情绪，让旅客就地看管好自己所携带的物品，不要随便走动，防止造成混乱和互相拥挤而受伤及丢失物品。

（2）控制出入。全体客运人员要坚守岗位，门卫严禁旅客再行出入候车室，检票口要立即封闭，不准摸黑放行。

（3）及时报告。立即报告车站领导和车站公安人员，加强警力，防止坏人趁黑作案，同时以最快的速度通知房建、电力工区值班人员进行抢修。

（4）另取照明。候车室如设有应急灯，应迅速打开。若停电时间较长或电路损坏严重，一时不能修复，应另取其他照明使用。

（六）车站客流暴涨时的应急处置程序

如图 6-3 所示，当车站客流暴涨时，候车室值班员应立即向站长（值班干部）汇报；站长应立即通知各相关人员到达现场，积极组织旅客，做好疏散工作，同时通知公安人员增派警力维持秩序，确保安全。

图 6-3　车站客流暴涨情景

（1）视客流情况及车次合理划分候车区域，全员进区服务，排好旅客行李、包裹，清理旅客座席，做到人物分开。维护检票秩序，防止挤口、乱排，提前预检，专人带队，分批组织乘降工作。

（2）指派专人疏导候车室进出口秩序，防止对流，保证无旅客滞留。"三品"（易燃品、易爆品、危险品）检查人员要认真宣传与引导，不漏一包一件；候车室、站台工作人员要提高警惕，加强对进站旅客携带品的巡视与检查，防止"三品"进站上车。

（3）合理利用候车区域，候车室客运服务人员检票前的宣传一定要到位，检查完大客流后，检票员要进候车区内宣传，避免旅客漏乘。站台工作人员要注意防止旅客抓车抢上。

（4）合理安排检票时间，始发列车提前40分钟检票。特殊情况下及时与列车联系，提前检票上车，缓解候车旅客人数猛增的压力。中转列车或始发列车晚到时，经客运主任同意可提前检票，组织旅客到站台候车。

（5）如遇列车集中到达，旅客较多，要做好下车旅客的疏导工作。站台人员要加强组织，保证秩序，冬季还要在站台增派人员，防止旅客滑倒摔伤。出站口多开出口，尽快让旅客出站，避免旅客在出站口滞留时间过长，避免拥挤、踩踏事件的发生。

二 车站系统故障的应急处置

（一）车站售票系统故障的应急处置程序

（1）车站售票系统突然发生故障导致售票业务中断时，车站站长（副站长）要立即到达现场，负责指挥客运组织及故障处置工作。车站要利用各种渠道及方式，做好旅客解释、疏导工作，指派专人在售票厅等旅客主要聚集地维持秩序。

（2）车站要立即开启应急售票专用窗口，使用代用票发售当日各次列车无座席位。根据售票及客流情况，可安排旅客直接上车补票。

（3）车站安排专人负责，及时向当日各次列车长通报车站售票系统故障及采取的相应措施。列车长接到通知后，应立即到岗到位，与车站配合，确保旅客乘降安全，及时安排旅客办理补票手续。

（4）车站售票系统发生故障后，要立即通知车站技术保障部门采取排障措施，并及时向铁路局集团公司信息处、客票管理所汇报。车站技术保障及铁路局集团公司各级信息管理部门要本着"快速处置、及时恢复"的原则，迅速查明故障原因和故障点，排除故障，最大限度地缩短故障延时。

（5）售票系统故障排除后要立即恢复发售车票业务，确保乘坐列车的旅客顺利购票乘车。

（二）车站客运服务系统故障的应急处置程序

（1）车站客票系统故障时的应急处置程序。车站发生客票系统故障，窗口不能售票时，售票（客运）值班员应立即通知车站客票系统维护人员，并向站长汇报；车站应及时调配岗位客运作业人员，加强售票室的秩序维护工作，做好对旅客的宣传和解释工作，稳定旅客情绪；车站客票系统维护人员要立即到现场确认故障程度，对不能独立处理的故障要立即向铁路局集团公司信息技术部报告；故障时间超过10分钟时，应立即向车站（车务段）应急领导小组和铁路局集团公司客运部、信息技术部报告；对预计30分钟内不能恢复的客票系统故障，车站（车务段）应急领导小组应立即向铁路局集团公司客运部申请启用售票应急系统；铁路局集团公司客运部主任批准启用售票应急系统后，铁路局集团公司客票管理所立即下发应急售票系统启动密码，车站确定启用应急售票窗口，按步骤启动应急售票程序，发售距开车3小时之内的无座席车票。故障排除后，按步骤上传应急售票存根，确认无误后方可恢复联网售票;当开车前未购到车票的旅客较多时,车站应立即向铁路局集团公司客运部申请开通绿色通道,允许旅客上车补票。车站经批准后实施绿色通道应急措施时,应向列车和相关前方停车站通报情况。列车要做好上车旅客的补票工作。相关前方停车站要增加出口处查验车票力量,并认真做好旅客补票工作。

(2)综控室集成管理平台与代管站旅客服务系统中断联系时的应急处置程序。综控室操作人员发现集成管理平台与代管站旅客服务系统中断联系时,应立即通知各代管站站长和车站领导,并通知技术维护人员进行系统抢修;各代管站接到综控室通知后,应立即指定专人负责启用简易集成平台,做好对本站各旅客服务系统的操作和控制;综控室操作人员应加强对各代管站列车运行情况的监控,及时向各代管站站长通报列车运行情况,确保各代管站旅客运输组织秩序平稳。各代管站站长必须通过CTC复视终端进行确认。

(3)车站引导系统故障时的应急处置程序。车站引导系统发生故障时,客运服务人员应立即报告车站综控室,由综控室向车站领导报告,并通知维修部门进行维修;综控室应立即通知各代管站站长,告知影响的车次及列车进路的安排,同时加强远程监控,将现场信息通知相关岗位,加强对旅客的广播宣传,正确引导旅客购票、进出站、上下车。车站应及时抽调人力(遇人员不足时,由车站、车间干部补充)在候车大厅设立引导岗位,引导旅客候车,加强检票进站的引导宣传;在地道或天桥处设置临时引导标志,在检票口、天桥、站台等增加引导力量引导旅客进站上车;车站候车室、进站口、进站厅、天桥口、地道口、站台处应使用其他形式的车次揭示牌做好引导工作,确保旅客正常候车和乘降秩序。

(4)车站广播系统故障时的应急处置程序。遇车站广播系统故障时,客运服务人员应立即报告车站综控室,由综控室向车站领导报告,并通知维修部门进行维修。同时,综控室操作人员应将广播切换至人工模式,按照广播内容顺序进行人工广播,做到不缺项、不遗漏、不错播;车站要充分利用客运导向揭示、手提喇叭等工具,及时向旅客通报列车到(开)时刻、候车室及站台安排情况。综控室、候车室、站台、地道口等关键部位客运服务人员要随时保持联系,互通信息,做到按时检票和停止检票;车站领导要现场把控,客运服务人员要坚守岗位,同时抽调人力对进站大厅、旅客集散区、售票厅、候车室、进出站口、通道、站台等处加强宣传,确保旅客正确候车、有序乘降。

(三) 车站自动检票系统故障的应急处置程序

(1)客运服务人员要立即报告车站综控室;车站综控室在接到报告后,要立即向车站领导报告,并通知维修部门进行维修。

(2)车站领导要现场把控,根据客流情况,合理调配客运服务人员加开进出站检票口,调整检票时间,实施人工检票。

(3)车站要及时将本站自动检票系统故障情况向列车各前方停车站进行通报,以方便列车各前方停车站对到站旅客的组织。

(四) 导向揭示、广播、检票、站台安全门(屏蔽门)等系统故障的应急处置程序

1 车站导向揭示系统故障时的应急处置程序

(1)客运服务人员要立即报告综控室,由综控室向相关维修部门、站长汇报;相关维修部门要立即组织维修。

(2)车站要加强广播宣传工作,在候车室、地道、天桥等安全关键位置设立车次揭示牌,

加强组织力量,确保旅客乘降安全。

2 车站广播系统故障时的应急处置程序

（1）客运服务人员应立即报告综控室,由综控室向相关维修部门、站长汇报;相关维修部门要立即组织维修。

（2）充分利用客运导向揭示、手提喇叭等工具,及时向旅客宣传列车运行、到发及候车室、站台安排等情况。

（3）客运服务人员要坚守岗位,在候车室、进出站口、站台等安全关键位置加强组织力量,确保旅客乘降安全、有序。

3 车站自动检票系统故障时的应急处置程序

（1）客运服务人员应立即报告综控室,由综控室向相关维修部门、站长汇报;相关维修部门要立即组织维修。

（2）客运服务人员要立即加强力量实施人工验票,同时阻止持铁路乘车卡的旅客直接进站,并组织持铁路乘车卡出站的旅客办理扣款或补票等手续。

4 车站安全门（屏蔽门）系统故障时的应急处置程序

（1）客运服务人员应立即报告综控室,由综控室向相关维修部门、站长汇报;相关维修部门要立即组织维修。

（2）当安全门（屏蔽门）发生故障,滑动门不能正常打开时,客运服务人员应立即用钥匙解锁,或由列车乘务人员操作滑动门开门把手,迅速打开滑动门。

（3）当滑动门不能手动开启时,客运服务人员应立即用锁匙打开应急门,或由列车乘务人员推压开门推杆打开应急门。

（4）当安全门（屏蔽门）故障未修复时,要在故障滑动门上张贴提示标志;安全门（屏蔽门）玻璃破裂时,应采取加固、围蔽等防护措施,同时客运服务人员做好安全防护。

三 车站其他事件预防的应急处置

（一）预防扒车的应急处置程序

（1）客运服务人员要加强站台巡视,做好站序管理;在列车进站前和开出站后,及时清理站台,禁止闲散人员（包括中转换乘旅客）在站内停留。

（2）对列车移交的无票人员,车站客运值班员接收后,要安排专人重点看护（补票后）送出站外,防止其返回扒车。

（3）对患有精神病的旅客,要协助其家属重点看护送上车;发现无人护送的精神病人严禁进站,并及时通知当地民政部门所属"救助站"负责妥善处理。

（4）对在车站附近讨要、拾拣人员,禁止进入站内,并通知当地民政部门所属"救助站"负责妥善处理。

（5）对旅客、路内通勤职工要加强安全乘车宣传,防止因扒车发生伤亡事故。

（6）车站接车人员要严格落实标准化作业,在接、送列车时认真瞭望,重点观察车辆连接处、车梯、车窗、列车尾部是否有人扒车。

（7）当发现有人扒车时,要及时制止。如列车启动后,要由客运值班员（计划员）及时通知应急值守员;应急值守员要及时向行车调度员报告,按行车调度员指示办理。

(8)客运、运转、公安人员要紧密配合,及时妥善处理突发情况。

(二) 预防旅客漏乘的应急处置程序

(1)准确掌握旅客列车运行情况,严格按规定时间检票。

(2)做好检票前的预检。检票员委到列车检票的指示后,组织旅客在检票口排队进行预检,并用手提喇叭在候车室内和候车广场处进行检票宣传,提醒旅客及时检票。

(3)设有广播室的车站要及时广播列车运行情况,通知列车检票或晚点,使旅客掌握列车信息。

(4)检票员检完票前后,都要用手提喇叭不间断地进行检票宣传。

(5)售票员、检票员要按本站规定时间停止售检票,以免造成旅客检票后上不去车而漏乘。

(6)站台客运服务人员要确认站台、天桥、地道售货摊点等处所无旅客乘车时,再用手持电台告知运转外勤人员"旅客乘降完毕",严禁未经确认而盲目"呼叫"。

(三) 预防列车晚点造成中转旅客不能换乘接续列车的应急处置程序

(1)遇有列车严重晚点(超过30分钟)时,车站站长、主管站长、客运主任、售票主任等必须亲临现场,组织干部职工向旅客做好道歉和解释工作,并组织好候车、售票、退票等一系列相关工作,正确劝导、安抚旅客,稳定旅客情绪。

(2)列车晚点造成中转旅客(异地购票旅客)不能换乘接续列车或旅客坐过站时,站长、值班干部(客运值班员)应立即到场积极组织,将旅客安排到合适场所,认真解答旅客提出的问题,按客运规章妥善处理,并耐心做好解释工作。车站在无法达到旅客要求的情况下,要及时向上级领导请示解决办法,并按照上级领导的指示进行处理。

(四) 预防站内有滞留旅客的应急处置程序

旅客不出站、不上车,在站内聚集、滞留,可能影响发车或其他列车进站后旅客的出站,或遇其他特殊情况影响旅客出站时,应迅速启动疏散应急预案。

(1)车站站长应立即组织有关人员到场,做好旅客安全和疏散组织工作,并通知车站公安人员到场。

(2)车站客运服务人员应按职责分工做好旅客宣传和引导工作,有序引导旅客尽快上车、出站或到车站指定场所,特殊情况站长可开通出站口,确保站台和列车无滞留人员。

(3)车站广播室要加大宣传力度,配合工作人员积极引导旅客上车、出站或到指定场所。

(4)车站公安人员要与客运服务人员共同做好宣传、劝导和解释工作,及时采取有效措施,积极维护旅客安全和站车秩序。

(五) 预防旅客列车未进入站台停车的应急处置程序

机车设备故障或司机操纵不当造成旅客列车在站内未进入站台或未全部进入站台停车时,车站应采取如下应急预案妥善处置:

(1)由站台客运接车人员及时向应急值守员报告;由应急值守员负责向司机及运转车长了解情况,采取响应组织指挥手段。如列车能继续运行,指挥列车驶入站台固定停车位置,以便于旅客乘降,同时通知站台接车人员注意监控;如列车不能继续运行,通知客运值班员与列车长联系,组织旅客及时乘降。

（2）客运值班员带领客运服务人员立即分布到列车各车门口进行监控,掌握车上旅客动态,同时安排客运服务人员负责维持站台旅客秩序,并通知广播员进行安全秩序广播宣传。

（3）客运值班员接到应急值守员通知后,如列车继续运行驶入站台固定停车位置,组织客运服务人员做好站台旅客组织及安全防护工作;如列车不能继续运行,由站台客运接车人员负责将站台旅客组织到列车停车位置,客运服务人员应配合列车员做好旅客乘降组织工作,防止旅客摔伤等事故发生。

（4）旅客列车未进入站台停车时,要严格按照上述预案处理,站长、客运主任(值班干部)要到站台负责组织指挥,严禁组织不当造成旅客越站情况发生。

拓展阅读

2020年1月23日10:00,为防止新冠肺炎疫情蔓延,武汉站暂时关闭离汉铁路通道。这座日均到发旅客20余万人次的高铁客运站却并没有因此而停摆。全国各地驰援的医护团队和防疫物资纷纷搭乘高铁抵达武汉站。哪里任务险重,哪里就有党组织坚强有力的领导,哪里就有中国共产党党员在发挥作用。武汉站党委组织迅速向广大干部职工发出倡议,组建“头雁”党团员突击队,负责服务医护人员和转运物资。为了用最小规模的人员保安全畅通,综合考虑报名者体力、年龄、家庭状况等因素,最终33名党团员骨干组成了“头雁”党团员突击队,并组建了临时党支部。

从2020年1月25日(农历大年初一)开始,来自北京、上海、江苏、广东、贵州等省区市和军队的医疗团队、防疫物资陆续乘动车组列车增援武汉,一场场与时间赛跑的快速转运战在武汉站打响。铁路成为快速反应的生命绿色通道。

2020年2月1日17:30,载有174名军队医护人员及大量防疫物资的G4633次专列驶入武汉站。车门一开,“头雁”党团员突击队队员就立即行动,形成“人力传输带”,将700余箱防疫物资有序卸下。这个过程,仅花费了16分钟。

2020年2月27日,一台即将运送至武汉同济医院的ECMO(人工肺)被分装成了4个部件,“乘坐”高铁抵达武汉站。其中3个部件约40kg,还有1个部件约100kg。突击队队员合力将ECMO的“分身”抬下列车。放手之后,突击队队员贾某累得腿一下子就软了,但她顾不得那么多:“ECMO真的太珍贵了,即使很重,我们也希望能多运一些过来。这是救命的东西!”

在这条防疫物资运输线的最前沿,每个人都是勇敢的战士。队长彭某主动和行车部门沟通,调整列车停靠股道50多次,为抗疫人员、物资搭建最便捷的通道;客运车间副主任陈某忍着腰椎疾病,每趟物资抢卸都冲锋在前;值班站长贾某平均每天参与10多趟转运任务,徒手搬运10多吨物资。

模拟训练6-2 车站应急处置程序演练

把学生分为若干组,运用所学的车站应急处置程序的相关知识,以及客运规章的相关知识,自编、自导、自演,进行铁路客运应急预案的情景练习,要求有情节,时间在5分钟之内。

训练提示:

①要求学生根据所掌握的车站应急处置程序,在演练过程中将处置的流程、项点、主要内容等基本要求体现出来。

②学生对每组的情景练习进行评议。

③由教师对每组的应急演练进行归纳和总结。

单元微课

车站应急处置程序

本单元微课请扫描二维码18。

二维码18

单元6.3　列车应急处置程序

一　列车突发事件的应急处置

(一) 动车组列车发生火灾、爆炸时的应急处置程序(图6-4)

(1)动车组列车乘务人员(含司机、随车机械师、乘警、客运、餐售、保洁等人员,下同)发现或接到旅客反映车厢内有爆炸、明火、冒烟或消防设施报警时,应立即到现场查看、施救并通知列车长。列车长接到通知后,应会同随车机械师、乘警,根据具体情况采取相应的措施。在扑救火灾时,列车乘务人员应保护好现场,并采取措施做好宣传工作,稳定旅客情绪,维持秩序,以免发生混乱。

(2)在确认爆炸后,列车乘务人员应立即使用紧急制动阀停车并按下火灾报警按钮(火情小能处置的可不使用制动阀),同时列车长(或随车机械师)立即通知司机。停车后,司机应立即向列车调度员或车站值班员(车务应急值守人员,下同)报告,配合列车长、随车机械师、乘警进行火灾扑救、旅客疏散等工作。有制动停放装置的由司机负责实施防溜,无制动停放装置的由随车机械师做好防溜、防护工作。

(3)列车长应立即指挥列车乘务人员进行处置,乘警、随车机械师等列车乘务人员应积极配合;同时组织事故车厢的旅客向其他车厢疏散。

(4)待全部人员向安全车厢疏散完毕,如火势仍未得到有效控制,需向地面疏散时,列车长应立即通知司机、随车机械师或其他列车乘务人员关闭通道阻火门。司机根据列车长的请求,向列车调度员报告,请求向地面疏散,现场救援。

(5)组织旅客疏散时,必须扣停邻线列车。司机在接到列车调度员已扣停邻线列车的命令后,立即通知列车长,列车长接到司机通知后应立即指挥列车乘务人员打开车门,根据需要安装好应急梯,组织旅客向地面安全地带疏散。

图6-4　动车组列车发生火灾、爆炸情景

（6）列车乘务人员应组织旅客有序地疏散，并照顾好重点旅客，确保人员安全。

（7）要动员旅客中的医护人员和列车乘务人员对受伤人员开展紧急救护，并做好对重点旅客的服务工作。

（8）列车乘务人员应积极配合公安部门保护好事故现场，协助公安人员调查取证。

（9）如遇火灾危及旅客安全，又未能及时接到扣停邻线列车的命令，列车长应会同司机，组织列车乘务人员打开运行方向左侧车门（非会车侧），结合现场实际，确定旅客疏散方向和疏散方式，列车乘务人员应做好旅客安全宣传和防护，严禁旅客跨越线路。

（10）遇上述应急状况发生时，由调度所客运调度员（客服调度员）通知客服中心解答口径，以便铁路客服代表回复旅客的咨询和投诉。

在列车发生爆炸、火灾后，全体列车乘务员必须按照分工坚守岗位，不得擅离职守，要在列车长、乘警长的统一指挥下，根据实际情况灵活果断地采取有力措施，进行紧急处置。

（二）列车发生撞车、颠覆时的应急处置程序（图6-5）

图6-5　列车发生撞车、颠覆情景

（1）设置防护。列车乘务人员和运转车长负责迅速设置防护。

（2）报告救援。尽快向行车调度员报告事故情况，请求救援，并应迅速向当地政府、公安机关和驻军请求支援。

（3）抢救伤员。抢救时要先重后轻、先伤后亡，会同乘警控制现场，为查明原因提供依据。

（4）保护现场。通过宣传稳定秩序和保护现场，可依靠旅客中的军、警、干部、工人等，防止坏人乘乱作案。

（三）列车发生重大疫情时的应急处置程序

（1）列车发现疑似新型冠状病毒性肺炎、鼠疫等重大疫情的病例或接到列车上有疑似病例的通知时，列车长、乘警应立即向司机和上级主管部门报告，司机立即向行车调度员报告，行车调度员立即向值班主任报告，值班主任立即向铁路疾控部门报告。

（2）行车调度员根据铁路局集团公司有关部门确定处置方案，安排列车在指定车站停车。列车长接到司机指定车站停车的通知后，做好疾控人员上车和疑似病例交站等相关准备工作，车站及铁路疾控部门做好接车紧急处置准备。

（3）列车长、乘警应组织隔离传染病人、疑似病人和密切接触者，紧急疏散其他旅客，并对有关人员进行登记。

（4）列车长、乘警应组织封锁已经污染或可能污染的区域，同时做好被隔离人员的交站准备。

（5）列车长在指定停车站将传染病人、疑似病人、密切接触者和其他需要跟踪观察的旅客及相关资料移交车站和铁路疾控部门。

（6）乘警应维护好车内秩序，确保区域封锁、旅客隔离、站车移交等工作正常开展。

（7）铁路疾控部门应上车对已经污染或可能污染的区域进行消毒，确认处置完毕后，方可解除区域封锁。

（8）站车应积极配合现场的医疗和铁路疾控部门工作。

(9)遇上述应急状况发生时,由调度所客运调度员(客服调度员)通知客服中心解答口径,以便铁路客服代表回复旅客的咨询和投诉。

(四) 列车发生旅客食物中毒事件时的应急处置程序

(1)列车发生旅客食物中毒事件时,列车长应立即向司机和上级主管部门报告,司机立即向行车调度员报告,行车调度员立即向值班主任报告,值班主任立即通知铁路疾控部门。

(2)旅客需要在停站紧急救治处置时,列车调度员应安排列车在最近的具备医疗抢救条件的车站停车,并通知前方停车站做好抢救准备。

(3)列车乘务人员应对有关人员进行登记,封锁现场,封存可疑食品、饮用水、食具用具等。铁路疾控部门应上车收集中毒人员的呕吐物、排泄物待查。

(4)站车应积极配合现场的医疗和铁路疾控部门工作。

(5)遇上述应急状况发生时,由调度所客运调度员(客服调度员)通知客服中心解答口径,以便铁路客服代表回复旅客的咨询和投诉。

(五) 恶劣天气下客运组织应急处置程序

如图6-6所示,恶劣天气(如暴雨、大雾、大雪、冰雹、台风等)影响列车正常运行时,调度所客运调度员(客服调度员)应及时通知客运管理部门、沿线车站及滞留列车;客运管理部门应了解现场情况,指挥应急处置;站车及时公告旅客并致歉。

图6-6 列车遇恶劣天气情景

(1)列车长接到调度所客运调度员(客服调度员)或上级主管部门旅客列车因恶劣天气影响非正常运行的通知后,应立即了解车内情况,加强对重点旅客的服务。出现异常情况及时向调度所客运调度员(客服调度员)或上级主管部门报告。

(2)列车长应与司机或滞留地所在路局调度所客运调度员(客服调度员)保持联系,了解列车的运行情况,及时向旅客通报。

(3)列车应备足餐食和饮用水,确保供应。需补充餐食和饮用水时,列车长应向滞留地所在路局调度所客运调度员(客服调度员)或通过司机向列车调度员报告,指定车站为列车补充餐食和饮用水。

(4)遇上述应急状况发生时,由调度所客运调度员(客服调度员)通知客服中心解答口径,以便客服代表回复旅客的咨询和投诉。

（六）运行途中旅客突发急病(受伤)须停车抢救时的应急处置程序(图6-7)

（1）迅速到场。列车上有旅客突发急病时,列车长应第一时间到场,同时通知乘警到场。

图6-7 旅客突发急病情景

（2）了解情况。列车长及时了解急病或受伤旅客主要症状,掌握发病时间、有无同行人等情况,询问病人有无病史。

（3）积极救治。寻找医务人员配合救治旅客。

（4）请示停车。在危及旅客生命安全或必须立即下车治疗时,列车长向司机报告,司机接到列车长的报告后,立即向行车调度员或车站值班员报告,请示临时停车移交旅客并要求行车调度员、车站联系救护车进站接患事宜,同时向段调度室报告情况。

（5）收集旁证。列车长应会同乘警收集旁证、物证,调查受伤(死亡)原因。采集见证人证实材料不少于2份,对参加抢救的医生的姓名、单位、电话进行登记,根据有效证件确定受伤(死亡)者姓名、单位、住址。

（6）站车交接。列车长编制客运记录与旅客下车站进行交接。列车乘务人员不下车参与处理。特殊情况来不及移交相关材料的,3日内向受理车站补交。

（七）列车运行中发生事故旅客需紧急逃生时的应急处置程序

（1）列车停车后,在车门能正常开启时,列车长立即通知司机,由司机打开所有靠线路外侧的车门;在列车断电、司机无法打开车门时,由列车长组织列车乘务人员手动解锁开门。

（2）列车长迅速组织列车乘务人员按照分工,在每个车门处进行防护,组织旅客下车。

（3）在车门不能正常开启时,列车长迅速通过广播(因断电无广播时,由列车乘务人员在车厢中部位置)向旅客宣传疏散程序、安全注意事项;列车乘务人员迅速组织旅客使用安全锤击破紧急逃生窗,组织旅客撤离车厢。

（4）事故中发生人员伤亡时,列车长要及时安排专人救助。

（5）所有旅客撤离车厢后,列车乘务人员组织旅客沿线路外侧向安全地带转移,将旅客安置在安全地带等待救援,同时做好安全宣传、引导工作。乘警负责旅客疏散过程中的防护警戒工作。

（6）应急处置后,列车长应及时向客运调度员、客运段汇报;客运调度员、客运段接事故报告后,立即组织开展后续救援工作。

（八）列车发生旅客误按紧急制动阀或报警按钮时的应急处置程序

（1）列车发生旅客误按紧急制动阀或报警按钮时,列车乘务人员应了解情况,根据乘车信息系统显示,及时将紧急制动阀复位(动车组列车吸烟报警时,列车长第一时间到场确认,并及时与司机沟通情况)。

（2）通过车载电话向司机说明情况,以及停车原因。

（3）连同乘警了解当事旅客的姓名、地址、身份证号码、联系电话和事情经过,并形成详细的书面记录。

（4）及时了解停车后车厢旅客情况，发生旅客意外时按照意外造成旅客伤害处理。

（5）及时向单位领导汇报。

注：动车组列车吸烟引起报警的应急处置程序同上。

（九）动车组列车临时停靠低站台时的应急处置程序

1 列车的处理

（1）动车组列车进站前或已知列车在中间站变更到发线停车在低站台时，列车乘务人员应认真进行车门瞭望，确认站台位置和车站采取的应急措施后，先行下车立岗，方可组织旅客乘降，保证旅客安全。

（2）遇特殊原因，列车需在无站台处停车或列车尾部未靠站台停车时，列车乘务人员要先确认邻线有无列车通过、有无危及人身安全的障碍物和车站采取的应急措施后，在有车站工作人员接车的一侧组织旅客乘降，打开车门后列车乘务人员要先行下车立岗，保证旅客安全。

2 车站的处理

（1）车站应按动车组车门数量配备相应数量的木梯，梯面加装橡胶防滑垫，妥善保存以备应急。

（2）车站运转室接到动车组列车进入低站台的通知后，应立即通知值班站长和客运广播室，广播室要加强与运转集中楼的联系，确认动车组列车进入股道及停靠站台，并及时通知客运值班干部及有关作业人员。

（3）接到通知后，车站值班干部、客运值班员、执勤民警及其他人员要做好接车前的各项准备工作，提前20分钟上岗，到达指定位置，并巡视责任区范围内站台、线路有无闲杂车辆、物品、人员，做到清理及时。

（4）客运接车人员上岗要携带便于旅客上下的木梯等备品，根据停车标确定木梯放置位置，做好旅客乘降的准备工作。

（5）检票口要做好对旅客的宣传组织工作，检票前告知旅客动车组列车即将停靠的站台，宣传低站台上车注意事项，检票后要有专人引导旅客到达指定站台。

（6）客运接车人员要按照停车位置组织进入站台等候上车的动车组旅客排队上车。列车进站停稳后放好木梯，协助旅客上下。

（7）旅客上下完毕要及时撤走木梯，将其撤离至安全线以外，防止其掉下站台危及行车安全。

（8）遇雨、雪、雾不良天气，接车客运干部要做好必要的防护准备。

（9）动车组列车在低站台停靠时，客运值班干部必须亲自上岗指挥，盯控作业全过程，确保旅客乘降安全。

二 列车设备故障的应急处置

（一）动车组列车空调失效时的应急处置程序

（1）动车组列车空调装置故障超过20分钟，且应急通风功能失效或无法满足要求时，随车机械师应及时通知列车长。列车长视车内温度及通风情况做出打开车门的决定，并通知动车组司机转报行车调度员。

（2）需要打开列车部分车门运行时，列车长通知动车组司机向行车调度员提出在前方站停车请求。

图6-8　车门安装防护网场景

（3）列车长根据动车组列车乘务人员配置情况，组织打开运行方向左侧（非会车侧）4～8个车厢前门，并在车门处安装防护网，如图6-8所示。需要打开车门时，列车长根据需要打开车门的数量通知随车机械师准备好防护网，并指派保洁员到存放处领取防护网。防护网的安装在列车长的组织下，由乘警、随车机械师、餐售、保洁人员配合。

（4）防护网安装后，由列车长组织乘警、随车机械师、添乘干部、餐售、保洁人员负责值守，严禁旅客自行下车。动车组乘警第一时间通知前方停车站（区间）所属公安部门，由公安部门负责第一时间通知停车站（区间）所属公安派出所指派警力，配合动车组乘警工作。

（5）列车长确认值守人员到位后，通知随车机械师。随车机械师确认防护网固定状态和动车组状态后，通知动车组司机。动车组司机向行车调度员申请打开车门限速运行的调度命令。行车调度员向沿途各站及司机下达"××次因空调失效开放部分车门运行，限速60km/h（通过高站台时限速40km/h）"的调度命令。

（二）动车组列车车门发生故障时的应急处置程序

（1）列车到站，司机操作门"释放"和开门按钮后，要从司机室IDU上确认全列车门是否"释放"打开；如未"释放"，及时使用对讲机通知列车长，列车长通知各车门监控人员使用三角钥匙采取本地操作的手动模式开、关车门。

（2）列车到站，个别车门未自动开启，且监控人员使用三角钥匙采取本地操作的手动模式开门无效时，监控人员及时使用对讲机通知列车长，并引导旅客到相邻车门下车。列车长接到通知后，立即与司机联系，并与随车机械师赶到现场处理。随车机械师确认车门故障一时无法修复时将该门隔离并通知列车长，此后各停靠站均引导旅客到相邻车门上、下车。随车机械师确认车门修复后告知列车长，列车长确认旅客乘降完毕后通知司机发车。

（3）列车开车后遇有车门未自动闭合时，比照上面两条汇报处置程序办理。

（4）车门故障导致旅客越站时，列车长按规定与车站办理交接，无须下车处理后续事宜。

（5）车门故障导致旅客无法正常上下车时，由列车长、乘警、列车乘务人员配合，认真开展旅客的宣传安抚工作，劝导旅客保持冷静、看好行李、听从站车乘务人员的指挥。

（三）动车组列车故障需启用热备动车组时的应急处置程序

1　站内换乘热备动车组的应急处置程序

（1）遇动车组车体定员变化时，客票管理所负责预留替换席位，车站应及时按照替换方案为涉及定员变化的旅客收回原票、换发新票。一等座变更二等座时退还票价差额，二等座变更一等座时不向旅客补收票款。当旅客要求退票或改乘其他列车时，车站应及时为旅客办理退票、改签等手续。

（2）故障车停靠站台时，换乘时应尽可能安排在同一站台面；不能在同一站台面换乘时，应组织旅客通过天桥或地道换乘,严禁跨越股道换乘。故障车在站内没有停靠站台时,换乘处置程序比照区间换乘热备动车组的处置程序办理。

(3)换乘时,站车应认真组织验票,严禁持其他车次车票的旅客上车。

(4)遇上述应急状况发生时,由调度所客运调度员(客服调度员)通知客服中心解答口径,以便铁路客服代表回复旅客的咨询和投诉。

2 区间换乘热备动车组的应急处置程序

(1)列车长接到司机转达的组织旅客换乘热备动车组的命令后,应立即向列车乘务人员传达;列车乘务人员应检查车内情况,坚守岗位。

(2)列车长应向旅客通告换乘的决定,告知安全注意事项,并代表铁路部门对列车不能如期运行给旅客出行造成的不便向旅客致歉,同时感谢旅客的配合,做好后续服务工作,取得旅客的支持与谅解。

(3)救援动车组列车到达指定位置后,由现场救援指挥负责人统一指挥,救援动车组司机和列车长负责故障动车组车门对位。救援动车组停稳后,救援动车组司机通知救援动车组列车长和被救援动车组列车长;救援动车组列车长与被救援动车组列车长联系确认后组织乘务组人员手动打开指定车厢车门(随车机械师配合),放置好渡板,会同乘警、客运等应急人员共同做好防护,组织旅客有序换乘,如图6-9所示。对由于线路、动车组重联等无法实现各车厢车门对位时,应使用应急梯。安设2个及以下应急梯或渡板时,救援动车组列车长负责组织放置;放置超过2个应急梯或渡板时,救援动车组列车长负责组织放置2个,被救援动车组列车长负责组织放置其他应急梯或渡板。

图6-9 区间换乘热备动车组情景

(4)换乘过程中,动车组列车禁止移动。旅客换乘完毕,被救援动车组列车长组织乘务人员对全列进行检查确认后,通知救援动车组列车长换乘完毕。救援动车组列车乘务人员将应急梯或渡板收好定位存放,列车长确认所有列车乘务人员及旅客均已上车后,关闭车门并报告救援动车组司机具备开车条件。被救援动车组列车乘务人员将应急梯或渡板收好定位存放,关闭车门并报告被救援动车组司机。

(5)在隧道内换乘时,行车调度员通知相关工务段操作开启隧道内的应急照明装置,隧道内的应急照明装置应设置远动开关。

(6)遇上述应急状况发生时,由调度所客运调度员(客服调度员)通知客服中心解答口径,以便铁路客服代表回复旅客的咨询和投诉。

三 列车其他事件预防的应急处置

(一) 对座位号有误旅客的应急处置程序

(1)遇有重号的旅客,应认真核对两名旅客车票信息,如果确认是重复的座位号码,应先向旅客致歉,然后听取两名旅客的意见,观察哪一名旅客有想调换其他座位的意向。

（2）列车乘务人员应及时报告列车长,列车长根据旅客人数判断同等级车厢是否有空座席,安排旅客尽快就座。不要让旅客自行在车厢内找空位就座,以免造成旅客座位号码再次重复而引起不满甚至导致投诉等。

（3）当车内旅客较多,不便当时处理时,列车乘务人员可以帮助重号旅客或后到的重号旅客提拿行李,到服务间内稍加等候,等全部旅客上齐后,让重号旅客在相同车厢等级的基础上,选择空余座位入座。

（4）在确定旅客人数不是很多的情况下,可询问旅客喜欢就座靠过道还是靠窗户的座位,尽量满足旅客要求。

（5）如在开车后发现车站售票系统故障导致售票错误（重号、超票额售票）,应对误售旅客利用剩余座位进行妥善安置（可不受车厢、席别限制）,主动向旅客做好解释工作,并向路局客运调度所汇报。

（6）当售票系统发生较大故障不能正常按票额发售有座位票,导致旅客乘车秩序混乱（车票无座号、无票人员较多）时,列车长要以大局为重,积极与车站联系,组织列车乘务人员（必要时可请乘警、保洁人员协助）,有条件的每车厢一人,对旅客进行疏导,安排座位,要首先保证重点旅客的安置。遇车内出现严重问题或局面不好控制时要及时向路局汇报。

（二）列车发生旅客集体拒绝下车时的应急处置程序

（1）车站在接到因列车晚点旅客集体拒绝下车的信息时,车站站长（副站长）及有关车站干部要立即赶到现场,了解情况,亲自指挥,组织部署客运、公安增加人员接车。

（2）公安段（派出所）在接到车站通知后,要立即组织足够力量到现场维持秩序。

（3）列车晚点到达后,车站应组织有关人员向旅客耐心地做好解释工作,尽快组织旅客下车出站;对拒绝下车的旅客,全力做好劝说工作,请旅客下车到专门地点进行处理。

（4）列车乘务人员应协助车站工作人员做好说服解释工作。

（5）晚点造成旅客没有赶上所乘列车时,车站安排人员及时为旅客按章办理改签、退票手续。

（6）对旅客因晚点集体拒绝下车事件的处理情况,车站应及时向客运调度员汇报,处理完毕后向客运部汇报。

（7）处理旅客滞留列车事件时应注意的问题:

①发生旅客以滞留列车的方式向铁路旅客运输企业要求晚点或空调故障赔偿时,站车工作人员应当以说服劝解、诚恳道歉为主,耐心细致地做好解释工作和相关法律法规的宣传工作,稳定旅客的情绪,化解旅客的怨气,力争取得旅客的理解和配合。

②公安部门要积极配合客运部门,认真开展滞留旅客的说服工作,争取旅客的理解和支持。同时,要向旅客宣传法律知识,告知可以通过其他合法渠道和方式维护合法权益,劝说旅客听从车站工作人员的安排到指定地点协商解决,并协助车站工作人员引导旅客下车。

③公安部门在全力协助过程中,严禁携带枪支。客运部门在宣传和说服旅客离开车厢时,现场应有公安人员维持秩序,经反复劝离无效时,公安人员应宣布《关于严禁旅客滞留列车维护铁路运输秩序和安全的通知》,并组织足够的公安警力,对拒不下车的旅客依法采取措施带离车厢;对煽动旅客滞留车厢和扰乱列车治安、破坏铁路运输秩序、用暴力手段对抗执法的个别人员,并认真调查取证,依法追究法律责任。在劝阻过程中要依法依规,有理有

节,文明执法。

(三) 动车组防止旅客过站的应急处置程序

(1)动车组中途站站停时间短(1分钟),为确保旅客安全、有序乘降,防止下车旅客过站,要在列车始发后5分钟和中途站到站前10分钟进行广播宣传、提示。

(2)不相邻的单节车厢(如3、5、7号车厢),中途站下车旅客超过20人时,列车长在到站前10分钟核实各节车厢车门口下车人数后,要求客运员、随车机械师对旅客下车多的车门重点掌握;到站前5分钟,将车门下车多的旅客分流到本车厢两端的下车门。下车旅客超过30人时,应将车门下车多的旅客分流到本节车厢和前后相邻车厢的下车门,尽可能做到合理分流、均衡下车。

(3)相邻的多节车厢(如3、4、5号车厢),中途站下车旅客均超过20人或全列中途站下车旅客超过120人时,列车长应根据各车厢在中途站的下车旅客人数,制定疏导旅客均衡下车的分流预案;在到达中途站前30分钟,通知客运员必须在到站前10分钟内,按预案要求,将责任车厢的下车旅客,按告知的人数分流引导到指定车门等候下车;同时通过电话向有关中途站(客运室、客运值班主任)通报各车门旅客下车人数,要求车站协助妥善组织乘降,避免旅客对流。

(4)列车长在动车组到站前10分钟,利用2号车厢的车载电话向旅客通告到站和站停时间,提示旅客做好下车准备及有关注意事项;按第(2)、(3)条规定的分流原则将下车旅客组织到车门口等候下车,对下车的重点旅客提供重点帮助。

(5)列车长通告完成后,由1号车厢向8号车厢方向,逐车厢检查巡视客运员分流到岗情况和下车旅客均衡度,对下车旅客相对集中的车厢安排人员,加强组织力量,做好疏导工作,向客运员和随车机械师做好提示。

(6)客运员、随车机械师按分工到岗,停靠低站台时将车门翻板打开并加锁,站在车厢的中部,监控两端车门,观察旅客乘降情况,随时处理突发问题。车门集控失效时立即手动解锁车门。

(7)如列车站停40秒,旅客仍未乘降完毕,客运员应用对讲机向列车长报告,用语为"××车仍有××人未下车",列车长回答"明白";列车长在确认全列乘降完毕,并已站停50秒的情况下,按规定的程序、用语通知司机关闭车门。

(四) 列车晚点的应急处置程序

(1)列车在始发及运行途中出现故障晚点时,列车长要及时联系铁路局集团公司客运调度员,了解晚点原因等,报告车内情况和请求协助解决的问题,组织客运员积极主动做好服务工作。路局客运调度根据自然灾害、设备故障、施工等情况将晚点原因及预计晚点时间在30分钟内通知客运部在调度台负责非正常处理的人员,客运部人员向值乘列车长告知晚点原因和预计晚点时间,列车长据此通过广播向旅客告知故障原因和预计晚点时间。晚点15分钟以上时,列车长应向旅客致歉并告知故障原因,做好解释工作。乘警应与列车长密切配合,经常巡视车厢,维持好车内治安秩序。列车长要了解和掌握旅客提出的要求,并向铁路局集团公司进行反馈,铁路局集团公司及沿途站车单位应尽全力向旅客提供帮助,解决列车故障及晚点给旅客带来的困难。

(2)列车工作人员应加强车厢巡视,掌握旅客动态,并做好宣传、解释、服务工作,稳定旅客情绪，维护好车内秩序。

（3）如列车晚点 1 小时以上且逢用餐时间，列车长应提前统计车上旅客人数，通过司机向行车调度员报告，行车调度员通知调度所客运调度员（客服调度员），或直接向调度所客运调度员（客服调度员）报告，调度所客运调度员（客服调度员）接到信息后，应安排前方停车站为列车提供饮食品（列车免费为旅客提供）。

模拟训练6-3　列车应急处置程序演练

把学生分为若干组，运用所学的列车应急处置程序的相关知识，以及客运规章的相关知识，自编、自导、自演，进行铁路客运应急预案的情景练习，要求有情节，时间在 5 分钟之内。

训练提示：

①要求学生根据所掌握的列车应急处置程序，在演练过程中将处置的流程、项点、主要内容等基本要求体现出来。

②学生对每组的情景练习进行评议。

③由教师对每组的应急演练进行归纳和总结。

单元微课

列车应急处置程序

本单元微课请扫描二维码19。

二维码19

模块小结

（1）介绍了铁路应急组织原则，明确了铁路应急响应级别，确定了铁路应急响应启动条件。

（2）介绍了车站突发事件的应急处置程序、车站系统故障的应急处置程序以及车站其他事件预防的应急处置程序。

（3）介绍了列车突发事件的应急处置程序、列车设备故障的应急处置程序以及列车其他事件预防的应急处置程序。

（4）重点掌握铁路客运突发事件应急处置程序。

技能实训

实训6-1　应急预案在心中，启动热备不慌乱

由教师组织，学生自愿组成小组，每组 6~8 人，选择以下模拟情景进行实训。每组提交一个情景剧剧本并汇报表演。活动结束后，教师进行活动总结。

【模拟情景】20××年11月20日09:52，福厦北三组张车长接到了上海虹桥高铁二队值班室的电话："接调令，由你们班组担当热备任务，上海虹桥站开往北京南站方向的 D320 次列车以及返程 D317 次列车，请立即启动热备。"根据动车组列车故障需启用热备动车组的应急处置程序，编写情景剧本进行应急服务。

【情景再现】列车长接到立即启动热备的任务后，回答道："好，明白。"由于热备车底车

型和原车型不一致,列车长立即组织4名列车乘务人员制订了启动热备方案,并提醒列车乘务人员重点注意以下三点:一是由于D320次列车原使用CRH2E型卧铺代替座位车,热备车底为CRH380BL车型,列车乘务人员要掌握听负责车型旅客的安排方案,做好旅客引导工作。二是广播员要反复播放列车座位的安排方案,引导旅客有序寻找座位。三是各车厢列车乘务人员要加强车厢巡视,发现旅客重号或座位等级不符的情况及时报告列车长,同时要实时掌握所负责车厢旅客的安排情况,为后续调整座位做好准备。10分钟后,热备车底驶入上海虹桥车站,车站放行放客,车班按照列车长热备方案有序地开展车厢引导工作,列车广播宣传,旅客们都很配合及谅解。就这样,列车一路顺利地到达了北京南站。次日,班组到达北京南站接车,值乘D317次站方值班员向列车长提交了一份座位调整方案。可是,列车从北京南站开出不久,1~4号车厢列车员发现部分旅客座位重号,随后,9~12号车厢列车员也反映了同样的情况。没想到北京南站售出了两种车型的车票,造成后面沿途站重号的旅客很多。面对此情况,车班按照"重点照顾,满足基本需求"的原则,一方面列车乘务人员耐心做好解释工作,安抚旅客情绪,积极为重点旅客安排座位;另一方面及时向客运调度员反映列车状况,请求前方停靠站尽可能控制客流,做好前期安排和引导。列车乘务人员始终坚持服务在旅客周围,并对因乘坐座席不同产生票价差额的旅客进行登记、统计,与站方办好交接。列车终到上海虹桥车站,旅客情绪稳定,班组克服困难顺利完成了此次热备任务。

实训6-2 火灾险情处理,沉着冷静有序

由教师组织,学生自愿组成小组,每组6~8人,选择以下模拟情景进行实训。每组提交一个情景剧剧本并汇报表演。活动结束后,教师进行活动总结。

【模拟情景】D314次列车22:03分到达苏州站时,列车员小陆忽然闻到从5号车厢飘过来一股烟味。根据动车组列车发生火灾的应急处置程序,编写情景剧本进行应急服务。

【情景再现】列车员小陆立刻通知随车机械师。随车机械师赶往5号车厢时,列车长小付正在列车中部通知司机(22:05)关门。列车刚启动,得知情况的列车长与乘警急忙赶赴现场,发现在5号车厢5号房间内有烬雾飘出。随车机械师立即切断电源,列车长与随车机械师确认后,22:07通知司机临时停车处理(列车临停苏州站),并进行全车广播致歉(广播内容:因设备故障,列车临时停车,现进行检修,给您造成不便,敬请谅解)。列车长通知列车员小陆将5号车厢旅客疏散到临近车厢,疏散时有旅客要求下车,列车员及时安抚旅客情绪,将旅客疏散至8号车厢并递上茶水进行安抚,得到旅客谅解。疏散完毕后,随车机械师发现电视机显示屏及顶板处有火星,立即使用5号车A端的干粉灭火器对火星进行喷射。这时车长与段生产指挥中心联系,汇报车内情况。为避免险情复发,随车机械师又使用了4号车A端的水基灭火器进行喷射。22:16火情得到控制后,列车长联系客运调度员,汇报车内情况,请求客运调度员安排因晚点需中转的旅客转运。列车于22:34起动,经客运调度员联系,列车在23:07到达无锡站临停,随车机械师下车再次处理,进行外观检查,险情排除后,客调要求使用原车底继续运行。列车安全抵达北京南站,晚点44分钟。在整个扑救、疏散过程中,班组五乘一体,始终保持沉着冷静,列车长和随车机械师站在抢险第一线,险情排除后,主动面对旅客做好解释致歉工作,并在最短的时间内有序安排了5号车厢的旅客。

实训6-3 车门故障不慌乱,落实预案展技能

由教师组织,学生自愿组成小组,每组6~8人,选择以下模拟情景进行实训。每组提交

一个情景剧剧本并汇报表演。活动结束后,教师进行活动总结。

【模拟情景】20××年7月22日,D97次列车停靠松江南站左侧站台。此时,司机通知随车机械师,车门开启出现故障,全列左侧车门无法打开。根据动车组列车车门故障的应急处置程序,编写情景剧本进行应急服务。

【情景再现】经随车机械师同意,列车乘务员采取手动方式开门,致使列车晚点5分钟。随车机械师又进行检查确认重启,但依然无法消除故障。列车长立即向上海局集团公司和南昌局集团公司客运调度员以及段值班室、车队汇报:D97次全列左侧车门故障,且中途无法修复,请求列车前方到站时统一停靠右侧站台,以确保旅客乘降安全。班组启动"车门故障"应急处理方案:广播宣传,提前告知,若列车前方站仍停靠左侧站台,立即落实一人一车门,手动开启车门;班组循环广播有关通告,做好引导,确保到站旅客乘降安全有序;班组加强车门巡视,及时了解旅客下车情况,提前组织安排旅客到车门口等候下车;列车到站后,列车长认真执行"五确认",确认旅客上下完毕,准时关门开车。最终列车安全正点到达南昌站。

实训6-4 精神异常旅客半途下车,列车长、值班员妥善处理

由教师组织,学生自愿组成小组,每组6~8人,选择以下模拟情景进行实训。每组提交一个情景剧剧本并汇报表演。活动结束后,教师进行活动总结。

【模拟情景】20××年7月22日,G204次列车从蚌埠南站开出。列车长小石巡视6号车厢时,看到一名女士满眼泪水坐在车厢连接处,她看到小石后赶紧从地上站起来,一把抓住小石恳求道:"请你帮帮我啊,车长!"看到如此举动,小石应该如何进行应急服务?请编写情景剧本进行应急服务。

【情景再现】小石知道她一定是遇到了困难。原来她是滁州人,丈夫患有精神方面的疾病,这次带他去徐州治病。滁州站开车后丈夫精神还很正常,可列车到达蚌埠南站时,车门刚一打开,丈夫就冲了出去,她本想把丈夫拉回来,可是不管用,就在她想将行李拿下车的时候,车门关闭列车起动了。丈夫一人留在了蚌埠南站站台上,她担心会出事。小石详细了解情况后,得知她丈夫的病情不太严重,不发病的时候和正常人一样。小石提醒这位女士给丈夫打电话,关照他不要到处走动,留在站台上等工作人员来找他,并提醒他有关注意事项。接着,小石拨通了蚌埠南站值班室的电话,简单介绍了事情的经过,并描述了这位男士的外貌特征和着装,请求值班员帮忙寻找。"别太担心,只要您的丈夫还在站台上,值班员一定会找到他的。"小石小声安慰道。这位女士默默点点头。5分钟后,蚌埠南站值班员打来电话告知已经找到了这位男士。"麻烦你们和这位先生拉拉家常,舒缓一下他的紧张情绪,若这位先生状态良好,请帮忙安排他坐下一趟高铁G264次列车到徐州东站,并和G264次列车列车长办理交接,要求他们途中重点照顾。他的妻子在9号车厢门口接应。"在得到蚌埠南站值班员肯定答复后,小石长吁了一口气,这位女士也抹掉了泪水,悬着的心终于放了下来。徐州东站到了,小石将这位女士送下了车并和值班员做了交接。

思考与练习

1. 填空题

(1)应急响应级别原则上分为_____、_____、_____、_____级,分别对应

_____、_____、_____、_____四个等级。

（2）动车组空调装置故障超过_____分钟,且应急通风功能_____或无法满足要求时,随车机械师应及时通知_____。

（3）发现无人护送的精神病患者_____进站。

2.判断题

（1）造成30人及以上死亡或者100人及以上重伤的,启动Ⅰ级应急响应。 （　　）

（2）铁路直接经济损失5000万元以上1亿元以下,启动Ⅰ级应急响应。 （　　）

（3）中断铁路行车6小时以上12小时以下,启动Ⅲ级应急响应。 （　　）

（4）列车上有旅客突发急病时,列车长第一时间到场,同时通知乘警到场。 （　　）

（5）列车发生旅客疑似食物中毒事件时,列车长应立即向司机和上级主管部门报告。

（　　）

3.选择题

（1）列车长应会同乘警收集旁证、物证,调查受伤(死亡)原因。采集见证人证实材料不少于(　　)份。

    A.1 份　　　　　　B.2 份　　　　　　C.3 份　　　　　　D.4 份

（2）车站接到台风、暴雨等恶劣天气预报后,(　　)及时组织工作人员迅速到岗,加强站场巡视。

    A.客运值班员　　　B.客运员　　　　　C.站长　　　　　　D.副站长

（3）当列车晚点超过(　　)分钟时,车站站长应代表铁路客运企业向旅客道歉。

    A.20　　　　　　　B.30　　　　　　　C.40　　　　　　　D.60

4.简答题

（1）简述发生行车中断时车站对滞留旅客的组织处置程序。

（2）简述因天气不良或其他原因造成列车晚点时车站的应急处置程序。

（3）简述车站客流暴涨时的应急处置程序。

（4）简述车站售票系统故障的应急处置程序。

（5）简述列车发生火灾、爆炸的应急处理程序。

（6）简述运行途中旅客急病(伤害)须停车抢救时的应急处置程序。

（7）简述动车组空调失效时的应急处置程序。

（8）简述动车组列车车门发生故障时的应急处置。

📊 模块学习效果评价

通过教师考核、组间互评、个人自测的方式,对学生课堂表现、职业素养及技能训练表现等进行考核计分。

模块 7

铁路红十字应急抢救

知识目标

1. 了解铁路红十字药箱的配备标准。
2. 掌握现代救护的特点。
3. 掌握心肺复苏的操作步骤。
4. 掌握创伤救护常用的止血方法。
5. 掌握常用的包扎技术。
6. 掌握骨折固定技术。
7. 掌握主要身体部位的手语表达方法。

能力目标

1. 具备心肺复苏的简单操作能力。
2. 具备创伤救护常用的止血技术。
3. 具备创伤救护包扎的基本技术。
4. 具备创伤救护骨折固定的基本技术。
5. 具备用手语进行基本动作表达的能力。

单元 7.1　铁路红十字药箱认知

铁路红十字药箱是在旅客列车、客运车站及沿线小站、工区旅客或铁路职工突发急病或意外伤害时,用于应急救助便于携带装有非处方药品与器械的药箱。铁路红十字药箱内的药品配置应该是国家基本药物范围内的常用、安全、方便、有效的药品、消毒剂以及临床常用的诊疗用具。

❯ 一　铁路红十字药箱配备标准

铁路红十字药箱的非处方药品应包括治疗突发性心血管疾病、高热、咳喘、腹泻、眩晕、过敏、疼痛、外伤出血的药品。根据配置情况,可将铁路红十字药箱分为甲、乙、丙三类。药品配备数量由使用单位根据使用情况确定。

（一）甲类药箱配备药品及器械种类

1　药品类

(1)口服药。

①感冒、退热、止咳化痰类：氢咖黄敏胶囊 5 盒、小儿氨酚黄那敏颗粒 1 盒、美酚伪麻片 1 盒、羧甲司坦片 1 盒。

②心血管类：速效救心丸 1 瓶。

③平喘类：二羟西素碱片 1 盒。

④止泻类：盐酸小檗碱片 1 瓶、口服补液盐 1 袋。

⑤抗过敏类：盐酸异丙嗪片 1 盒。

⑥抗眩晕类：氢溴酸东莨菪碱片 1 盒。

⑦其他：云南白药 1 盒、藿香正气丸 1 盒。

（2）外用药。

①退热：小儿退热贴 1 盒、小儿布洛芬栓 1 盒。

②外伤类：湿润烧伤膏 1 支、碘伏 1 瓶、苯扎氯铵贴 1 盒。

③其他：清凉油 1 盒、松节油搽剂 1 瓶。

2 器械类

表式袖带血压计 1 台、听诊器 1 个、体温计 2 支、袖珍手电筒 1 个、大剪刀 1 把、16cm 弯头和直头止血钳各 1 把、12cm 直镊子 1 把、消毒棉（签、球）、医用胶带 1 卷、三角巾 4 个、无菌手套 3 副、无菌纱布 1 包、无菌绷带 1 轴、弹力绷带 1 卷、橡胶止血带 3 根、保护带 2 条、无菌手套 3 副、呼吸面膜 2 片、一次性压舌板 4 片、一次性产包 1 个、一次性连体防护服 3 件、一次性口罩 6 个。

3 消毒剂

含氯消毒片剂或粉剂 1 瓶/包，用于环境及物品消毒，单独放置。

（二）乙类药箱配备药品及器械种类

乙类药箱配备参照甲类药箱，器械类不配置保护带、一次性产包，其他数量比甲类药箱可酌情减少。

（三）丙类药箱配备药品及器械种类

1 药品类

（1）口服药。

①感冒、退热、止咳化痰类：氨咖黄敏胶囊 5 盒、美酚伪麻片 2 盒、羧甲司坦片 2 盒、复方甘草片 1 瓶。

②心血管类：速效救心丸 1 瓶。

③平喘类：二羟丙茶碱片 1 盒。

④胃肠道类：多潘立酮片 1 盒、盐酸小檗碱片 1 瓶、口服补液盐 2 袋、氢氧化铝复方制剂 1 袋。

⑤抗过敏类：盐酸异丙嗪片 1 盒。

⑥抗眩晕类：氢溴酸东莨菪碱片 1 盒。

⑦其他：云南白药 1 盒、蛇药片 1 盒、藿香正气丸 1 盒。

（2）外用药。

①外伤类：湿润烧伤膏 1 支、碘伏 1 瓶、苯扎氯铵贴 1 盒。

②其他：氯霉素滴眼液 3 支、祛风油 1 瓶、复方丁香罗勒油（红花油）1 瓶、松节油 1 瓶、止痛膏 1 盒。

2 器械类

血压计 1 台、听诊器 1 个、体温计 2 支、袖珍手电筒 1 个、大剪刀 1 把、16cm 弯头止血钳 1 把、消毒棉（签、球）、医用胶带 1 卷、三角巾 2 个、无菌纱布 1 包、无菌绷带 1 轴、弹力绷带 1 卷、橡胶止血带 2 根、无菌手套 2 副。

3 消毒剂

含氯消毒片剂或粉剂 1 瓶/包，用于环境及物品消毒，单独放置。

二 铁路红十字药箱使用原则

1 药箱配置

甲类药箱配置：单程全程运行时间超过 4 小时、区间运行超过 1 小时或总运行距离超过 1000km 的旅客列车。

乙类药箱配置：客运车站或达不到上述条件的旅客列车。

丙类药箱配置：沿线小站、工区。

各铁路局集团公司根据本局旅客列车使用药械的情况可适当增加药品及器械的配置数量。

2 使用规定

（1）旅客列车。

在旅客列车上遇到旅客患病或受伤时，通过列车广播向旅客中的医务工作者求助，列车红十字救护员带药箱到达现场，并对伤病员及时实施初步救护。红十字救护员在实行紧急救护时应将有关情况告知患者及同行旅客。箱内药品与器械限于在旅客列车通行中车上人员突发急病或创伤时的简易救治。红十字救护员用药械后应当客观、翔实地填写药械使用登记表，登记表应包含日期、药品名称、数量、发放人签名和使用人签名。

（2）客运车站。

在车站遇到旅客患急重症需要紧急抢救时，应旅客要求或本人已神志不清时立即联系 120 急救中心。在 120 救护车到来之前，车站红十字救护员立即携带药箱到达现场，并对伤病员及时实施初步救护，同时通过车站广播向旅客中的医务工作者求助。红十字救护员在实行紧急救护时应将有关情况告知患者及同行旅客。箱内药品与器械限于在旅客候车期间突发急病或创伤时的简易救治。红十字救护员用药械后应当客观、翔实地填写药械使用登记表。

（3）沿线小站、工区。

箱内药品与器械限用于职工工作期间突发急病或创伤时的简易救治。红十字救护员用药械后应当客观、翔实地填写药械使用登记表。

（4）药械补充。

各管理单位每月补充药械时，应携带上月的药械使用登记表及药械补充申领表。列车红十字药箱内的药械每次使用消耗后，应在返乘时及时向客运段申领补充，确保在出乘时药械齐全。其他单位红十字药箱内的药械每月补充一次，如遇特殊情况，药械用完可随时申请补充。

三　铁路红十字药箱管理

1　放置地点与标识

旅客列车红十字药箱放置于列车医疗点,客运车站红十字药箱放置于候车室,工区放置于方便使用的地方。放置红十字药箱的位置应设置紧急救护标识,明示紧急救护设施。紧急救护标识和药箱外标识统一使用红十字标识,如图7-1所示。

2　使用证和清单目录

每个药箱内应有使用证和清单目录,使用证应有发证机构盖章,清单目录包括药品品名、数量及有效期。铁路红十字药箱使用证如图7-2所示。

图7-1　红十字标识

铁路红十字药箱使用证
单位名称:
使用地址:
适用范围:旅客或铁路职工突发急病或创伤时,简易救治免费使用。
发证机关:　　　　　　　　　(盖章)

图7-2　铁路红十字药箱使用证

3　管理人员

铁路红十字药箱由经过初级及以上红十字救护培训并取得合格证的红十字救护员专人负责管理,并及时检查药箱的完整性和有效期。上级管理部门适时对药箱的使用情况进行检查与指导。

4　药品回收

使用单位不得随意丢弃过期药品,而应做好登记,交回给配备部门,由配备部门交回医药部门集中销毁,以防流入非法渠道。

四　现代救护

现代救护是指在事发现场,对伤病员实施及时、有效的初步救护。

1　现代救护的特点

现代救护是立足于现场的抢救。在医院外的环境下,"第一目击者"对伤病员实施有效的初步紧急救护措施,以挽救生命,减轻伤残和痛苦。然后在医疗救护下或运用现代救护服务系统,将伤病员迅速送到就近的医疗机构,继续进行救治。

在发病现场,如家庭、道路、工作场所及其他医院外等,几分钟至十几分钟,是抢救危重伤病员最重要的时刻,医学上称为"救命的黄金时刻"。在此时间内,若抢救及时、正确,生命有可能被挽救,反之,则生命丧失或病情加重。现场进行及时、正确的救护可为医院救治创造条件,能最大限度地挽救伤病员的生命并减轻伤残。

2 "第一目击者"

"第一目击者"是指在现场为突发伤害、危重疾病的伤病员提供紧急救护的人。

"第一目击者"包括现场伤病员身边的人(如家属、同事、EMS 救护人员、警察、消防员、保安人员、公共场合服务人员等),以及平时参加救护培训并取得培训相关证书,在事发现场利用所学的救护知识、技能救助伤病员的人员。

中国红十字会总会提倡大力普及现场救护知识的概念,通过救护培训让普通人群掌握初步的现场救护技术,从而在他们的参与下能够在黄金时间内展开有效的初步救护,为医院救治创造条件,减少伤残事件的发生。

旅客列车乘务人员是铁路客运组织的一线工作人员,应具备基本的现场救护知识。当列车上发生旅客意外伤害等紧急情况时,乘务人员应能迅速、准确地做出反应,第一时间对旅客实施紧急救护,从而减轻旅客伤残和痛苦,甚至挽救生命。

3 现代救护的"生命链"

"生命链"(Chain of survival)是针对现代社区、生活模式而提出的以现场"第一目击者"为开始,至专业急救人员到达进行抢救而形成的"链"。"生命链"越普及,危急伤病员获救的概率就越高。

"生命链"有 4 个互相联系的环节。因为抢救须争分夺秒,越早实施效果越好,所以这 4 个环节都含有"早期"两个字,又称 4 个"E"。"E"是英文 Early(早期)的字头,即早期识别求救、早期心肺复苏、早期心脏电除颤、早期高级生命支持。"生命链"中的 4 个环节进行得越及时、充分,效果就越好。

4 中国红十字会的救护工作

我国国家、政府对红十字会工作十分重视。国家主席亲自担任中国红十字会名誉会长,全国人大常委会副委员长担任会长,中国红十字会及省市红十字会领导对救护这一充分体现人道、博爱的传统业务更加关注,对救护培训工作做了远期和近期规划,大力开展救死扶伤、发扬人道主义精神的救护知识普及教育。无论是国内社会、公众,还是外国驻华机构以及在华工作生活学习的宾客、师生,都充分肯定中国红十字会组织举办的救护培训班,对所颁发的培训证书的权威性和认同性也予以承认。

新世纪,中国红十字会的救护工作展示了良好的前景并提出了更高的要求,需要我们树立救护新概念,准确地传授救护新知识、新技能。救护培训工作要与国际接轨,实现为人民服务的目的。

拓展阅读

中国铁路呼和浩特局集团公司包头客运段呼京车队担当的 K7911 次列车,横穿沙漠戈壁,跨越 400km 无人区,是内蒙古阿拉善盟与外界连通的唯一一趟旅客列车。

这趟列车开行 10 年来,不仅是当地居民的首选出行工具,而且是当地病患的"草原

120"。为了及时救助突发急病的旅客,列车上安排了专业知识丰富的"红十字救护员",这些"红十字救护员"还有另外一种身份,就是列车乘务员。当旅客遇到临产、意外创伤时,"红十字救护员"会在第一时间赶到现场,对患者进行有效救助。

乘务员张某是这些"白衣天使"中的一员。在值乘过程中,一些旅客可能会突然感到胸闷气短、急速出汗、身体局部麻木,张某会第一时间赶到现场,询问情况并做简单的救治,为旅客救治争取更多的时间。他常说:"让越来越多的列车乘务人员掌握基本的急救知识,当好兼职'红十字救护员',是为满足铁路旅客运输服务的需要。将自救和救助他人的一技之长派上用场,才能为进一步救治赢得宝贵的时间。时间就是生命!"

📞 模拟训练7-1　收集资料

学生分组在课前收集关于铁路红十字救护工作的相关资料和视频,进行归纳总结。

训练提示:

①收集铁路红十字救护工作的发展历程的相关资料和主要工作内容。

②收集铁路红十字救护培训工作的远期和近期规划以及能够展示红十字救护工作良好前景的内容。

📋 单元微课

铁路红十字药箱认知

本单元微课请扫描二维码20。

二维码20

单元7.2　心肺复苏

▶ 一　心肺复苏的认知

心肺复苏术(CPR)是呼吸、心搏骤停时所采用的一种急救技术。心肺复苏既是专业的急救医学,也是现代救护的核心内容,是最重要的急救知识技能。它是在人的生命垂危时采取的行之有效的急救措施。心肺复苏的目的是重建呼吸和循环,挽救生命。

急救最基本的目的是挽救生命,而瞬间危及生命的则是心跳、呼吸的骤停。很多原因可以引起心跳、呼吸骤停,但在日常生活中,最为常见的是心脏急症猝死,还有诸如触电、溺水、中毒、创伤等急症。争分夺秒,抓住抢救时机,挽救处在濒死阶段,即呼吸、心跳即将停止或刚刚停止,或处在临床死亡阶段(俗称"假死状态"),而并未进入生物学死亡阶段("真死状态")的病人。

1 实施心肺复苏的紧迫性

众所周知,人体内是没有氧气储备的。正常的呼吸将氧气通过血液循环输送到身体各处。心跳、呼吸的突然停止会使得全身重要脏器发生缺血缺氧,尤其是大脑。大脑一旦缺血缺氧4~6分钟,脑组织即发生损伤,超过10分钟即发生不可恢复的损害。因此,要在4~6分钟,最好是在4分钟内进行心肺复苏,在畅通气道的前提下进行有效的人工呼吸、胸外心脏按压,使带有新鲜氧气的血液到达大脑及其他重要脏器。

2 心跳、呼吸骤停的判断

（1）突然意识丧失或抽搐。

（2）大动脉搏消失（触摸不到）。

（3）无呼吸。

3 终止心肺复苏的时间

现在国际上已有一个明确的规定,有效连续心肺复苏时间超过 30 分钟以上,病人仍未出现自主循环,则可以停止复苏。但是,在某些情况下也可适当延长心肺复苏时间,如病人身体基本状况较好,猝死的原因属于意外事故,尤其是落入冰水。

二 心肺功能

呼吸系统由呼吸道组成。空气经过呼吸道到肺部,在此进行气体交换,摄取生命不可缺少的氧气,排除体内代谢产物 CO_2。机体与外界环境之间的气体交换过程称为呼吸。一般来说,人类的呼吸运动通常指气体吸入和呼出肺脏的过程。

1 呼吸道

呼吸道由鼻、咽、喉、气管、支气管及分支组成,是气体进出的通道。

2 肺

肺为气体交换的器官,位于胸腔内,纵隔的两侧左右各一,富有弹性,内含空气,表面覆盖光滑、润滑的内外两层胸膜,形成完全封闭的、潜在性的、呈负压的胸膜腔,保证其具有良好的张缩性。若胸膜割裂,空气进入胸膜腔,使肺受压萎缩,就会导致呼吸困难。纵隔中有心脏、大血管、食管等组织器官。

经过支气管反复分枝到末端为肺泡,是气道的终点。肺泡是无数个像葡萄珠一样的空泡,隔是由一层非常薄的、气体极易透过的扁平上皮细胞构成,有的为 $70m^2$ 的上皮表面,气体通过肺泡壁和细血管壁进行血液和肺泡内的气体交换。

3 膈肌

膈肌为向上膨隆呈穹隆状的扁肌,将胸腔与腹腔分隔,为重要的呼吸肌。膈肌收缩时,穹隆圆顶下降,扩大胸腔,空气进入肺内;松弛时,穹隆圆顶上升,缩小胸腔,肺内气体呼出。

4 呼吸机理

机体的呼吸过程是通过外呼吸（肺呼吸）、气体在血液内的运输、内呼吸（细胞呼吸）来完成的。进入肺脏的氧气,由肺泡进入毛细血管;组织细胞呼出的二氧化碳,从毛细血管到达肺泡,肺脏经过"吐故纳新",使血液携带着新鲜的氧气流遍全身,供应细胞的需要,进行极其重要的生命活动。

三 心肺复苏步骤

"第一目击者"对呼吸心搏骤停的伤病员实施心肺复苏的具体步骤概括如下。

1 判断意识

先在伤病员耳边大声呼唤:"喂！你怎么了?"再轻拍伤病员的肩部,若为婴儿则拍击其足跟。如伤病员对呼唤、轻拍无反应或婴儿不能哭泣,可判断无意识,如图7-3所示。

2 高声呼救

当判断伤病员意识丧失,应该寻求他人帮助,在原地高声呼救:"快来人啊,救命啊! 有人晕倒了,我是救护员,请这位先生(女士)快帮忙拨打急救电话,有会救护的请和我一起来救护!"如图7-4所示。

图 7-3　判断意识图解　　　　　　图 7-4　高声呼救图解

3 救护体位

对于呼吸心搏骤停的伤病员应将其翻成仰卧姿势(心肺复苏体位),放在坚硬的平面上,如图7-5所示。救护员需要在检查后,进行心肺复苏。若伤病员没有意识但有呼吸和循环,则应对伤病员采用侧卧体位(复原卧位),如图7-6所示。这一体位有利于分泌物从口中流出。

图 7-5　摆放体位图解　　　　　　图 7-6　侧卧体位图解

🔖 模拟训练 7-2　旅客颈部外伤救护

旅客列车在运行途中,5号车厢5A座位行李架上的手机支架滑落下来并砸伤了旅客李某的颈部,造成李某流血不止,且昏迷不醒,列车员应该如何处理?

训练提示:

①列车员高声呼救,边抢救边报告列车长。

②由列车长广播找医生,并通知有关部门和组织抢救。

③注意不要随意移动伤病员。

④颈部外伤者需翻身时,为防止颈髓损伤,应保持其头颈部与身体在同一轴线整体翻转,做好头颈部的固定。

4 打开气道

伤病员呼吸骤停后,口腔内的舌肌松弛后坠而阻塞呼吸道。采取开放气道的方法,可使阻塞呼吸道的舌根上提,使呼吸道畅通。

用最短的时间,先将伤病员的衣领、领带、围巾等解开,戴上手套迅速清除伤病员口鼻内的污泥、土块、痰、呕吐物等异物,以利于呼吸道畅通,再将气道打开。

救护员用仰头举颌法打开气道。救护员将一只手的小鱼际(手掌外侧缘)部位置于伤病员的前额,另一手食指、中指置于下颌将下颌骨上提,使下颌角与耳垂的连线和地面垂直,如图7-7所示。救护员手指不要深压颌下软组织,以免阻塞气道。

5 判断呼吸

救护员将伤病员气道打开,利用视、听、感觉,判断伤病员有无呼吸,如图7-8所示。

| 图 7-7 打开气道图解 | 图 7-8 判断呼吸图解 |

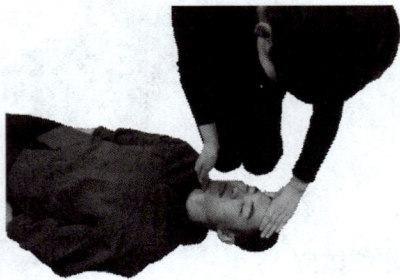

模拟训练 7-3 为受伤旅客检查呼吸状况

旅客李某在列车上被手机支架砸伤导致昏迷不醒且脸色发青,应怎样为李某检查呼吸情况?
训练提示:
①侧头用耳听伤病员口鼻有无呼吸声(一听)。
②用眼看胸部或上腹部随呼吸有无上下起伏(二看)。
③用面颊感觉有无呼出气流(三感觉)。
④如果胸廓没有起伏,没有气体呼出,没有呼吸声音,伤病员即不存在呼吸。判断呼吸时间不能少于5~10秒。

6 人工呼吸

救护员将一只手放在伤病员前额,另一只手的拇指、食指捏紧伤病员的鼻翼,吸一口气,用双唇包严伤病员口唇,缓慢持续将气体吹入,如图7-9所示。

吹气时间为1秒以上,吹气量为700~1100mL,吹气频率为12次/分钟(每5秒吹一次)。正常成人的呼吸频率为12~16次/分钟。

模拟训练 7-4 为受伤旅客人工呼吸

由于情况紧急,需要为被手机支架砸伤的旅客李某做人工呼吸,应该怎样操作?
训练提示:
①人工呼吸要在气道开放的情况下进行。

②向伤病员肺内吹气不能过急过多,胸部略有隆起即可,吹气量不能过大,避免过度通气引起胃扩张。

③吹气时间以一次呼吸周期的1/3为宜。

7 检查循环体征

判断心跳(脉搏)时应选大动脉测定脉搏有无搏动。对于成人及儿童触摸颈动脉,对于婴儿触摸肱动脉,在5~10秒内判断伤病员有无心跳,如图7-10所示。

图7-9　人工呼吸图解　　　　　　　图7-10　循环检查图解

8 胸外心脏按压

判断病人无意识、无大动脉搏动,可立即对病人实施心脏按压。

按压部位:胸部正中两乳连接水平,胸骨下1/2处,如图7-11a)所示。

按压方法:

(1)救护员用一只手的手中指沿伤病员一侧肋弓向上滑行至两侧肋弓交界处,食指、中指并拢排列,另一只手的手掌根紧贴食指置于伤病员胸部。

(2)救护员定位之手放在另一只手的手背上,双手掌根同向重叠,十指相扣,掌心翘起,手指离开胸壁。

(3)救护员上半身前倾,双肩位于双手的正上方,双臂伸直,上半身前倾,以髋关节为支点,借助上半身的体重和肩臂力量,垂直向下用力,有节奏地按压30次,下压深度4~5cm,按压频率100次/分钟。正常成人脉搏60~100次/分钟。

(4)按压与放松的时间相等,放松时保证胸壁完全复位,掌根不要离开胸壁,如图7-11b)所示。

a)　　　　　　　　　　　　　　　　b)

图7-11　胸外心脏按压图解

注意事项：按压与吹气之比为30∶2，做5个循环后可以观察一下伤病员的呼吸和脉搏。成人、儿童、婴儿心肺复苏比较见表7-1。

成人、儿童、婴儿心肺复苏比较表　　　　　表7-1

程　　序		成人	儿童(1~8岁)	婴儿(1岁以内)
判断意识		呼喊、轻拍	呼喊、轻拍	拍击足底、捏掐上臂
开放气道		头部后仰呈90°	头部后仰呈60°	头部后仰呈30°
吹气	方式	口对口、口对鼻		口对口鼻
	量	胸廓隆起	胸廓隆起	胸廓隆起
	频率(次/分钟)	10~12	12~20	12~20
检查脉搏		颈动脉		肱动脉
胸部按压	部位	胸部正中乳头连线水平(胸骨下1/2处)		胸部正中紧贴乳头连线下方水平
	方式	双手掌根重叠	单手掌根	中指和无名指
	深度(cm)	4~5	2.5~4	1.5~2.5
	频率(次/分钟)	100	100	100
按压与吹气比例		30∶2	30∶2	30∶2

心肺复苏各步骤操作时间见表7-2。

心肺复苏各步骤操作时间表　　　　　表7-2

时间(秒)	程　　序	重　点
4~10	判断意识、高声呼救、翻转体位	检查时，回忆心肺复苏程序
10	开放气道、检查呼吸	必须先畅通气道
5	吹气两次的人工呼吸	注意胸部起伏
5~10	检查脉搏	不要花费更长时间
30~40	实施胸外心脏按压、人工呼吸30∶2	按压定位正确
10	检查呼吸、循环体征	如无呼吸、脉搏，继续心肺复苏
继续心肺复苏，每五个周期(约2分钟)停10秒检查呼吸、脉搏		

四 心肺复苏有效的表现

如果实施心肺复苏救护方法正确，又有以下征兆时，表明心肺复苏有效：

(1)面色、口唇由苍白、青紫变红润。
(2)恢复脉搏搏动、自主呼吸。
(3)瞳孔由大变小、对光反射恢复。
(4)眼球能活动，手脚抽动，呻吟。

模拟训练7-5　心肺复苏成功后翻转为复原位

20××年4月16日，旅客王某在候车室候车期间突然倒地并昏迷，经过心肺复苏救治后恢复了呼吸及心跳，此时应立刻将王伟翻转为复原(侧卧)位，如何翻转？

训练提示：

步骤一：救护员位于伤病员一侧，将靠近自身的伤病员的手臂肘关节屈曲成90°，置于头部侧方。

步骤二：另一手臂肘部弯曲置于胸前。

步骤三：将伤病员远离救护员一侧的下肢屈曲，救护员的一只手抓住伤病员膝部，另一只手扶住伤病员肩部，轻轻将伤病员翻转成侧卧姿势。

步骤四：将伤病员置于胸前的手掌心向下，放在面颊下方，将气道轻轻打开。

五 心肺复苏的终止条件

现场的心肺复苏应坚持连续进行，检查呼吸、循环体征应在5个心肺复苏周期后进行，检查时间不能超过10秒。如有以下情况可考虑停止心肺复苏：

（1）伤病员自主呼吸及脉搏恢复。

（2）有他人或专业急救人员到场接替。

（3）有医生到场确定伤病员死亡。

拓展阅读

根据国家心血管病中心联合阜外医院统计，我国有3.3亿心血管病人，即每4个人里就有一个心血管病人，猝死的威胁不断增加，我国每分钟有1~2个人出现院外心搏骤停。心肺复苏的黄金抢救时间只有4~6分钟，超过4~6分钟，大脑会不可逆死亡，抢救的可能性微乎其微。心搏骤停以后，"第一目击者"是最关键的救援力量，所以"第一目击者"学习心肺复苏技术非常重要。据调查，我国心肺复苏普及率不到1%，发达国家这一数字是60%，我们仍然有10亿人需要普及心肺复苏。

单元微课

心肺复苏

本单元微课请扫描二维码21。

二维码21

单元7.3 创伤救护的基本技术

创伤会造成人体组织损伤和功能障碍，创伤轻者造成体表损伤，引起疼痛或出血；创伤重者导致功能障碍、残疾，甚至死亡。

创伤以严重创伤、多发伤和同时多人受伤为特点。严重创伤可造成心、脑、肺和脊髓等重要脏器功能障碍，出血过多会导致休克甚至死亡。创伤现场救护要求快速、正确、有效。对于创伤的急救，前10分钟最关键，被称为"黄金10分钟"。正确的现场救护能挽救伤员生命、防止损伤加重和减轻伤员痛苦，反之，会加重损伤，造成不可挽回的损失，甚至危及生命。因此，普及创伤现场救护知识和技术十分重要。

创伤救护主要包括止血、包扎、固定、搬运四项基本技术。

一 止血技术

在各种突发创伤中,外伤出血最为常见。出血是创伤的突出表现,因此止血是创伤现场救护的基本任务。有效的止血能减少出血,保存有效血容量,防止休克的发生。因此,现场进行及时、有效的止血是挽救生命、降低死亡率、为伤员赢得进一步治疗时间的重要技术。

血液是维持生命的重要物质。成人的血液约占自身体重的 8%,大约每公斤体重拥有 60～80mL 血液。骨髓、淋巴是人体造血的"工厂"。止血的目的是控制出血,保存有效的血容量,防止休克,挽救生命。

1 出血类型

（1）根据出血部位分类。

①皮下出血:多是由跌、撞、挫伤造成的皮下软组织内出血,形成血肿、瘀斑,可短期自愈。

②内出血:指深部组织和内脏损伤,血液流入组织内或体内,形成脏器血肿或积血。内出血从外表看不见,只能根据伤员的全身或局部症状来判断,如通过面色,是否吐血、腹部疼痛、便血、脉搏快等来判断胃肠道等重要脏器有无出血。内出血对伤员的健康和生命威胁很大,必须密切注意。

③外出血:人体受到外伤后血管破裂,血液从伤口流出体外。

（2）根据血管损伤的程度分类。

①小血管损伤出血:位于体表或肢端的表浅伤口,仅损伤小血管和毛细血管,出血速度慢,出血量小。损伤的小血管会很快回缩,并通过自身凝血机制形成血栓而自行凝血。这类出血只需包扎即可达到止血目的。

②中等血管损伤出血:较深、较大的伤口,肌肉断裂、伤口碾锉,长骨干骨折,肢体离断等损伤中等动脉,呈活动性出血,出血较多,可出现休克,如救护及时一般不危及生命。采用指压、包扎止血法可达到止血目的,必要时可上止血带。

③大血管损伤出血:颈动脉、股动脉、腋动脉断裂出血呈喷射状,肝脾破裂、骨盆骨折出血量均较大,短期内会出现休克,甚至死亡。大血管损伤时指压止血是挽救生命的关键措施,不要结合包扎止血法止血。现场急救的同时要立即呼叫紧急医疗服务并特别说明伤势。

2 止血材料

（1）止血带:胶带、气囊止血带、布带等。

（2）纱布、绷带。

（3）其他材料:干净的毛巾、衣服、手帕等。

（4）救护人员的手指。

3 止血方法

（1）直接压迫伤口止血。

直接压迫伤口止血是现场急救中应用最多、最易掌握、最快捷、最有效的即刻止血方法,用于小动脉、静脉、毛细血管的出血。

方法:在伤口处覆盖敷料、手帕等后,以手指或手掌直接用力压迫,一般压迫数分钟后出血即可停止,然后加压包扎。

（2）加压包扎止血。

方法：伤口覆盖较厚敷料后，再用绷带或三角巾等适当增加压力包扎。包扎完毕数分钟后，对照两侧肢体末端，如伤侧远端出现青紫、肿胀，说明包扎过紧，应重新调整松紧度。

（3）填塞止血。

填塞止血用于腹股沟、腋窝、鼻腔、宫腔出血以及管伤、贯通伤组织缺损等。

方法：用无菌或洁净的布类填塞伤口，填满填紧后再采用加压包扎止血法。

（4）止血带止血。

止血带止血是用于四肢大动脉破裂大出血时的重要止血方法。

方法：使用布带或者胶管止血带进行止血时，先垫保护软垫；在伤口的近心一侧捆扎带子，布带法以短棍插入带子内绞动，使带子变紧增压，绞至伤口出血停止即可。止血带的位置应在上臂的上 1/3 段或大腿的上段。

模拟训练 7-6　止血带止血

20××年 4 月 16 日，K7592 次旅客列车从鞍山站开出后，3 名旅客因争抢座位发生争吵，旅客李某上前劝架，被另一旅客一刀捅伤大臂，流血不止，伤势较重，请问列车员应如何为其止血？

训练提示：

列车员应用红十字药箱中的止血带进行止血，止血带的位置在上臂的 1/3 段，具体操作过程如下：

①局部先加保护垫。

②捆扎带子加短棍。

③绞动短棍使带子紧缩。

④绞紧固定短棍。

⑤记录止血带安放时间。

注意事项：

①记录时间。

②一个小时放松 1～3 分钟，放松后如果不出血就可以改加压包扎；如果继续出血可用手指压迫，然后再次上止血带，但要改在原来部位稍下方。

③不能用电线、铁丝等很细的带状物体来止血，防止损伤组织。

二　包扎技术

包扎是创伤现场急救的重要措施之一。受伤部位经过有效的止血后，均应进行及时、正确的包扎。

1　包扎的目的

（1）包扎时施加压力，可起到止血作用。

（2）保护伤口，避免再损伤与再污染。

（3）固定敷料与夹板。

（4）扶托伤肢，减轻痛苦。

2 包扎材料

包扎材料包括创可贴、纱布、绷带、三角巾、被单、衣服和布条等。包扎材料应该清洁或无菌。

3 包扎原则及注意事项

（1）绷带内侧面朝上。

（2）包扎四肢由内而外、由下而上。

（3）松紧适度。

（4）起始端及结尾重复两圈固定。

（5）露出肢体末端，以便观察血液循环。

（6）绷带收尾于外侧。

4 常用的包扎方法

以下主要介绍绷带与三角巾的包扎方法，这两种方法最为实用、用途最广泛。

（1）绷带包扎法。

①环形包扎法：绷带稍斜放于伤口处，做第二周缠绕后，将第一周斜出的一角反折，再继续缠绕第三、第四周，将斜角压住，然后继续缠绕，每一周压住前一周，如图7-12所示。此法主要用于包扎胸部、踝部、颈部、额部及身体其他粗细相近的部位以及各种绷带包扎方法的起始端，是最基础的包扎方法。

②螺旋包扎法：包扎时先按环形包扎法包扎第二、三周，再斜形向上继续缠绕，每一周压前一周的约2/3，如图7-13所示。此法主要用于包扎四肢。

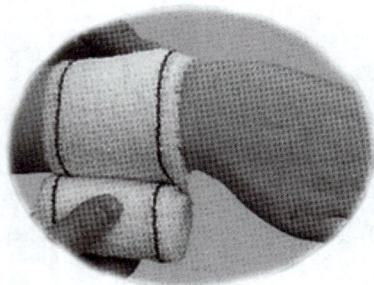

图7-12 环形包扎法图解　　　　图7-13 螺旋包扎法图解

③螺旋反折包扎法：先按环形包扎法固定起始端，再按螺旋包扎法包扎，但每一周将绷带反折一次。反折时，以一手拇指按压住绷带正中处，另一手将绷带反折，再继续如此包扎，最后固定末端，如图7-14所示。此法主要用于包扎前臂、小腿等粗细不等的部位。

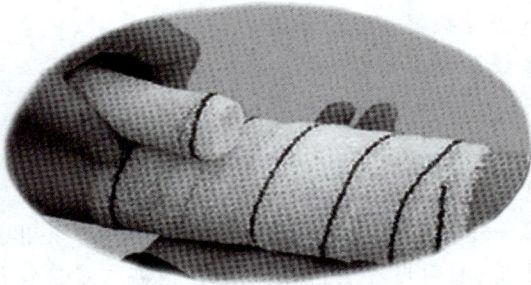

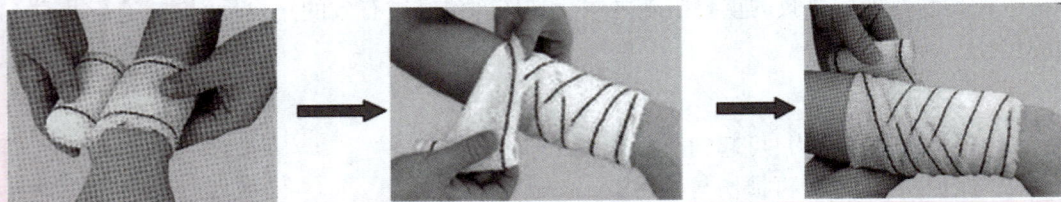

图7-14 螺旋反折包扎法图解

（2）三角巾包扎法。

三角巾面积大，适用于各个部位的包扎，操作简便快捷，但不便加压，所以压迫止血效果不好。

①头顶帽式包扎法：救护者站在伤员身后，将三角巾的顶角对正后正中线；底边向内折叠约两横指宽，置于前额齐眉处，将两侧底角分别经两耳上方拉向枕骨部，在枕骨粗隆下方交叉，压紧顶角，再绕到前额，在眉毛上方打结；然后拉紧顶角，将其折叠并塞入两底角交叉处，如图 7-15 所示。

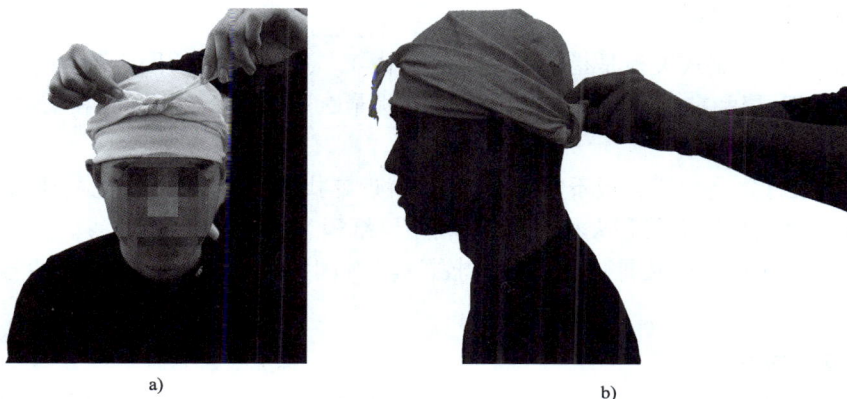

图 7-15　头顶帽式包扎法图解

②燕尾式包扎法：将三角巾顶角（偏左或偏右）和底边近中央点处（偏左或偏右）折叠成燕尾式，其间角根据需要而定，一般上肢为 65°～85°，下肢为 90°，包扎胸部时，间角对准胸骨上窝，然后将燕尾底边围胸于背后打结，将打结头向上与两燕尾角在肩上打结即可，如图 7-16 所示。如果结扎带不够长时，可在折叠后的底边中点处或顶角处接带子，以便绑扎。

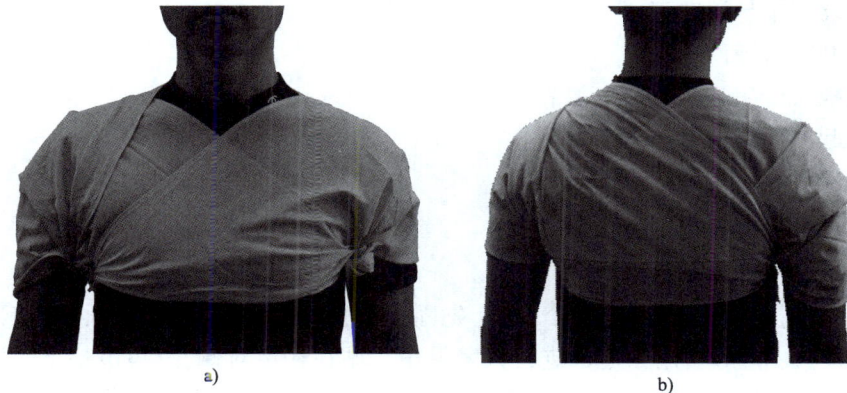

图 7-16　燕尾式包扎法图解

模拟训练 7-7　止血、包扎技术

学生两人为一组，一人扮演受伤旅客，一人扮演客运服务人员，练习三种止血方法、绷带与三角巾的包扎方法。

训练提示：

①运用止血、包扎技术对受伤部位进行有效的止血后，进行及时、正确的包扎。

②学生对每组的止血方法、包扎技术进行评议。

③由教师对每组的止血方法、包扎技术进行归纳和总结。

▶ 三 固定技术

固定对骨折、关节损伤和大面积软组织损伤等能起到很好的制动作用，可以减轻痛苦、减少并发症，有利于伤员运送。

1 常用固定材料

（1）制式夹板。制式夹板是指按照一定规格由工厂批量生产的固定材料。常用的制式夹板有木制夹板、聚酯夹板和充气夹板。木制夹板最为妥善，有各种宽度和长度，以适合伤肢固定。

（2）就近取材。当制式夹板不够用时，可以就近寻找适用材料固定，也可利用伤员胸部、健肢或木棒、树枝、竹竿等代替夹板，上肢可利用厚纸板、画册、报纸、杂志等。

夹板固定适用于四肢长骨骨折的现场救护，具有固定可靠，防止再损伤，便于运送伤员等优点。

2 固定目的

骨折的局部表现为明显疼痛、肿胀、压痛和功能障碍；出现畸形或反常活动；骨折断端有摩擦音或摩擦感。

骨折的固定目的：减少伤员的疼痛；避免损伤周围的组织、血管、神经；减少出血和肿胀；防止闭合性骨折变为开放性骨折；便于伤员运送。

3 固定原则

（1）能够固定骨折即可。

（2）避开伤口操作。

（3）夹板长度超过上下两个关节。

（4）突起的部位加软垫。

（5）固定时肢体的远端应外露。

4 几种骨折的固定方法

（1）前臂骨折固定方法。

将夹板放到臂下，超过前后两个关节，先固定骨折上端，轻轻地包好，再固定下端，用宽一点的带子连关节固定，用三角巾进行大臂悬吊。站在伤员对侧，三角巾垫下，结打在受伤部对侧脖下，不可打在颈椎上，末端肢体露出，多余带子收起，如图7-17所示。

（2）上肢的上臂骨折固定方法。

需要两个三角巾，第一个三角巾折成四指宽将胳膊吊起固定，结打在脖子侧边，第二个三角巾的宽度以上臂长为标准，不要太窄，自身固定，结打在侧边。打结时人要与结水平，不可过高。询问伤员是否过紧，如图7-18所示。

（3）小腿骨折固定方法。

用健肢脱鞋，扶住踝关节，鞋子往后往上拉掉，不能抬脚，健肢的鞋也是，伤肢的脚上袜子不能脱，从上剪开，露出脚趾便于观察血液循环。先固定骨折上端，再固定下端，三根带子一起从膝下穿过去,两腿间加垫,第一根带子固定骨折上端,第二根带子固定骨折下端,第三根带子固定骨折的上关节(膝关节很宽,所以把带子打开),结打在中间,最后再拿一根带子,把脚放到功能位,八字交叉法固定脚部。嘱咐伤员躺好,鞋包好放在其头旁,如图 7-19 所示。

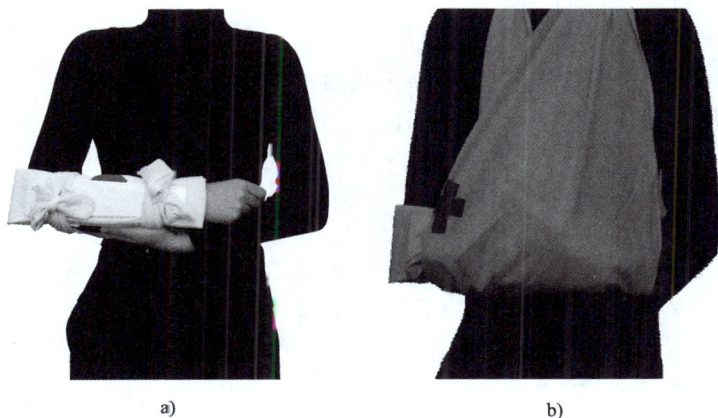

a)   b)

图 7-17　前臂骨折固定图解

a)   b)

图 7-18　上肢的上臂骨折固定图解

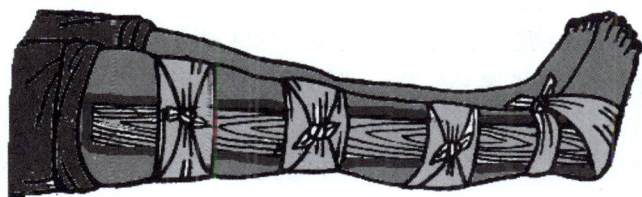

图 7-19　小腿骨折固定图解

(4)腰椎骨折固定方法。

不能将伤员抱起,让其躺在地上,如不会做处理可以不处理。颈椎和腰椎受伤的伤员要用硬担架运送。

5 注意事项

(1)尽量减少搬动,非医务人员不要做不必要的检查。

（2）如有出血应先止血再固定。

（3）刺出伤口的折骨不要还纳。

（4）夹板长度要超过上下两个关节。

（5）先固定骨折上端（近心端）。

（6）关节突出部位与夹板之间要加垫。

（7）指尖或趾尖要暴露在外，以便观察末梢血液循环的情况。

（8）运送过程中观察伤员心跳、呼吸、神态。

模拟训练7-8 固定技术

学生两人一组，一人扮演受伤旅客，一人扮演客运服务人员，练习前臂骨折固定方法、上肢的上臂骨折固定方法和小腿骨折固定方法。

训练提示：

①避免损伤周围的组织、血管、神经；减少出血和肿胀；防止闭合性骨折变为开放性骨折；便于伤员运送。

②按照固定原则进行固定。

③学生对每组的固定技术训练进行评议。

④由教师对每组的骨折固定技术训练进行归纳和总结。

四 搬运技术

1 搬运方法

搬运方法主要包括扶持、抱、背、双人搬运、多人搬运、担架搬运、颈椎伤担架搬运、颈椎伤多人用手搬运。

2 搬运的注意事项

（1）搬运要平稳，避免加重损伤。

（2）对于脊柱有损伤的伤员，要保持脊柱轴位，防止拉伤加重。

（3）搬运时密切观察伤员生命体征变化，及时调整止血带松紧度。

（4）应将伤员固定在担架上，防止过度扭动和颠簸。

（5）搬运时动作要轻巧、迅速，避免不必要的震动，注意安全。

单元微课

创伤救护的基本技术

本单元微课请扫描二维码22。

二维码22

单元7.4 应急抢救手语

铁路每年承载着大量的旅客运输任务，旅客中会有一些因言语表达困难无法沟通的旅客。在应急抢救过程中,当旅客存在语言障碍或现场情况造成语言沟通不便时,手语作为一种特殊的语言是重要的交流方式。因此,铁路工作人员掌握基本手语技能,有利于在紧急情况下与旅客及时沟通,做出有效反应。

一 常用身体部位手语

在铁路旅客运输服务过程中,如遇旅客身体不适,在了解情况时,需要与旅客对身体不适部位及症状进行沟通说明。因此,客运服务人员应懂得常用身体部位的手语表达方法,以便与言语障碍者及时进行有效交流。常用身体部位的手语见表7-3。

常用身体部位的手语   表7-3

序号	含　义	图　示	序号	含　义	图　示
1	身体:双手掌心向内,贴于胸部,向下微移		6	鼻:一手食指指鼻子	
2	头发:一手拇指、食指相捏揪一下头发		7	舌:口张开,一手食指指一下伸出的舌头	
3	头(脑):一手食指指额部		8	喉:一手食指指咽部	
4	脸:一手五指并拢轻贴一下面额部		9	胸:一手食指指胸部	
5	眼:一手食指指眼部		10	耳:一手食指指耳部	

序号	含义	图示	序号	含义	图示
11	口：一手食指沿口部转一圈	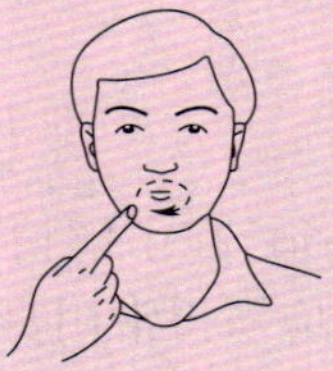	17	脚：左手平伸，手背向上，五指并拢；右手掌在左手背上从前向后摸一下	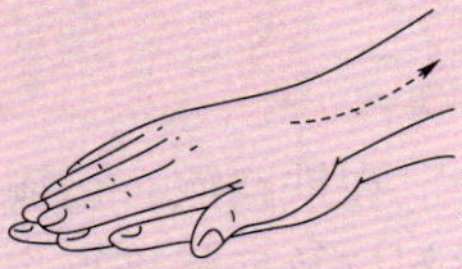
12	牙齿：口张开，一手食指指一下牙齿		18	肺：双手指尖朝下，掌心贴于胸两边	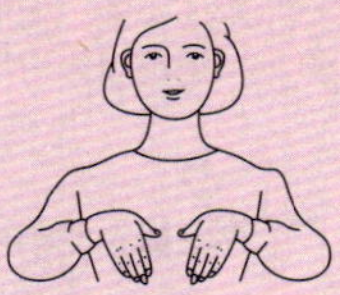
13	食道： （1）一手食指、中指横伸在嘴边划动，模仿用筷子吃饭状； （2）一手拇指、食指捏成小圆圈，自喉部往下移	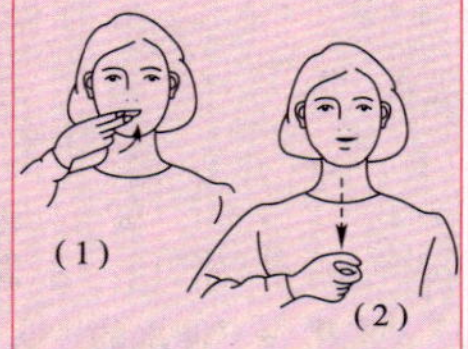	19	胆：右手先打手指字母"D"的指式，然后拇、食指捏成小圆圈，虎口向外，置于右肋下部位	
14	腰：一手食指指腰部		20	手：左手横伸，掌心向下；右手掌拍一下左手手背	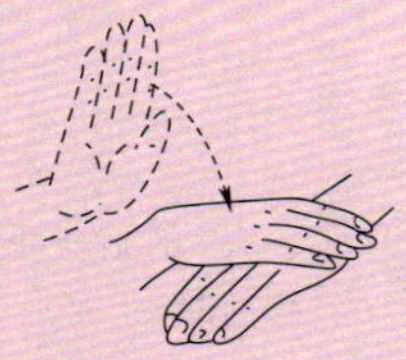
15	腹：一手食指指腹部		21	腿：自然站立，一手掌拍一下一侧大腿	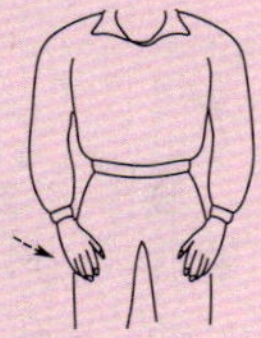
16	胳膊：左手横伸，屈肘握拳；右手掌自上而下摸一下左手臂	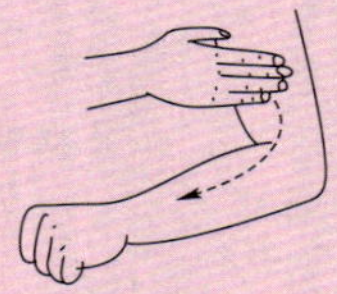	22	心：双手拇指、食指搭成"口"字形，贴于胸部	

续上表

序号	含义	图示	序号	含义	图示
23	肝:左手食指、中指与右手食指搭成"干"字形,置于腹部肝脏部位		27	神经:右手食指指尖自头部向耳、面颊、肩部下划	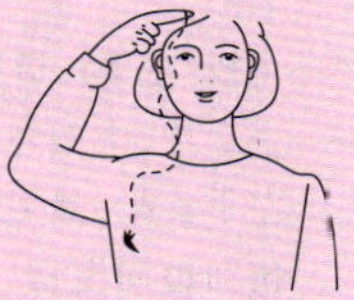
24	肠:一手拇指、食指捏成小圆圈,在腹部绕两圈	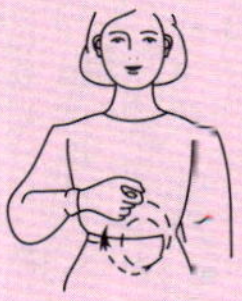	28	肾:一手打手指字母"SH"的指式,然后伸食指指一下肾部	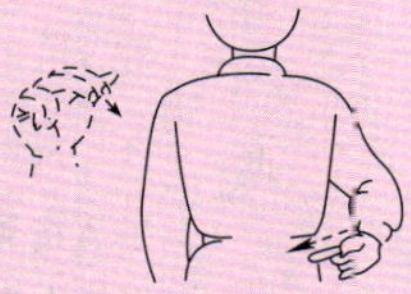
25	胃:一手掌心贴于上腹部	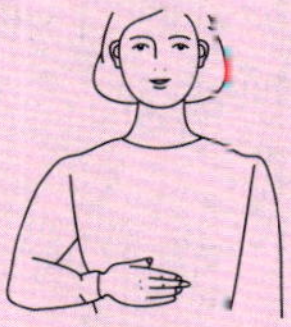	29	骨:左手握拳,手背向上;右手食指弯曲,指尖点一下左手背腕关节处	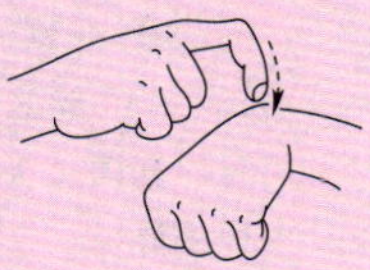
26	皮肤:左手横伸,手背向上;右手拇指、食指捏一下左手背的表皮	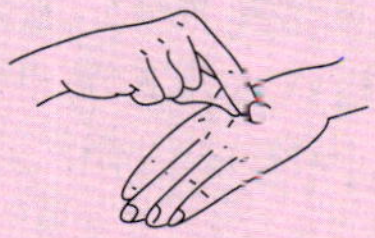	30	血管: (1)一手打手指字母"H"的指式,摸一下嘴唇; (2)左手平伸;右手掌贴于左手背,然后向左手指尖方向移动; (3)右手食指指尖沿左手臂自上而下做曲线移动	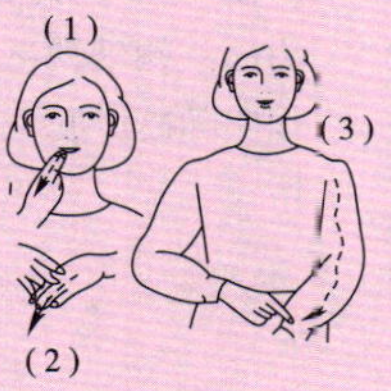

➤ 二 常用基本动作手语

在铁路旅客运输服务应急抢救过程中,需要客运服务人员与被救助旅客进行沟通,而有的时候,救助工作也需要其他旅客的配合。因此,客运服务人员应懂得常用基本动作的手语表达方法,以便与言语障碍者及时进行有效交流,了解事件发生缘由、说明救助方法,或在紧急情况下获取言语障碍旅客的帮助。常用基本动作手语见表7-4。

常用基本动作手语   表 7-4

序号	含　义	图　示	序号	含　义	图　示
1	拔:左手食指直立;右手食指、中指弯曲夹住左手食指,然后边左右扭动边向上提,如拔钉子状(可根据实际模仿拔的动作)		5	绑:左手打手指字母"B"的指式;右手的拇指、食指、中指相捏,在左手上绕几圈(可根据实际模仿绑的动作)	
2	摆: (1)一手五指并拢朝下,手背朝外,左右摆动几下,表示摆动之意; (2)双手平伸,掌心向上,然后左手不动,右手向右侧一顿一顿移动,表示摆放之意(使用时根据词义选择其中一种手势)	 (1) (2)	6	抱(搂):双手侧立,五指微曲张开,从两侧向中间合拢,如拥抱状(可根据实际模仿抱、搂的动作)	
3	扳:右手握紧拳头,用力向一侧动两下(可根据实际模仿扳的动作)		7	拔:左手掌心向上;右手拇指贴于掌心,其余四指并拢,指尖朝下立于左手指尖处,然后向外划动几下(可根据实际模仿拔的动作)	
4	搬运: (1)同"扳"手势; (2)双手横伸,掌心向上,指尖相对,同时向一侧移动	 (1) (2)	8	搬:双手五指成"[ ]"形,间隔约20cm,然后同时由下向上移动,如搬物状(可根据实际模仿搬的动作)	

续上表

序号	含 义	图 示	序号	含 义	图 示
9	绊:左手食指横伸;右手食指、中指朝下置于左手食指内侧,然后向外歪动一下(可根据实际模仿绊的动作)		16	捏:一手拇指、食指、中指指尖朝下张开,然后捏在一起(可根据实际模仿捏的动作)	
10	包(包装):双手平伸,掌心向上,然后交替翻动,手指相叠,如包物品状(可根据实际模仿包的动作)		17	爬(攀):双手手背向内,五指张开,一前一后或一上一下做爬动或攀登状(可根据实际模仿爬、攀的动作)	
11	背:双手虚握,一上一下,置于胸前,上身向前微倾,如背东西状(可根据实际模仿背的动作)		18	尝:一手拇指、食指、中指相捏,指尖朝上,由下而上移至嘴边,同时嘴微动几下(可根据实际模仿尝的动作)	
12	插:左手直立,掌心向右;右手食、中指并拢,插入左手无名指指缝(可根据实际模仿插的动作)		19	能(可以、可能):一手直立,掌心向外,然后食指、中指、无名指、小指弯曲一下或两下	
13	缠(绕):左手伸的拇指、小指;右手的拇指、食指、中指相捏,指尖朝下在左手拇指上绕两圈(可根据实际模仿缠的动作)		20	拧:一手虚捏,虎口朝前,做拧动动作(可根据实际模仿拧的动作)	
14	挠(搔、痒):一手五指弯曲,在另一手背上抓几下(可根据实际模仿挠、搔的动作)		21	趴:双小臂横伸相搭,头歪向一侧,置于手臂上(可根据实际模仿趴的动作)	
15	不能(不许、不行):右手食指横伸,用力向下一甩(可根据实际模仿不能的动作)		22	拍:一手平伸,掌心向下,上下拍动几下(可根据实际模仿拍的动作)	

 模拟训练 7-9　应急抢救手语

将学生分为若干组,运用所学的应急抢救手语的相关知识,自编、自导、自演,进行常用身体部位手语、常用基本动作手语的情景练习,要求有情节,时间在 4 分钟之内。

训练提示:

①应结合客运服务质量规范相关知识、客运规章的相关知识、服务工作技能技巧进行情景练习。

②学生对每组的应急抢救手语情景练习进行评议。

③由教师对每组的情景练习进行归纳和总结。

 单元微课

应急抢救手语

本单元微课请扫描二维码 23。

二维码23

 模块小结

(1)介绍了铁路红十字药箱的配备标准,以及现代救护的特点,明确了现代救护"生命链"的四个环节。

(2)介绍了心肺复苏的操作步骤,明确了心肺复苏有效的表现和心肺复苏的终止条件。

(3)明确了创伤救护常用的止血方法、常用的包扎技术和骨折固定技术。

(4)明确了主要身体部位手语的表达方法和常用基本动作手语的表达方式。

(5)重点掌握心肺复苏的操作步骤,掌握常用的包扎技术。

 技能实训

实训 7-1　应急处置要快,后续处理要稳

由教师组织,学生自愿组成小组,每组 6 ~ 8 人,选择以下模拟情景进行实训。每组提交一个情景剧剧本并汇报表演。活动结束后,教师进行活动总结。

【模拟情景】20××年7月22日,6 岁的田亮亮和家人乘坐 G398 次列车前往北京旅游。亮亮坐在 5 车 1A 座位上,看着窗外风景,高兴地吃着三明治,吃着吃着,突然抽搐起来,脸色越来越白,嘴唇发紫,眼睛暴突,亮亮的妈妈吓得手足无措:"快来救救我的儿子……快来人啊……"正在巡视车厢的列车员小黄听到哭喊声……。请根据以上情景,编写情景剧进行应急抢救。

【情景再现】正在巡视车厢的列车员小黄听到哭喊声,立即赶到现场了解情况,并用对讲机向列车长小李汇报了情况。随即,列车上响起了紧急寻医的广播声,不一会儿,列车长小李拎着药箱,带着一名医生赶到了 5 号车厢。这名医生是锦州妇婴医院的儿科主治医生张医生,她诊断系食物噎住所致。在张医生的指导下,乘务人员一起对亮亮进行催吐,随着"哇"的一声,口中噎物吐出来了,亮亮恢复了呼吸,脸色渐渐好转,车厢内响起了热烈的掌声。亮亮虽然没有了险情,但乘务人员不敢放松,一路上协助张医生给亮亮量血压、听心跳,

密切观察。列车长小李拨通了北京站值班室的电话,要求联系120救护车进站接车。列车到达北京站时,救护车和急救人员已在站台上等候,看着亮亮被送上120救护车,大家悬着的心终于放了下来。

实训7-2 旅客突发急病,列车寻医救治

由教师组织,学生自愿组成小组,每组6~8人,选择以下模拟情景进行实训。每组提交一个情景剧剧本并进行汇报表演,活动结束后,教师进行活动总结。

【模拟情景】20××年7月22日,D18次列车从沈阳北站开出不久。列车长小孙巡视车厢时,发现5号车厢一名旅客脸色苍白,额头直冒汗,表情看起来很难受的样子。看到此情景,列车长小孙应该如何进行列车寻医救治?请根据以上情景,编写情景剧本进行应急抢救。

【情景再现】列车长小孙经过询问得知,这名旅客叫张××,辽宁沈阳人,此前患有重病,医生嘱咐不可间断输液。因有公务必须赶往北京,张女士只好带着点滴上车,但是之前没有考虑到列车条件有限,现在突感不适却苦于不能输液。小孙见此情景立即呼叫广播员小马,信息迅达,效率神速,广播声即刻在每节车厢响起:"女生们、先生们,现在广播寻医,10号车厢一名旅客突发急病,有哪位旅客是医护人员,请速到10号车厢,感谢您的配合。"广播完毕后,小马也带着红十字药箱迅速赶往10号车厢。这时,从事护士工作的旅客林女士也赶到10号车厢前来帮忙。输液可以,可是输液瓶挂在哪里呢?高度不够啊!正在大家犯难之际,小孙急中生智,找来保洁员的长拖把,去掉拖把头,拿绳子固定在前排座椅背后,再把小翻板打开,确保固定牢固,又将张女士的座椅靠背调节到舒适的位置。张女士顺利输上了液,平安到达了目的地。

实训7-3 标准不走样,技能是支撑

由教师组织,学生自愿组成小组,每组6~8人,选择以下模拟情景进行实训。每组提交一个情景剧剧本并进行汇报表演,活动结束后,教师进行活动总结。

【模拟情景】20××年4月26日,D5432次列车停靠台州站时,3位满头大汗的男士一路小跑上了3号车厢,气喘吁吁,比画着寻找座位,原来他们是聋哑旅客。列车员小许看见此情景应该如何为其服务?请根据以上情景,编写情景剧本进行应急服务。

【情景再现】列车员小许看见后急忙迎上前,查看了他们的车票,然后把他们引领到座位上。列车从台州站开出,车厢慢慢恢复平静,5分钟后列车又停了下来。3位旅客突然紧张起来,纷纷站起身,四下张望。"女士们、先生们,列车没有到站,现在是临时停车……",车厢里传来了广播声。但3位旅客仍一脸茫然,不知所措。正在这时,小许走了过来,对他们打起手语:"不要急,这是临时停车,列车马上会开动,请耐心等待。"3位旅客面面相觑,突然明白过来,露出惊喜的神态。其中一位旅客用手语问:"你能猜出我们的心事?"小许微笑点点头,比画着:"放心,到终到站前我会及时提醒并帮助你们。"

实训7-4 细微服务,温暖人间

由教师组织,学生自愿组成小组,每组6~8人,选择以下模拟情景进行实训。每组提交一个情景剧剧本并进行汇报表演,活动结束后,教师进行活动总结。

【模拟情景】20××年6月1日,D5484次列车从南京南站开出后,列车员小唐开始查验车票,当查验到与6号车厢相邻的5号车厢通过台处时,一名旅客一脸疑惑地望着小唐,并没有出示车票。小唐微笑地说:"您好,打扰一下,列车正在组织查验车票,麻烦出示一下车

票。"他指指耳朵,摇了摇手。小唐接下来应如何为其服务?请根据以上情景,编写情景剧本进行应急服务。

【情景再现】小唐顿时明白原来他是个聋哑人,于是指了指旁边旅客手里的车票。他会意后,急忙从口袋里掏出车票,小唐核对了他的车票见是到杭州南下车,便掏出纸和笔,写下了到站时间,另外还写了"到站前我会提醒你"一行大字。他弯了弯大拇指,表示感谢。"不客气,这是我应该做的。"小唐用手语回答,她心里甜甜的,特别有成就感。

实训7-5　爱在人间,爱在高铁

由教师组织,学生自愿组成小组,每组6~8人,选择以下模拟情景进行实训。每组提交一个情景剧剧本并进行汇报表演。活动结束后,教师进行活动总结。

【模拟情景】20××年12月17日,G7382次列车员小张正在巡视车厢,当走到5号车厢时,看到一位小伙子正趴在厕所间呕吐。列车员小张接下来应该如何服务?请根据以上情景,编写情景剧本进行应急服务。

【情景再现】列车员小张走上前问:"先生,需要给您倒杯水吗?"小伙子仰起头比画着,一句话也没说。原来他是一位聋哑人。小张连忙找来一个纸杯给小伙子倒了一杯热水,然后把小伙子带到餐车,为他找了个座位,又拿了几个橘子给他。"先生,晕车吃点酸的,会舒服些。"小张用手语对他说。小伙子连连点头,眼睛湿润了。与人为善无须语言,只需捧出热情,只要一个眼神,一个手势,就足以让人感到有一颗赤诚的心在面前跳动。

思考与练习

1.填空题

(1)根据非处方药品配置情况,可将铁路红十字药箱分为_____、_____、_____三类。

(2)放置红十字药箱的位置应设置_____,明示_____设施。

(3)现代救护的"生命链"有4个互相联系的环节,这4个环节又称四个"E",即早期_____、早期_____、早期_____、早期_____。

(4)创伤救护主要包括_____、_____、_____、_____四项基本技术。

(5)根据出血部位的不同,出血分为_____、_____、_____。

2.判断题

(1)现代救护是立足于现场的抢救。　　　　　　　　　　　　　　　(　　)

(2)心肺复苏术是呼吸心搏骤停时所采用的一种急救技术。　　　　(　　)

(3)创伤以严重创伤、多发伤和同时多人受伤为特点。　　　　　　(　　)

(4)止血带的位置在上臂的上1/2段或大腿的上段。　　　　　　　(　　)

(5)骨折固定目的是减少伤员的疼痛。　　　　　　　　　　　　　(　　)

3.选择题

(1)心跳呼吸骤停的判断依据是(　　　　)。

　　A.突然意识丧失或抽搐　　　　　　　　B.大动脉搏消失(触摸不到)

　　C.无呼吸　　　　　　　　　　　　　　D.口吐白沫

(2)以下不属于心肺复苏有效表现的是(　　　　)。

A. 面色、口唇苍白、青紫

B. 恢复脉搏搏动、自主呼吸

C. 瞳孔由大变小、对光反射恢复

D. 眼球能活动,手脚抽动,呻吟

(3)根据血管损伤的程度,出血可分为(　　)。

A. 小血管损伤出血　　　　　　　B. 中等血管损伤出血

C. 毛细血管损伤出血　　　　　　D. 大血管损伤出血

(4)常用的止血方法有(　　)。

A. 直接压迫伤口止血　　　　　　B. 加压包扎止血

C. 填塞止血　　　　　　　　　　D. 止血带止血

4.简答题

(1)现代救护的特点是什么?

(2)简述心肺复苏的操作步骤。

(3)简述创伤救护的四项基本技术。

(4)常用的包扎方法有哪几种?

(5)骨折固定的方法有哪几种?

(6)常用身体部位手语有哪些?

(7)应急抢救手语的基本动作有哪些?

模块学习效果评价

通过教师考核、组间互评、个人自测的方式,对学生课堂表现、职业素养及技能训练表现等进行考核计分。

模块 8

铁路旅客运输服务营销策略

📖 **学习目标**
- - - - - -

1. 了解铁路旅客运输服务有形展示的类型。
2. 掌握铁路旅客运输服务有形展示的策略。
3. 掌握铁路旅客运输服务的品牌策略。
4. 了解铁路旅客运输服务品牌的设计策略。

📑 **技能目标**
- - - - - -

1. 能够识别出铁路旅客运输服务有形展示策略。
2. 能够识别出铁路旅客运输服务品牌的设计策略。

单元 8.1　铁路旅客运输服务有形展示策略

促销工作是企业市场营销的重要内容,由于铁路旅客运输服务产品不具有实物形态,不能展示、不能陈列,所以其营销形式受到一定程度的影响。但铁路旅客运输的工具、服务信息、服务环境、客运服务人员等服务媒介是能被看见、听到、触摸到的,铁路旅客运输企业可以借助这些有形的服务媒介,将信息传递给旅客,实现对旅客有效的外部刺激,从而影响旅客的决策行为。

➊ 铁路旅客运输服务有形展示的类型

铁路旅客运输服务有形展示是指铁路旅客运输企业利用在服务过程中能够被旅客直接感知的有形物来促销其无形服务的手段。铁路旅客运输服务有形展示包括服务环境、服务信息和服务价格等。

1　服务环境

(1)直接展示服务环境。

直接展示服务环境是指旅客直接感受到的环境,直接展示铁路旅客运输企业的形象。例如,人性化的站房设计、现代化的售票手段、舒适的候车环境、干净整洁的车厢等,这些服务环境会直接影响旅客的感受和对铁路旅客运输服务质量的评判。

(2)间接展示服务环境。

间接展示服务环境主要是指直接展示服务环境的周围环境,如候车室及车厢内的空气质量、噪声、气氛、环境卫生等。服务环境对服务工作的影响很大,如果环境很差,服务再好,服务质量的总体水平也会大打折扣。

（3）社会因素。

社会因素是指一切影响铁路旅客运输服务质量的人,包括客运服务人员和旅客。

客运服务人员的形象礼仪和内在素质是服务水平的重要体现和象征。一名衣冠不整、缺乏热情的客运服务人员,是无法和高水平服务联系到一起的。因此,客运服务人员的形象直接影响铁路整个企业的形象。同时,旅客的行为也会影响服务质量。例如,旅客大声喧哗、乱扔垃圾等不文明行为,会体现出铁路管理不到位、服务不到位、设备不到位的问题,因此旅客的行为也是有形展示的重要内容。

2 沟通信息

沟通信息是另一种形式的有形展示,它既来自企业本身,也来自其他地方或人员。这些信息主要有服务信息、形象信息和公共信息。

（1）服务信息。

服务信息是指直接为旅客旅行提供服务、帮助的有关信息,如列车时刻表、旅行常识、行包托运须知等。

（2）形象信息。

形象信息是指展示铁路旅客运输企业形象的信息,如和谐铁路建设信息、火车旅游信息等。

（3）公共信息。

公共信息是指为广大旅客服务的信息,如天气情况、风景名胜、生活小常识等信息。

3 服务价格

"质价相符"反映了产品的价格是对服务和服务质量的有形展示,高价格与高水平、高质量有着必然的联系。旅客在完成旅行消费的过程后,必然会比较票价与服务质量是否相符。铁路旅客运输企业可通过"廉价""优质优价""提速不提价"等价格展示,使旅客感受到铁路旅客运输服务物超所值。

▶ 二 铁路旅客运输服务有形展示的作用

铁路旅客运输服务有形展示是铁路旅客运输企业促销工作的一项重要内容,是提高铁路旅客运输服务质量的一种重要手段。

1 有利于识别服务理念

随着铁路旅客运输服务市场竞争的加剧,铁路旅客运输服务企业越来越重视服务理念。客运服务人员在进行铁路旅客运输服务有形展示的过程中,可加深自身对铁路旅客运输服务理念的理解;而抽象的服务理念通过有形的服务环境可以得到具体的提示,从而有利于旅客的识别。

模拟训练8-1 服务理念有形展示

"人民铁路为人民"是铁路服务的宗旨,而这一宗旨铁路是如何形象地向社会展示的呢?

请举例说明。

训练提示：

①"三新"服务教育活动。

②"树标塑型"服务活动。

③"客运服务质量年"活动。

2   有利于识别服务特色

一般情况下旅客不会花费心思和精力去发现铁路旅客运输服务有哪些特色，服务本身的无形性也使得铁路旅客运输服务的特色难以识别。而服务环境能起到提示服务特色的作用，有利于旅客对铁路旅客运输服务特色的识别。

模拟训练8-2   服务特色有形展示

根据所学知识或乘车经历，识别铁路旅客运输服务特色是如何进行有形展示的？

训练提示：

①用"绿色通道""中铁银通卡"来展示服务的方便。

②餐车服务员的民族服装展示了浓郁的地方特色。

③"赶海"时节的定制专列展示了铁路人性化服务。

拓展阅读

南昌铁路客运部门 T168/167 次列车，用小小的一块抹布体现服务的特色。列车上使用的抹布不仅干净，而且分为不同的颜色和用途，蕴含着不同的寓意。红色抹布是用来擦果壳盘的，寓意"火红的心"；绿色抹布是用来擦地板的，寓意"环保"；白色抹布是用来擦洗脸池和方向牌的，寓意"洁净、清爽"；蓝色抹布是用来擦扶手的，寓意"像海水般清澈"。

3   有利于推广服务创新

由于服务的抽象性，服务创新的推广是比较困难的，若将服务创新的推广与服务信息、服务环境等相结合，就可利用服务信息或服务环境的提示作用促进服务创新的推广。例如，铁路旅客运输企业在铁路客服中心网站上设置旅客运输服务调查问卷，参与调查的旅客将有机会获得一定的积分奖励，积分可用于网上购票抵现，但前提是要成为铁路会员，这种方法就是在进行服务调查的同时，推广了铁路会员服务。

4   有利于烘托、提高服务质量

高端的服务设施和工具、良好的服务环境、高素质的客运服务人员等均可烘托出高质量的服务，提高旅客所享受服务的质量。此外，高端的服务设施和工具、良好的服务环境也会对客运服务人员产生一定的压力，促使其提升自己，与高端的设施和工具、良好的服务环境相适应。

5 有利于服务促销

服务的无形性使得服务广告比较难做,服务业的促销手段比制造业要少得多。如果尽量发挥服务环境的信息提示作用,就可以弥补服务促销手段的不足。现在很多站车的广告费用不足,如能利用好现有的信息传播手段(如车站广播、列车广播、信息揭示牌等),也能较好地进行服务的促销。

三 铁路旅客运输服务有形展示的策略

1 车站关于铁路旅客运输服务有形展示的策略

车站是人流、车流和各种信息集中的场所,是服务展示的窗口。不同的客运站由于所处的自然条件、政治经济条件、文化环境等各不相同,应有不同的风格。

(1)车站设计展示的策略。

车站的设计包括:应考虑铁路的整体形象,展示铁路的特色;应考虑车站所在地的自然环境、经济条件、文化背景,展示城市的形象;应考虑旅客的需求,尽量为旅客提供宽敞、舒适、方便的环境。车站设计展示的策略主要体现在以下几方面:

①系统性。系统性是指车站内部各种设备设施间的系统结合,以及通过系统的研究把功能性、先进性、经济性、文化性有机地结合起来。

②功能性。功能的设计要以旅客为核心,这是车站设计的基本理念。车站设计的功能性体现在广场规划、各种交通方式的衔接、旅客流线、站房平面布局、空间组成及其他配套客运设备设施的具体设计上。

③先进性。车站设计的先进性体现在车站规划和建设一定要融入前瞻意识,要使其在未来较长的时间内能够满足旅客运输服务的需求。此外,车站设计的先进性还体现在站房内部设备设施的完备和现代化上。

④经济性。车站设计要符合经济性,既不可铺张浪费不计成本,也不可只追求节省,应对车站进行经济、合理的设计。

⑤文化性。建筑属于艺术范畴,是组织空间的艺术。不同地方的车站应对当地的地域文化特色有所体现,车站的建筑设计不应千篇一律。

拓展阅读

"玻璃之城"的北京站,建筑上追求宽敞通透,宛如一座艺术的殿堂,古典式的主体站房与现代式的配套建筑浑然一体,处处展示着人性化的风韵。扬子江畔的南京站采用桅杆斜拉索悬挂结构,用18根桅杆支撑起横向钢梁,像一艘竖起桅杆、拉满风帆的巨型帆船停泊在美丽的玄武湖畔,既具有江南文化特色,又融合现代化气息。泰山站在候车室两侧的墙壁上,精心设置了38幅泰山风景名胜的经典图画,在软席候车室内摆设泰山实景沙盘,让游客走进泰山站便能感受泰山的魅力,领悟泰山的文化内涵。

在高速铁路车站建筑设计中应融入最新设计理念,充分体现现代化站房的功能。车站设计应保证旅客使用安全方便,并具有良好的内部和外部环境条件,为旅客提供安全、舒适的乘车环境。应对站房的内部功能、流线进行组织,保证流线便捷、顺畅,避免交叉干扰,提供适用、高效、便利的旅客服务设施,充分体现"以人为本"的设计理念。在建筑造型设计上,设计者应经过充分的调查研究,结合当地的历史文化、地域特征,设计出风格各异、赏心悦目的车站建筑;同时,在设计和施工中满足绿色、节能、环保和可持续发展等要求,配合城市规划布置站房相关设备,并为城市轨道交通规划预留换乘接口条件,使客流组织合理、快捷。

（2）信息展示的策略。

①完善车站信息显示设备。

目前大多数车站的服务信息(如车站布局图、旅客旅行须知、行包托运须知、列车到发时刻、中转换乘等)是通过信息显示设备向旅客展示的。因此,必须在醒目的位置设置服务信息显示设备,要求做到外形美观大方、内容表示准确、信息更新及时、旅客阅读方便等。

②宣传公益信息。

铁路具有很强的公益性,对车站信息的宣传也应从公益的角度出发。铁路旅客运输企业可利用铁路客服中心网站、铁路官方微博、微信公众号等互联网手段宣传公益信息,也可利用移动设备、电话、媒体向公众宣传铁路动向、出行参考等与公众利益相关的信息,展示铁路良好的社会形象。

③建立信息查询系统。

传统的信息传递主要靠车站广播、人工问讯、张贴通告等形式来实现。在信息化时代,信息获取除了依靠传统的信息传递途径外,更主要的是依靠现代化的信息查询系统,如电子显示屏、多媒体、电子触摸屏、电话等。建立信息查询系统,可保证旅客能够时刻掌握列车时刻表、票价、服务承诺和服务信息等,方便旅客出行,并能对旅客进行有效的视觉、听觉刺激,激发旅客购买欲望。

（3）现代化服务手段展示的策略。

现代化服务手段,如互联网、手机 App、自动售(取)票机、自动检票机、危险品检查仪、残疾人专用电梯等广泛应用于铁路旅客运输服务中,不仅提高了服务效率,给旅客带来了方便,还体现了铁路旅客运输服务的现代化水平。因此,应将现代化服务手段充分展示给旅客,让旅客直接感受高水平的服务。

（4）文化氛围展示的策略。

车站的服务场所除了要实现其服务功能(如候车、售票、托运等)外,还应增加文化氛围,如布置绿化带、播放高雅音乐、设置读书室等,以提升服务档次。

（5）客运服务人员素质展示的策略。

客运服务人员应掌握铁路旅客运输服务礼仪规范,严格遵守规范要求,树立良好的形象,展现自信风采,成为铁路旅客运输服务的一道独特风景线。服务没有最好,只有更好。因此,客运服务人员应不断地学习,以提高自身的综合素质,更好地为旅客服务。

2 列车关于铁路旅客运输服务有形展示的策略

（1）列车设计展示的策略。

①外观设计展示的策略。

过去,我国普速列车外形为方形,外部颜色为单一的绿色。现在我国新生产的列车外形美观,颜色也不再单一,列车外观的设计是符合科学、美学的流线型。例如,"复兴号" CR400BF 型动车组,车头为低阻力流线型设计,车体为平顺化设计,车身底色为纯白,头部是金色色带勾勒,十分耀眼。

②内部设计展示的策略。

列车的内部环境对旅客的旅途感受有较大影响。列车内部的设计要兼顾乘车舒适性、审美及特色,使旅客在独特的乘车环境中感受列车的风格和魅力。列车的内部布置应实用、美观,色彩应高雅、大方,设施应整洁、统一;列车广告设置要与列车内部整体环境相协调,广告内容要多体现公益性和企业形象。

（2）列车员素质展示的策略。

列车员应以规范的服务礼仪及熟练的服务技能技巧,做好车门迎接服务、列车上的服务、终到站或折返站送别服务,以良好的姿态、端庄的举止、友好的语言为旅客带来良好的服务感受。

3 列车运行外部环境有形展示的策略

旅客可通过列车车窗欣赏铁路沿线的风光,因此列车运行外部环境的展示也很重要,这会影响旅客对铁路旅客运输企业现代化管理水平的评价及整体形象的感受。

（1）铁路沿线环境展示的策略。

铁路沿线要做好绿化、美化工作,不能破坏生态环境;做好车内环境卫生工作,并告知旅客不要向车外乱扔物品或垃圾,保持铁路沿线环境卫生。

（2）站台环境的展示策略。

例如,站台置物有序,干净、整洁;站台宣传标语艺术、醒目,内容展示全新的服务理念和企业形象,如"坚持以人为本,构建和谐铁路""出门在外,牢记安全;携带'三品',害人害己""平安春运,我们同行"等。

拓展阅读

中国铁路上海局集团有限公司"东方号"列车服务环境设计

中国铁路上海局集团有限公司"东方号"T13/14 列车,专门聘请了专业机构按照 VIS（企业形象识别系统设计）原理对列车进行形象设计。在餐车酒吧区,列车员身着旗袍迎宾;在餐车候餐区增设阅报栏,提供当天上海、北京两地的报纸,供候餐旅客阅读;在软卧走廊增设风景画,真正体现"东方号"的特色。餐车推出了具有特色的营养餐,各个餐车组根据自身特点推出特色菜肴,制作了图文并茂的新菜谱,形成"东方菜肴"的特色,还制作了"东方美食"VCD。列车酒吧的供应的现摇现调的鸡尾酒、鲜榨果汁等饮品,充分展示了上海大都市丰富的文化内涵。

单元微课

铁路旅客运输服务有形展示策略

本单元微课请扫描二维码24。

单元8.2 铁路旅客运输服务品牌策略

一 品牌及铁路旅客运输服务品牌的作用

（一）品牌

品牌是指生产经营者给自己的产品规定的商业名称和标志,用于识别提供给消费者的产品或服务,并使之与竞争对手的产品或服务相区别。其中,品牌名称是指品牌中可以用语言称呼的部分,如"和谐号""复兴号"等;品牌标志是指品牌中可以被识别、易于记忆但不能用语言称呼的部分,包括符号、图案、明显的色彩或字体,如铁路旅客运输企业的路徽标志。

品牌是商品综合品质的体现和代表,当品牌被市场认可并接受后,会产生市场价值。

（二）铁路旅客运输服务品牌的作用

1 对旅客的作用

铁路旅客运输服务品牌便于旅客识别和选购运输服务。由于服务的无形性,服务特色比较难于识别和建立,而铁路旅客运输服务品牌能向旅客传达服务特色。例如,夕发朝至列车品牌可提醒旅客,列车是夜间行驶,早晨即可到达目的地,有需要节省白天时间的旅客可选择乘坐此类品牌列车。

2 对铁路旅客运输企业的作用

（1）便于企业宣传和经营管理。

（2）有助于市场细分和定位。铁路旅客运输企业可根据细分市场的需求,建立不同的品牌,如丝路快车、旅游专列等。

（3）有利于吸引旅客。例如,铁路旅客运输企业通过直达列车品牌的创立,从航空客流中吸引大量商务旅客。

（4）品牌具有排他性,可保护铁路旅客运输服务的特色。

二 铁路旅客运输服务品牌策略的分类

品牌化是指企业为其产品建立品牌名称、品牌标志,并向政府有关部门注册登记而取得法律保护和利用品牌进行促销的一切活动。根据客运服务产品的特点,铁路旅客运输服务品牌策略包括品牌化策略、品牌质量策略、品牌分类策略、品牌拓展策略等。

1 品牌化策略

根据目前的市场形势及列车特点,铁路旅客运输服务品牌化策略可分为非品牌化和品牌化两种。

（1）客运服务品牌化。

铁路旅客运输企业创立了高速动车组列车、直达特快列车、夕发朝至列车、城际列车等深受市场欢迎的品牌列车,取得了良好的经济效益和社会效益;铁路的"示范车站"和"精品列车"等品牌进一步适应旅客对铁路旅客运输服务质量的要求,起到标杆示范作用;用"劳模岗位""劳模胸章号码"或"劳模姓名"等做服务品牌,发挥服务榜样的作用;红色旅游是一种独特的旅游资源,是中华民族的宝贵财富,是一种精神和物质相结合的人文旅游资源,铁路旅客运输企业通过品牌效应树立示范及榜样,收到了很好的社会效益和经济效益。这些都是品牌化策略的表现。

(2)客运服务非品牌化。

对于普速列车,大多数旅客已对其安全性、准确性、快速性、方便性、经济性、舒适性及服务质量等有所了解和掌握,为节省费用、降低成本,部分普速列车可采取非品牌化策略。

2 品牌质量策略

品牌质量是决定品牌市场定位的主要因素。国铁集团为保证铁路旅客运输服务质量,制定了《铁路旅客运输服务质量规范》《旅客列车客运服务质量分类等级管理办法》《车站客运服务质量标准》等相关规范及标准。

3 品牌分类策略

品牌分类策略是指同类产品使用同一品牌。品牌分类策略有利于节省广告费用、控制产品质量及在此基础上推广新产品,其缺点是同类品牌中的任意一个产品出现问题都会对其他产品产生不良影响。铁路旅客运输服务相对比较单一,比较适合采用品牌分类策略。例如,根据动车组列车创立"和谐号"列车品牌和"复兴号"列车品牌;根据市场的需求创立通勤专列、学生专列等列车品牌。

4 品牌拓展策略

品牌拓展策略是指利用已经出名的品牌推出新产品或改良产品。例如,各铁路局集团公司根据市场需求,在原有品牌列车的基础上推出具有市场特色的新品牌列车,如节假日旅游专列、球迷专列、清明扫墓专列、文化专列等,满足市场的需求,产生了良好的经济效益和社会效益。

拓展阅读

部分品牌列车

1. 高速旅客列车

高速旅客列车具有速度快、安全性和舒适性好、准确性高、低能耗、低成本等优点,因此它是各国铁路旅客列车的发展方向。我国铁路旅客列车自 1997 年以来,连续 6 次大面积提速,主要干线特快列车速度达到 200km/h。

2. "点对点"直达特快旅客列车

"点对点"直达特快旅客列车是指列车由始发站开出后一站到达终到站,取消了列车中途停站,提高了列车的整体速度,大大缩短了旅客在途时间,可与空中航班媲美,让旅客感受"陆地航班"的快捷。

"点对点"直达特快旅客列车具有以下五个主要特点:

(1)实行"点对点"运输,中途一站不停,列车始发后直达。

(2)实行单司机值乘(一名机车司机驾驶),长途特快司机在随乘途中换班,无须换挂机车和更换机车乘务组。

（3）实行机车直接向客车供电，列车编组取消了发电车，扩大了运能。

（4）取消了运转车长。

（5）实行乘务制度重大改革，实行每节车厢单人值乘。

"点对点"直达特快旅客列车主要安排在客流量较大的城市间始发和终到，实现了大城市间旅客快捷运输，采用"公交化"运行方式，在繁忙干线的黄金时段采用短间隔追踪连发列车运行图，使旅客出行更加便利和顺畅。

3. "夕发朝至"旅客列车

"夕发朝至"旅客列车是指运输距离在 1200～1500km，运行时间 12 小时左右，16:00—23:00 发车，次日 6:00—11:00 到达终到站的列车，即旅客在车上睡一觉就到达目的地，下车后即可办事，因此又称为"旅馆列车"。

"夕发朝至"旅客列车是铁路为提高运输市场竞争力，适应旅客需求创出的铁路名牌列车，自 1997 年 4 月 1 日第一次大提速时开行。它充分发挥了铁路在中距离（1000～1500km）上的运输优势，使实现当日办事、旅游成为可能。如今全路每天开行"夕发朝至"列车近 140 列，以北京为中心 1200km 范围内的大城市间基本上实现了"夕发朝至"，今后还将以上海、广州、西安、沈阳、武汉等城市为中心，开行半径在 1000km 左右的"夕发朝至"旅客列车。"夕发朝至"旅客列车不仅配备了新型客车，实行全列车空调，车厢内布置干净、优雅、四季如春，还配备现代化的通信设施。列车乘务人员全部经过培训合格后上岗，能为广大旅客提供优质服务。"夕发朝至"旅客列车的开行使铁路旅客运输在安全、快捷、舒适、方便、经济等方面取得了历史性进步，成为铁路名牌产品。

4. "朝发夕归""一日到达"旅客列车

我国铁路客运量的 93% 产生于城市，其中 81 个大城市占铁路总客运量的 66%。随着城市化进程的加快和人们生活水平的提高，旅客对铁路运输的要求将会更高。因此，大城市间客流已成为铁路客运的主体，是铁路客运的主要市场。建立城市间快速客运系统既是铁路的优势，也是客观实际的需要。除发展"夕发朝至"旅客列车外，还应在城市间开行"朝发夕归""一日到达"旅客列车。

"朝发夕归"旅客列车是指运输距离在 500km 范围内，早晨出发、傍晚返回的旅客列车。在组织开行时应注意给旅客在异地办事留够一定的时间，同时使旅客能当天返回。

"朝发夕归"旅客列车运行时间在白天，旅客可以饱览沿线风光，列车广播辅以介绍性的解说，售货车同时出售当地的特产，使旅客有身临其境的感觉。

"一日到达"旅客列车是指运输距离在 2000～2500km，24 小时内到达终到站的特快列车。

5. 旅游列车

在最近的客流调查中发现，旅游客流的比重在不断增加，在"十一"期间，一些城市尤其是旅游城市的旅游客流占 50% 以上。因此，大量开行旅游列车的时机已经成熟。旅游列车的车次应以旅游地名来命名，可根据客流情况每天开行或只在周末开行、定期开行、临时开行等。这就要求铁路旅客运输企业铺画出各种分号运行图，以满足旅游列车的开行需要。

要使上述几种列车产生品牌效应，还应该注意列车的形象设计，如车身的颜色（有可能涉及车体的形状）、车内的布置、新颖的列车名称、独特的服务方式及合理的票价等，以形成鲜明的特色,加强对旅客的吸引力,加深旅客的印象。

三 铁路旅客运输服务品牌的设计策略

铁路旅客运输服务品牌的设计策略包括反映品牌独特性的设计策略、品牌与产品密切相关的设计策略、易于识别与记忆的设计策略、考虑品牌视觉美感的设计策略。

1 反映品牌独特性的设计策略

铁路旅客运输企业在设计铁路旅客运输服务品牌时,必须考虑品牌的独特性,即要与其他品牌有所不同。例如,兰州客运段在"敦煌号"品牌旅游列车上推出了6项特色服务,列车员会为旅客献上《丝路花雨》飞天舞蹈。本次列车装饰秉承敦煌文化主题,小到窗帘纹饰,大到每一幅装饰画,都经过精挑细选和文化韵味评判,通过一车一景、一车一馆的展示方式,把车厢打造成展示河西走廊各地市景点及敦煌文化的长廊,巧妙地将敦煌特有的文化旅游资源在列车开行沿线进行展示,反映出"敦煌号"品牌旅游列车的特色。

2 品牌与产品密切相关的设计策略

品牌的设计应考虑铁路旅客运输服务的特点,设计出与之相关的品牌名称及品牌标志。例如,铁路路徽的设计,既能使旅客看到路徽就联想到铁路,又体现了"人民铁路为人民"的宗旨。

3 易于识别与记忆的设计策略

因市场上各类品牌繁多,为使旅客能在众多的品牌中识别出铁路旅客运输服务的品牌,设计品牌时,应考虑使品牌易于识别与记忆。例如,在"和谐号"动车组列车的品牌设计中,"和谐号"简单明了,易于记忆,给人一种美好、宁静、安全的感觉,也体现出动车组列车是一种构建和谐社会、构建和谐铁路的运载工具。

4 考虑品牌视觉美感的设计策略

设计铁路旅客运输服务品牌时,除了考虑以上几个设计策略,还应重视品牌的视觉美感。铁路旅客运输服务品牌的视觉形象主要体现在字体、相关的标志、标准图形、标准色彩等方面。设计具有良好视觉美感的服务品牌,既有利于表现服务理念,又有利于服务品牌的建立和推广。

模拟训练8-3 服务品牌设计策略

如图8-1所示,根据你的理解说出铁路路徽的含义和特点。

训练提示:

①中华人民共和国铁路路徽上部表示人民,下部为钢轨截面图形,代表铁路,总的含义为"人民铁路为人民"。

②铁路路徽以红色为背景图案,白色为徽标颜色,更加醒目突出,并适合当时的时代特色。

图8-1 铁路路徽

二维码25

单元微课

铁路旅客运输服务品牌策略

本单元微课请扫描二维码25。

模块小结

（1）介绍了铁路旅客运输服务有形展示的类型，明确了铁路旅客运输服务有形展示的作用，以及铁路旅客运输服务有形展示的策略。

（2）介绍了铁路旅客运输服务品牌及服务品牌的作用，明确了铁路旅客运输服务品牌策略，以及铁路旅客运输服务品牌设计策略。

（3）重点掌握铁路旅客运输服务有形展示策略与品牌设计策略。

技能实训

实训8-1　有形展示策略

由教师组织，学生自愿组成小组，每组 6～8 人，到铁路现场调研，识别出某一车站的有形展示活动结束后，教师进行活动总结。

【大连站服务的有形展示】

有"渤海第一站"美称的大连站，以"沿海、开放、现代化都市"为核心，融入建设"大大连"地域特点，突出"靓站配靓装，新站新服务"的风格，用一件件、一处处人性化、亲情化、温馨化、个性化的服务、设施、环境、服饰等，演示着对旅客的人文关怀和全站的服务特色。

大连站追求时尚化，从岗位服饰上展示人文关怀。服饰是提供人性化、礼仪化服务的外在标志。随着候车大厅里响起轻快的进行曲，5 名女性检票员迈着整齐的步伐行进至检票区。她们头戴骑警帽、身穿红色或海蓝色连衣裙。白衬衫的白翻领、白袖口显露在外，戴白手套，系白腰带，踏白色长靴，按照班长的口令，步调一致地转身，踏上立岗台。待班长用中英或中日、中俄、中朝双语进行检票通告后，她们左手做出"请进"的姿势开始检票……检票班前后两分钟的这一套标准化、亲情化、礼仪化的仪式，成为吸引众多旅客眼球的一道亮丽风景线。

检票员的着装是大连站岗位系列服饰中的第二号服装，着第三号服装的是售票员，着第四号服装的是客运员。岗位系列服装全都是由车站自行设计、量身定制的新款服饰。

置身于南站二楼售票厅，透过 12 扇玻璃大窗，上百平方米售票室内的景物尽收眼底：迎面洁白墙壁上镶嵌"人民铁路为人民"7 个金色大字，12 张特制售票桌放在玻璃窗口处，浅蓝色挡板间隔成 12 个独立空间，12 台微机、出票机摆在桌面统一位置，12 个方形玻璃筒各插着 3 只碧绿色的富贵竹，12 位身穿第三号孔雀蓝服饰的女性售票员都在忙碌地接待着买票的旅客。

身着岗位系列服饰第一号服装的是软席和贵宾室客运员，她们身着黑色唐装、蓝色与玫瑰红旗袍或红色套装、黑裙和粉红色衬衫配马甲的三件套装，短腰白皮靴出现在礼宾通道上、大门迎宾处，服务在软席和贵宾旅客的周围。当餐车服务员推着特制的送饮料的小车走到旅客面前,轻声细问"您需要什么饮料"时,这种宾馆式服务给旅客留下一种宾至如归的美好感受。

实训8-2 服务品牌设计策略

由教师组织,学生自愿组成小组,每组6~8人,到铁路现场调研或查找资料,识别出"CRH"品牌标志的设计策略,活动结束后,教师进行活动总结。

如图8-2所示,"CRH"为"中国铁路高速"的品牌标志,查找资料说出CRH标志的含义和特点。

图8-2 CRH标志

【服务品牌设计】

"中国铁路高速"用"China Railway High – speed"的缩写"CRH"作为品牌名称,其设计融合了速度、图形、弧线、动感、铁路高速、颜色(蓝色)等元素,能给人带来视觉美感。CRH标志的含义和特点如下:

①CRH标志是一条并行钢轨的视觉变形,体现高速列车通过弯道时的动感。新标志将"China"(中国)的第一个字母"C"幻化成一头觉醒的雄狮,标志东方睡狮已经觉醒,张口怒吼,吼出了中国人的精神和力量。

②CRH标志采用抽象的火车头图形突出铁道行业。车尾的5个线条既代表着速度,又体现出规范,象征着铁路行业不断发展,勇往直前。

③CRH标志中间的图形外圆内方,既体现着中国传统的哲学与美学,又寓意着铁路旅客运输"对内管理要方正,对外服务要周全"的经营理念。同时,其形如盾,既有着保护的含义,又起到突出整个标志的作用。

④CRH标志强烈和动感的标示图形,准确地传达出中国高速铁路所代表的更加深层的内涵。

⑤CRH标志采用蓝色渐变色系作为推广的标准,显示了中国高速铁路的科技感与速度感。

综上所述,CRH整个标志体现了稳重、厚实,给人以强烈的信任感、安全感,节奏富于变化,静中有动,稳中求变;视觉冲击力强,韵律现代,寓意丰富,便于传播。CRH标志在世界高速铁路领域易于辨认,在国内也易于推广,是中国高速铁路品牌的成功设计。

思考与练习

1.填空题

(1)铁路旅客运输服务有形展示的类型包括_____展示、_____展示和_____展示。

(2)车站设计展示的策略主要体现在_____、_____、_____和_____。

(3)根据客运服务产品的特点,铁路旅客运输服务品牌策略包括_____、_____、_____和_____。

(4)根据目前的市场形势及列车特点,铁路旅客运输服务品牌化策略可分为_____和

_____两种。

2. 选择题

(1) 下列属于直接展示服务环境的是(　　　)。

　　A. 现代化的售票手段　　　　　　　　B. 旅行环境差

　　C. 态度冷淡的客运服务人员　　　　　D. 车厢内的空气质量

(2) 下列属于列车服务有形展示策略的是(　　　)。

　　A. 新生产的列车外形更加追求美观

　　B. 列车内部的设计兼顾乘车舒适性、审美及特色

　　C. 以规范礼仪为旅客提供车门迎接服务的列车乘务员

　　D. 铁路沿线环境优美

(3) 下列属于车站服务有形展示策略的是(　　　)。

　　A. 车站候车室为旅客提供宽敞、舒适、方便的环境

　　B. 车站对当地的地域文化特色有所体现

　　C. 以规范礼仪为旅客提供服务的车站客运服务人员

　　D. 铁路车站广场环境优美

(4) 下列属于铁路旅客运输服务品牌策略的是(　　　)。

　　A. 创立"夕发朝至"列车品牌　　　　　B. 设计易于识别的品牌

　　C. 创立"通勤专列"列车品牌　　　　　D. 确保品牌质量

3. 简答题

(1) 简述铁路旅客运输服务有形展示的作用。

(2) 简述车站关于铁路旅客运输服务有形展示的策略。

(3) 简述列车关于铁路旅客运输服务有形展示的策略。

(4) 简述铁路旅客运输服务品牌的作用。

(5) 简述铁路旅客运输服务品牌策略的分类。

(6) 简述铁路旅客运输服务品牌的设计策略。

模块学习效果评价

通过教师考核、组间互评、个人自测的方式,对学生课堂表现、职业素养及技能训练表现等进行考核计分。

附 录

本教材配套微课资源列表

二维码编号	模块-单元	资源名称	资源类别
二维码 1	模块 1-单元 1.1	铁路旅客运输产品	微课
二维码 2	模块 1-单元 1.2	铁路旅客运输服务	微课
二维码 3	模块 1-单元 1.3	铁路旅客运输服务理念	微课
二维码 4	模块 2-单元 2.1	铁路旅客运输服务质量	微课
二维码 5	模块 2-单元 2.2	《铁路旅客运输服务质量规范(车站部分)》	微课
二维码 6	模块 2-单元 2.3	《铁路旅客运输服务质量规范(列车部分)》	微课
二维码 7	模块 3-单元 3.1	铁路旅客运输服务全面质量管理	微课
二维码 8	模块 3-单元 3.2	铁路旅客运输服务质量控制	微课
二维码 9	模块 3-单元 3.3	铁路旅客运输服务质量测评	微课
二维码 10	模块 4-单元 4.1	旅客服务心理	微课
二维码 11	模块 4-单元 4.2	客运人员服务心理	微课
二维码 12	模块 4-单元 4.3	旅客投诉心理	微课
二维码 13	模块 5-单元 5.1	铁路客运服务的礼仪规范	微课
二维码 14	模块 5-单元 5.2	车站服务工作技能技巧	微课
二维码 15	模块 5-单元 5.3	列车服务工作技能技巧	微课
二维码 16	模块 5-单元 5.4	铁路客户服务工作技能技巧	微课
二维码 17	模块 6-单元 6.1	铁路应急组织	微课
二维码 18	模块 6-单元 6.2	车站应急处置程序	微课
二维码 19	模块 6-单元 6.3	列车应急处置程序	微课
二维码 20	模块 7-单元 7.1	铁路红十字药箱认知	微课
二维码 21	模块 7-单元 7.2	心肺复苏	微课
二维码 22	模块 7-单元 7.3	创伤救护的基本技术	微课
二维码 23	模块 7-单元 7.4	应急抢救手语	微课
二维码 24	模块 8-单元 8.1	铁路旅客运输服务有形展示策略	微课
二维码 25	模块 8-单元 8.2	铁路旅客运输服务品牌策略	微课

参考文献

[1] 周平.铁路旅客运输服务[M].3 版.北京:中国铁道出版社,2015.

[2] 苏婵,刘一枝,曾希熙 铁路旅客运输服务[M].上海:上海交通大学出版社,2019.

[3] 李会琨.铁路旅客运输服务[M].上海:上海交通大学出版社,2018.

[4] 贾俊芳.高速铁路客运服务[M].北京:中国铁道出版社,2014.

[5] 杨涛.动车组客运岗位培训适用教材[M].北京:中国铁道出版社,2015.

[6] 贾大成.120 医生教您学急救[M].北京:人民卫生出版社,2015.

[7] 王慧晶.轨道交通客运服务训练教程[M].北京:中国铁道出版社,2011.

[8] 朱晓宁.旅客运输心理学[M].北京:中国铁道出版社,2014.

[9] 王慧,祖晓东.高铁乘务安全管理与应急处置[M].北京:中国铁道出版社,2014.

[10] 韩树荣.铁路红十字救护员培训教材[M].北京:中国铁道出版社,2010.

[11] 赵荔,张慧.高速铁路旅客服务心理学[M].北京:人民交通出版社股份有限公司,2020.

[12] 范礼,王付顺.铁路客运服务礼仪[M].北京:人民交通出版社股份有限公司,2021.

[13] 中国铁路总公司.高速铁路客运服务管理[M].北京:中国铁道出版社,2016.

[14] 裴瑞江,李强.铁路客户服务业务[M].北京:中国铁道出版社,2016.

[15] 上海铁路局客运处.动车组列车客运服务案例[M].北京:中国铁道出版社,2015.